THE EASIEST WAY TO LEARN THE TAROT Ever!!

塔羅自學指南

Learning the Tarot is fun and easy!

DUSTY WHITE

達斯堤·懷特

楓樹林

本書獻給

我最棒的學生

克莉絲汀娜・賈比斯（Christina Garbis）

專業推薦

實在太有趣了！閱讀的過程就像在與一位既嘮叨又幽默的塔羅教師對話，在作者風趣的文筆下，讓初次進入塔羅世界的人也能夠在看似隨意，卻是嚴謹的架構編排下一步步的學習塔羅，特別的是此書更著重在於解牌的技巧練習，而不是用規訓的態度來對讀者訓話，對於解牌技巧會有很大的幫助與收穫。

—— 獅子與貓 { 塔羅、占星、心靈藝術 } ／ Mihos&Felina

教學塔羅多年經驗，學員的學習特質基本分為邏輯分析及直覺分析兩種，若依照書中 30 天學習進度來操練，皆可在短短的時間內將塔羅的學習成就解鎖，因為內文所要傳遞的訊息量，完全整合了需要理解塔羅的各項精隨，並精準提供給所有塔羅新手及老手解讀上的方向指引，這樣不管您是哪一類的學習特質者，都能藉由此書強化自我，將塔羅更全方位的剖析，所以這本書可說是直覺分析者的啟蒙書，也是邏輯分析者的開悟書！

—— 塔羅公癒心創空間／ Ricky Otis

聽到自學聖經，我就有點緊張，因為我覺得每一個人自學的方式都不同，這本書除了我用的方法之外，還提供更多的解碼方式，讓你不用死背牌義，也不用只能由牌名硬套（我覺得那叫造句，根本不是解牌），可能掌握到塔羅牌的基本核心。

—— 占星塔羅作家／天空為限

心理學大師阿德勒曾說，所有煩惱都是人際關係的煩惱。塔羅牌的出現也是為了協助人們解決眼下的煩惱，而往往來求助於命理師的問題多半都離不開情感關係。《塔羅自學指南》圍繞著的主題便是協助我們練習與塔羅牌對話，透過圖像串連自己真實的煩惱與盲點，落實於生活，真摯地推薦給愛好塔羅牌、正在學習使用塔羅牌的同好者。

—— 心靈命理諮商師／于玥

《笑傲江湖》風清揚對令狐沖說，若不能自出機杼，能成大詩人嗎？言之下意是，熟稔其技心中無意，方能以無招致勝。此境界雖出脫常人之理解，卻也非難以達成之境界。《塔羅牌自學指南》大膽地跳過牌意解說，教導你輕鬆地操縱自我意識鑽入塔羅牌的世界，熟讀深思不禁捏了幾把冷汗，此書出版後，人人皆可自學成師，塔羅牌老師的挑戰勢必將面臨更大挑戰。

—— 靈修暨塔羅牌作家、華人網路心靈電台主持人／宇色

在我們運用塔羅占卜的過程中，時常在牌與牌的連結上卡關，不知道該如何串連成完整的解說。書中擁有許多的練習題，以輕鬆問答的方式漸漸累積功力，經過習作而獲得的經驗，將成為你我的基石，讓塔羅的訊息建議更為通透易懂！ —— **塔羅事典館主／孟小靖**

非常優秀又實用的一本塔羅書。如果你受到牌卡的神祕吸引，卻又對於繁複而權威的塔羅解牌望之卻步，這本從直覺入手，輕鬆幽默的入門絕對適合你，如果你是嫻熟牌卡的占卜師，他也會是精進直覺的極佳引導。 —— **作家、心靈工作者／柚子甜**

介紹這本書等於介紹塔羅學習的規範，在輕鬆學塔羅的進程中，不斷自我練習是進步的不二法門，在書中可以得到這些訣竅和指南，讓大眾瞭解到循序漸進學習塔羅的重要性！

—— **占星協會會長、《塔羅解密》、《塔羅攻略》作者／星宿林**

對從事自然療法的人來說，以牌卡作為輔助工具，是目前一大趨勢！這本打破陳規的書，以最具邏輯和效率的方式，引導讀者快速上手「解牌的技術」，非常適合任何領域的治療師，與自己原有專業整合，絕對大幅省下摸索的時間。 —— **芳療天后 Gina ／許怡蘭**

第一時間看到本書，我就直接被吸引進去，停不下來、無法自拔，差點笑到噴淚。我心想，這本塔羅書也太可愛了啦！讓我不愛它都難！簡直就是我最喜歡的 kuso 版塔羅日記！這些對話與練習方法，顛覆傳統、充滿創新、樂趣與自由聯想，百分之百命中我的教學風格，相信能提供給塔羅使用者更多的彈性，讓靈感奔馳！

—— **左西人文空間創辦人、國家諮商心理師、身心靈分享者／陳盈君**

這是本幫助讀者跳脫艱澀曖昧的神秘學專業術語，運用生活經驗協助你與塔羅牌建立內在對話的好書，無論你是新手或資深高手，在進行書中練習後，都能摸索出屬於你自己的塔羅直覺解讀之道。 —— **諮商心理師、催眠師與資深塔羅諮詢師／張義平**

創意、有趣、而且實用。那些占卜師通常會藏起來的妙招在書裡都大方地寫出來了。這本書不走牌義字典風，而是給你琳瑯滿目的實占見解，多到使人目不暇給。作者對牌面義重於傳統占星對應的觀點也很令人激賞，如果拘泥於後者，將會使塔羅淪為占星的附庸。這種關於塔羅主體性的強調，大大有助於占卜師放心運用個人的直覺力並建立起專業的自信。

—— **愛智者書窩版主、諮商心理師／鐘穎**

這真的是我看過最仔細介紹如何使用塔羅牌的教學書了！這本書循序漸進地將練習塔羅牌過程中會遇到的各種細節一一列出並解釋，以引導直覺與感受而非背牌意的方式，慢慢帶領讀者認識塔羅牌，讓牌不只是一種工具，還是與自己人生經驗結合的實際體驗。這本書不只教你如何解牌，更進一步地幫助讀者創造自己獨一無二的塔羅牌。

—— **塔羅專欄作家／塔羅貓**

名家推薦

達斯堤真是太了不起了！這本傑出的作品，為每一張塔羅牌做了相當有組織、又無比清晰的詮釋，甚至包括每一張逆位牌的含義，幾乎所有層面都涵蓋到了。跟著本書循序漸進，你就能一步步感受每一張牌的深意，了解牌與牌之間如何產生意義上的關聯，最後根據個別占卜者的情況作出最適切的解讀。

在書中，作者達斯堤也將基本牌陣和幾個最受歡迎的牌陣做了清楚的定義，特別是每一個陣位所代表的意義，讓你可以輕鬆將這些牌陣應用於各種情境中，不需要再去背誦每一張牌的牌義。他反覆強調，你要與你的塔羅牌建立連結，以及為什麼要這樣做的原因。書中傳遞的訊息清晰易懂、前後一致、敘述簡潔而流暢、相當有組織，而且兼具幽默感，為廣大塔羅學習者帶來了極大的學習動力與樂趣。我個人至今仍持續使用這本書來做牌義解讀練習，讓我的解讀更為深入和準確。最重要的是，作為塔羅占卜的新手，我從中獲得了寶貴的經驗，包括有機會去幫助別人，因為那是我學習塔羅的主要目標。我深信，如果我能夠好好利用這本書、以及書中詳列的網站與專業建議，我的塔羅技能一定能突飛猛進。這本書的編寫，反映出作者多年的塔羅占卜工作經驗，以及他對塔羅的熱愛、對學生與讀者的無私奉獻。這本書帶給我知識上的極大滿足，對於有心想要學習塔羅、或是喜歡閱讀趣味書籍、抱持開放心靈的人，我誠摯向你們推薦這本書。

達斯堤，由衷敬佩和感謝你對寫作的熱愛，那是無價之寶！

—— **鮑比．D (Bobby D.)**

作為一名擁有 20 年經驗的執業心理師，我清楚知道我該跟上腳步學習塔羅牌，但我從沒想到居然可以找到一本如此新穎又符合直覺的學習手冊，它大大拓展了我的視野，讓我跟我的塔羅牌有了更深刻的連結。這本書不僅在使用上相當順手，而且趣味十足，無論是初學或是專業老手，都能跟著書中的導引一步步循序漸進，達到專業塔羅占卜師的水準。書中所傳授的解牌技巧，我個人完全認同，並且樂意推薦給我的學生，這本書無疑是精通塔羅解牌技巧的最佳指南！

—— **史汀納．賈比斯 (Stina Garbis)**

光是今年，我就買了大概 25 本塔羅牌的書，但當我花了 24 小時閱讀這本書之後，我不得不說，沒有一本書比得上這本！達斯堤這本書的知識量實在太高了，而且對於塔羅的理解真的非常有一套！能夠與這本書偶然巧遇，我真的非常開心！謝謝！

—— **艾琳 ． 菲利普 (Arlene Phillips)**

這本書讓我開始想要閱讀更多其他書籍！這向來不是我的作風！但是達斯堤的寫作方式非常有趣，讀起來完全沒有壓力，讓人一頁接著一頁停不下來！我已經等不及要閱讀他的下一本書了！謝謝你為我揚起一片塵土（因為你的書讓我的其他書本都蒙上了灰塵）。*

—— **馬可 · 扎拉特 (Marco Zarate)**

這是一本專為想要學習塔羅占卜的人而寫的書，它不像一般坊間的標準牌義參考書，而是精采絕倫的塔羅自學手冊。藉由這本書，你可以在短時間內學會如何聆聽你的塔羅牌，而且比你想像的還要迅速。只要擁有這本書、一套偉特塔羅牌、一支筆，花三十天時間，你會很驚訝發現，自己居然開始讀懂塔羅牌了。你不再需要背誦每一張牌的牌義，而是憑藉直覺就能做出精準的占卜。這完完全全是為每一個人而寫的《塔羅自學指南》。

—— **克雷格 ·R. (Craig R.)**

雖然有時在幫自己解牌時也會膽戰心驚，但我發現，這本書所介紹的牌陣技巧，即使是最簡單的三張牌牌陣、是否牌陣，結果也相當準確。一開始我只是純粹玩玩，後來發現，某些問題得到的結果準確得嚇人。這本書讓我可以輕鬆學會各種基本牌陣，而且一次次讓我看到塔羅的迷人魅力。

—— **A · 辛格 (A. Singh)**

《塔羅自學指南》堪稱塔羅的經典之作，它已經成為我個人最愛的書籍之一，也是我最常跟朋友、家人、學生、同事、以及老師們分享推薦的書籍之一。這是一本成就非凡的作品，無論你是不是塔羅占卜師，都相當值得收藏。之所以敢如此說，是因為我在這本書中發現到很多東西，不僅適用於塔羅牌的解讀，更能應用於我的日常生活、以及形而上學與靈修當中。

真的非常感謝這本書的問世，我認為這是塔羅占卜界有史以來最重要的一本書，它不僅告訴你如何從塔羅牌繁複的細節與豐富的象徵當中抽絲剝繭，作出有效的解讀，更不可思議的是，它用非常簡單易懂的方式，讓學習者循序漸進，在極短時間內就能將塔羅應用於現實生活的問題中。由衷感謝作者的貢獻！

—— **傑洛米 · 芬利 (Jerome Finley)**

這是我一直在尋找的塔羅書，不需要標準牌義、不需要背誦記憶，因為這些東西往往在我的解牌過程中對我帶來阻礙。我已經有好幾年的塔羅解牌經驗，有時仍會被一些看似毫無關聯的紙牌組合困住。這本書所教導的技巧，提供了我精準掌握牌義所需的策略。

感謝作者編寫此書的辛勞。請容我向您致上最高敬意，因為這本書實在太棒了！我確實還需要做更多的占卜解牌練習，因為我是一名電影工作者，我需要更深入了解自己的本業技能與未來的工作方向。很多人都建議我幫自己做塔羅占卜，看看未來該走哪一條路最適合，但我一直都喜歡幫別人做占卜，能幫助別人讓我覺得很開心。

—— **連 · 羅森 (Len Rosen)**

這是一本完美的塔羅牌教科書，無論是在課堂上教學、還是自學，都提供了有效的學習課程。我作為一名專業塔羅占卜師已經超過二十年，從我開始學習塔羅那天，我就一直期待這樣的一本書出現，這是我能給予這本書的最高讚譽方式。此外，即使現在我已是一名經驗豐富、能做出精準解讀的塔羅占卜師，我依然從這本絕妙著作中得到許多新穎的見解、觀點以及資訊。這是一本最佳的塔羅參考指南與指導手冊，值得細細反覆閱讀。

《塔羅自學指南》不僅內容井井有條、理路清晰、極具實用價值、涵蓋層面廣泛，而且觀點兼容並蓄：作者包容欣賞各種不同派別的塔羅解牌方法，為讀者提供了廣泛多樣的選擇。特別值得一提的是，雖然作者建議初學者使用偉特塔羅或由偉特衍生的各種套牌，並且詳細說明箇中原因，但無論你使用哪一套塔羅牌，這本書其實都適用。書中除了包含大量練習與學習表，更深入探討每一張紙牌的含義，介紹了各種不同的牌陣。不管你是初學或者塔羅老手，我都大力推薦這本書。唯一的建議是：我期待作者達斯堤可以進一步撰寫系列書籍，專門闡述占星學與盧恩符文。

—— **朱迪卡·伊爾斯 (Judika Illes)**

＊譯注：作者的名字達斯堤 Dusty 這個字也是塵土的意思，一語雙關

Contents

第一篇
前置準備

第二篇
塔羅牌義速成練習

第三篇
牌陣二三事

第四篇
小阿爾克那

第五篇
大阿爾克那

第六篇
「好了，接下來要做什麼？」

附錄

前言

本書的目的，是要讓有興趣學習塔羅牌的人，毋須知道多餘的教條知識，即能輕鬆迅速了解塔羅的相關概念，並且有辦法運用各種精心設計的塔羅牌來進行冥想、魔法施術，或是占卜。根據我們的經驗，市面上有許多塔羅書籍都著重於解釋每張牌的含義，塔羅學人必須遵守這些牌義解釋，才能充分理解每張牌的複雜意義，以及牌與牌之間的玄妙互動性。這本書的目的，就是要終結那些謬論。就算沒有老師的教導和協助，你也可以透過這本練習手冊自己學會塔羅，因為書上有大量專為學習者設計的基礎演練，能夠讓你迅速輕鬆上手。透過練習，學習者很快就可以運用自己手上的塔羅牌來探索、解析實際生活中遇到的情況和事件，並在學有所成之後，為別人占卜解牌。

每張牌的含義，對於每一位讀牌者來說都是主觀的，因為每個人遇到的生命情境都不一樣，而且，在不同牌陣組合中，同一張牌的意義也會受到其他鄰近牌的影響，而產生不同的解釋。也就是說，每一張牌都沒有固定不變的含義，只要它出現的方式和時機不相同，意義就會跟著改變。對於一套 78 張的塔羅牌而言，生命遠遠複雜太多，因此它無法輕率為所有可能情況提供解答。這也是為什麼牌陣在塔羅占卜中這麼普遍被使用。在一個塔羅牌陣裡面，每個陣位都各自代表不同意思，每一張牌在該陣位得到的解釋也都不相同。不過，如果能夠先了解每一張牌的牌義，以及牌與牌之間如何相互影響，則有助於塔羅牌陣的解讀。要理解塔羅，唯有透過實際親自操作演練，而不只是根據遠古時候的科學知識和社會背景，用過時的觀點來解釋你現在手上的這副塔羅牌。

我們強烈建議，如果你是塔羅初學，最好能夠跟一位合格的塔羅老師一起使用這本書來學塔羅。師生之間的現場互動經驗非常寶貴、無可取代，而且小班制教學通常會非常有趣。不過，如果你找不到合適的老師用這本書來教你塔羅，我們會鼓勵你到我們的網站：www.AdvancedTarotSecrets.com，成為我們的免費會員，在線上與我們一起討論塔羅。

誠摯邀請你分享你對本書的看法！請到亞馬遜網路書店或 BarnesandNoble.com，寫信給作者、加入我們的塔羅論壇，讓我們知道你的想法。

致謝

對讀者來說或許無關緊要，但對我們個人而言卻意義重大，所以，請容我們如此贅言：如果有人給與你一輩子的教導，為你開啟意識覺知，讓你擺脫過去悲慘命運，送給你一對可以勇敢高飛的翅膀，讓你能夠沉浸於廣大浩瀚的未知領域，發現前人未曾見過的壯麗風景，你該如何表達你的感謝？

深深感謝指導過我們的老師，我們無以言謝，唯有傾盡己力回饋社會，以此作為報答。

塔羅簡介

塔羅是藉由一系列特別設計過的圖像符號，來了解神祕事物之意義的一種工具。塔羅牌上的圖像，皆取材自古早社會發展進程中、某一時代人類的生活方式，反映出原始的，甚至帶點野蠻的政治結構當中，某些恆久不變的人性價值觀。即便如此，它仍是非常有用的「自我探索指南」，可以用來了解個人成長的形而上意義，同時也是一種可以用來預測未來的絕妙工具。簡單來說：塔羅牌非常有趣，在你「學會它」之前，會覺得它好像有點詭異，而且因為帶有些許神祕氛圍，很容易被普遍大眾誤解。塔羅牌本身具有非常多層次的知識，從最簡單的解讀，到運用各種現代塔羅去深入研究人類心理，甚至可以利用高級的魔法施術，為你的生活帶來正向積極的改變。在本書的最後，我們會介紹一些高階塔羅神祕課程。

作為一種占卜體系，塔羅牌已經歷長達好幾世紀的演化，其間，無數才華洋溢的藝術家前仆後繼，將他們從這個古老傳統得到的感動，以新的方式呈現出來，他們會為紙牌添加自己喜歡的意義，有些甚至將傳統解釋加以刪除、淘汰。作為塔羅神祕力量之關鍵的紙牌，其固有含義已經被通俗形上學「專家們」大幅改變了，儘管他們不像塔羅傳統主義者那樣堅持塔羅固有的神祕本質，但這些紙牌的效用還是在。隨著時間推移，塔羅牌也跟著不斷演進變化，但這無礙於它依然是一種有效的占卜工具。塔羅學人與教師可以對塔羅的起源爭議不休，也可以爭論哪些圖像符號對於塔羅的隱藏意義是不可或缺的，這些理論上的探討都不是問題，但是，所有論及塔羅的課程、文章、書籍、研討，以及論辯，總結起來就是以下兩個重要問題而已：

這張牌代表什麼意思？
如何進行塔羅占卜？

這兩個問題的解答，就是這本手冊的構成基礎。我們會盡力讓所有人了解這兩件事，無論是針對初學還是塔羅老手。我們對塔羅牌的看法是相當個人的，同時也是基於多年嚴謹研究與大量實務經驗得到的結果，因此，對於不同意見我們都相當歡迎。

塔羅是人類生命中最神祕的事物之一，雖然它們不過就是隱含著奧祕寓意和日常生活經驗的 78 張紙牌。一副塔羅牌主要可分為兩大部分：56 張小阿爾克那牌（看起來跟正規撲克牌很像，除了每一個牌組多了一張非數字的宮廷牌），以及 22 張大阿爾克那牌，就是我們通常在恐怖片中會看到的那些幽靈紙牌。雖然大阿爾克那有 22 張牌，但有趣的是，電影導演幾乎都只會讓我們看到「死神」或「高塔」（這兩張具有強大破壞力的牌），或是「戀人牌」。 因為這三張牌在螢幕上看起來很有戲劇效果，能吸引觀眾眼睛，但事實上它們跟其他 75 張牌一樣，不過就是一般人在真實生活中會發生的事情罷了。也難怪很多人一聽到塔羅就覺得有點害怕，因為電視和電影導演都喜歡把這些紙牌當作視覺道具來嚇我們、吸引我們注意，而我們好像也頗樂於被他們驚嚇和吸引。

事實是，一副塔羅有78張牌，分為兩大「牌組陣營」:「大阿爾克那」(大牌／大祕儀)和「小阿爾克那」（小牌／小祕儀）。有人用棒球的「大聯盟」和「小聯盟」來比喻，認為其中一個牌組陣營（阿爾克那）在某種程度上比另一個更好或更重要。這完全是無稽之談。這種說法就像你說呼吸比吃飯或睡覺更重要，非常荒謬，因為這三件事對我們來說都是必要的，否則我們根本無法活下去。

所以現在我們有一副紙牌嘍，我們可以用它來玩各種遊戲（跟正規撲克牌一樣），也可以用它來占卜算命（也跟撲克牌很像），或者，我們也可以用它來作為魔法施術的工具，冥想紙牌圖像的特別含義，將它們掛在牆上當裝飾，甚至用它來耍一些小詭計嚇嚇我們的朋友。有了一整副紙牌之後，第一件要做的事情就是，跟你自己的這副紙牌當朋友，就像撲克牌玩家跟他們的撲克牌很熟很親一樣。塔羅牌的神祕感其實是由使用者營造的，儘管紙牌上的圖案看起來真的比一般正規撲克牌還要有趣許多。

要了解塔羅牌，最簡單方法就是先學習基礎知識，同時開始動手練習。書上提供的練習題，會幫助你快速認識你的紙牌，跟它們建立良好的工作關係。你會學到如何真正了解一張牌的內在含義，而不是只憑藉圖案的表面印象來認定該張牌的意義。當你在讀牌時，請先運用你的「直覺」或是心靈印象，不要受到紙牌固有定義或解釋的局限。永遠不要忘記這件事。紙牌的牌義說明僅是提供一種解讀方向，而不是絕對含義。在「現實生活」中，任何事物都不會是截然「非黑即白」的二分，因為每種情況都需要考慮條件變項和外部影響力的作用。同樣的，牌陣中的每一張牌都會對其他牌造成影響，同時也會反過來被其他至少一張牌影響。牌義的推演會引導你去找到問題的解答。你的心靈洞見會將一個牌陣中每一張牌之間的「空隙」自然填補起來。

現在這個時候，你還不要去擔心人們在每張紙牌上堆疊起來的那些深層奧義。先跟你喜歡的塔羅牌好好相處，完全熟悉之後，再開始幫它們添加複雜牌義，這樣會比較輕鬆容易些。學習塔羅牌一段時間後，你就會發現，各種相互矛盾的牌義資訊不斷出現，其中有一些是你根本不喜歡，或不同意的。這是因為，每一位「專家」對這 78 張牌都有他們各自的見解。就像生活中許多值得爭論的事情一樣，衝突意見有時會非常激烈。對現在這時候的你來說，最重要的是學習基本的傳統牌義，同時學會聆聽紙牌正在對你傾訴的內容。我們會盡最大努力，讓你的學習過程輕鬆愉快。

運用本書作為學習指南，能幫助你了解紙牌要對你傾訴的內容。請用你手上的紙牌實際操作書上的練習，來提升你對塔羅牌的感知力。你的紙牌會跟你一起合作，提供視覺上的刺激，引導你找到想要的答案，但真正的魔法其實是在你自己身上。從拿起塔羅牌的那一刻，在心中默想問題，然後洗牌、擺設牌陣，無一不是在鍛鍊你的心靈感應力。紙牌只是一項工具，就像畫家手上的畫筆和畫布。最終，你本身才是為每一次占卜讀牌描繪圖像的人。跟鍛鍊其他任何一種技能一樣，隨著時間推進，你的「心靈肌肉感應力」(psychic muscles) 也會在不知不覺間鍛鍊完成。

跟著書上的練習表來學習，實際去操練這些技巧。如果你對牌義有疑問，可以隨時查閱本書第四篇和第五篇的牌義解析。我們對每張牌的解釋，是來自諸多形上學學者們，花了幾世紀時間所建立起來的學術研究和實務經驗。但是，永遠不要認為有哪個人對塔羅牌的解析是神聖不可侵犯，或不容質疑的。要真正了解塔羅，靠的是你日漸強大的心靈感應能力，而不是靠死記硬背的牌義解析。

如果你需要更多參考資訊，請隨時查閱本書。也歡迎隨時拜訪我們的網站：wwww.EasyTarotLessons.com，在線上提出問題，或與我們分享你的想法。

第一篇

前置準備

輕鬆上手學塔羅，現在你需要以下這些東西：

・這本書。
・一副塔羅牌（最好是使用我們以下所推薦的其中一副牌）。
・筆記或日記本，還有筆，來記錄和追蹤你的塔羅牌陣。
（這項可自由選擇，你可以直接寫在這本書上，不需要筆記本。）

開始進行實際練習之前，我們想先花幾頁篇幅來介紹塔羅的一些基礎知識，包括：最適合初學者使用的塔羅牌，為什麼需要寫塔羅日誌，還有其他相關資訊，幫助你輕鬆快速學會聆聽你的塔羅牌訊息。

我們還提供了「30 天輕鬆上手學習指南」，幫助你立即展開學習、追蹤你的學習進度。本書最後部分也附上了 60 天和 90 天的學習指南，還有塔羅的發展歷史，如果你對這些資訊有興趣，可以一併參考閱讀。此外，本書附錄也列出了一部分常見問題解答（FAQ）。如果學習過程遇到困難、覺得沮喪想要放棄，請即刻拜訪我們的網站：www.EasyTarotLessons.com，我們希望能盡力協助你持續學習塔羅。

要真正認識塔羅，一定要實際去操作塔羅牌，不能單靠閱讀書籍文字。請讓這本書作為你的學習指南，幫助你了解塔羅牌要告訴你的話語。把書上的練習做完，然後用你手上的紙牌去實際操練。如果需要參考更多資訊，請隨時翻閱本書。你也可以隨時拜訪我們的網站，在線上提出問題，或與我們分享你的想法。

適合初學者使用的塔羅牌

學習塔羅可能很困難，但如果你選擇一副合適的塔羅牌，學習會變得輕鬆容易些。「初學者塔羅牌」通常圖案色彩明亮、象徵符號清晰，雖然不像某些藝術性或實驗性較強的套牌那麼漂亮，但卻比較容易上手、象徵圖案也較容易理解。有些專業的塔羅占卜師在他們的職業生涯中，都只使用這些「初學者塔羅牌」來工作，這證明了初學者塔羅牌並不比其他套牌差，而且是更容易使用的牌。初學者塔羅牌的特徵是，它們較忠於「現代塔羅」的基本符號。由亞瑟・愛德華・偉特 (Arthur Edward Waite) 設計、並委託潘蜜拉・柯爾曼・史密斯 (Pamela Colman Smith) 繪製的這套塔羅牌公開出版之後，「現代塔羅」的圖案符號就差不多被確立下來了。後來人們就以這套塔羅作為基調，變化出數百種塔羅套牌，也有很多人據此設計出個人專用的塔羅牌。究極而言，塔羅牌只分為兩種占卜象徵系統：一種是適合你的，一種是不適合你的。接下來我們在書中推薦的塔羅套牌，都比較接近萊德偉特塔羅系統，因為偉特牌使用的符號和牌義較為普羅大眾接受，在牌義的識別上也較為容易。很明顯的，如果你是盯著「正規撲克牌」的黑桃七，努力運用你的直覺感應，想要從紙牌的位置找到相應的心理意義，那還真是困難呢！

美國遊戲公司 (U.S. Games) 出版的任何一套「偉特」塔羅牌，我們都強烈推薦你使用。包括《萊德偉特塔羅》(Rider-Waite deck)、《原版萊德偉特特羅》(Original Rider-Waite Tarot）、《普及版偉特塔羅》(Universal Waite deck，是《萊德偉特塔羅》的重繪高彩版，圖案完全一樣），或者，如果你喜歡色彩鮮豔的牌，可以選擇《阿爾巴諾偉特塔羅》(Albano-Waite Tarot) ，它保留了偉特塔羅的原始圖案，但使用非常鮮豔的色彩重新繪製而成。《黃金萊德塔羅》(The Golden Rider Tarot) 則是 P.C. 史密斯版本的另一種變化，還有另一副高彩版的《粉彩版偉特塔羅》(Radiant Rider-Waite Tarot)。以上這幾副牌的圖案都一樣，差別只在於圖案顏色與圖像細節層次有所不同。

《漢森羅伯特塔羅》 (Hanson-Roberts deck)：這副牌的風格某種程度已經偏離了 P.C. 史密斯的原始構圖，它與使用者之間「距離更近而且更加個人化」，有時甚至近到像是跟圖中的人物「面對面」，圖案場景看起來像是偉特塔羅圖案的特寫。總之，這副牌相當棒，也非常受到歡迎。一旦你對這副牌所呈現的藝術風格產生興趣，就很難再接受其他比較「傳統風格」的牌了。

《摩根吉爾塔羅牌》 (Morgan-Greer Tarot) 也是一副非常受歡迎的牌，取材自 P.C. 史密斯的圖案符號，但畫面比漢森羅伯特塔羅更加近距離特寫。喜歡這副牌的人，真的會為它的圖案風格和無邊框設計著迷，但是不喜歡的人可能就不太會被它吸引，而會去找尋其他更喜歡的牌。

《萬聖節塔羅牌》 (The Halloween Tarot) 是現代塔羅牌中一個罕見的例子，一般來說，現代塔羅牌的設計通常會為了藝術風格的考量，而在傳統牌義或占卜細節上做一些犧牲，但這副牌卻相當忠於萊德偉特塔羅的原始構圖設計。若不帶偏見的話，這副牌可說是有史以來最好的塔羅牌之一。作者吉卜玲・魏斯特（Kipling West）真是個天才，她完全捕捉到塔羅的精髓，並以饒富趣味、平易近人、令人訝異的細節風格來詮釋她的創作，而且完全符合原始牌義。它非常適合當作你的「第二副塔羅牌」，雖然你也可以直接用這副牌來學習塔羅，但它在認識傳統塔羅的象徵符號上較為欠缺，一般初學無法用它來熟悉傳統塔羅符號。但我們還是非常推薦這套牌，先決條件是你要喜歡萬聖節。

其他像是《古代博洛尼亞塔羅牌》（Antichi Tarocchi Bolognesi）、《古代倫巴底塔羅牌》（Lombardy），或是《馬賽塔羅》（Marseilles）的任何一種變體，因為歷史悠久，根本上來說應該「比較精確」（如果你對原教旨主義運動有所涉獵的話），但實際上這類套牌仍有許多不足之處。作為個人收藏，或是拿來在公開聚會上炫耀是滿有娛樂效果的，但是當你需要在聊天場合幫人做快速而直接的占卜時，你會發現，你手上抓的絕對還是偉特牌。

我們強烈建議避免使用像是《簡速版偉特塔羅》(Quick and Easy Tarot) 這類的套牌，因為它們實在太過簡易，以致你會忽略掉很多實際學習的過程，一直依賴別人給你的牌義解析。這種塔羅牌的問題在於，當你眼前的問卜者希望你提供更多資訊時，你根本就給不出來，因為你的塔羅牌不會跟你說話，它們能夠對你說的只是這張牌的一般意義。不要被這種簡易速食的東西誘惑，而忽略了正確的學習過程與實務操練。

還有另外一類套牌，像《達利塔羅》（Salvador Dali）這種擁有獨特設計的牌，圖案看起來很美，但你幾乎不可能從這些牌面圖案獲得可信賴的占卜訊息。《小熊軟糖塔羅牌》（Gummy Bear Tarot）也是另一套設計精美、色彩豐富的套牌，娛樂效果十足，但牌面的象徵符號卻極其有限，我們建議你可以把它當作藝術品來收藏，或是作為幫助兒童了解塔羅基本知識的工具，而不要用它來做深度占卜。請記得，塔羅牌的首要任務是為你提供問題的解答。你有欣賞藝術創作的需求，但也需要去了解這些圖牌要告訴你的詳細訊息。把那些「有趣而滑稽」的塔羅牌拿來娛樂，然後用一副你比較喜歡的套牌來做嚴肅的占卜解讀。喜歡哪些套牌、要使用哪些套牌，最終選擇權還是在你身上。但是，既然你往後還有很多年要學習塔羅這項技能，我們建議你，還是先從以上推薦的那些套牌著手，好好運用它們來鍛鍊你的心靈肌力，然後再進入塔羅牌叢林去探險，那裡有上百種選擇在等著你。在選擇占卜用的塔羅牌時，永遠要記得這個法寶：讀牌的準確性與輕鬆簡單絕對是首要考量，勝過其他。否則，它就只是一副漂亮的紙牌而已。

哪裡可以買到塔羅牌

很幸運，塔羅牌在過去幾十年中大受歡迎，因此現在很容易取得。在過去，你可能偶爾才會在書店或一些形上學商店看到，但今天你已經可以在亞馬遜網路書店、任何一家稍具規模的實體書店，甚至還可以在零售超商看到它們的蹤影。如果經濟上有困難，你也可以在拍賣網站或舊書店購買二手塔羅牌，你可以用二手牌來作為入門，但首先要進行淨化：用濕布將每一張牌仔細擦拭乾淨，放置到完全乾燥，然後將整副牌放在一堆乾淨的鹽巴當中，靜置一整夜，這樣就可以消除掉紙牌上的所有精神殘留物。二手牌的好處是，因為已經被使用過，所以比較好洗牌，但在使用前務必要先完全淨化。如果經濟允許的話，最好是買一副全新的牌，享受新紙牌的光滑感，體驗一下紙牌掉滿地的樂趣。

塔羅牌的收納方法

某些占卜師很迷信絲巾的功用。塔羅牌存在世上已經好幾世紀，絲綢的歷史更是悠久，因此它的神奇效果受到很高的讚譽。絲綢起源於數千年前的中國，是由身形微小纖弱的蠶製造出來的，這種小蟲喜歡嚼食桑葉，然後吐出長長的蠶絲將自己包裹成繭。中國人發現了蠶絲之後，就將它視為史上重大祕密之一，不允許任何人將蠶帶出國，也不許人公開蠶絲（紡成絲綢織物）的祕密。據說，洩漏祕密的人會被殺頭。數千年後（大約西元六世紀中葉），有僧侶偷偷將蠶卵帶到歐洲，雖然成功帶出境，蠶寶寶依然無法存活，因為牠們只吃桑葉，而當時的歐洲並沒有種植桑樹。一直到今天，蠶絲布的大宗產地依然在亞洲。蠶繭必須經過煮沸（會漂浮在水面上），仔細將繭剝開之後，才能抽出蠶絲紡成絲線。這使得天然蠶絲的製作成本居高不下，也增添了它的神祕、稀有，以及「法力」想像。事實上，它就是一種從纖弱的蠶體排出的物質而已，蠶寶寶用這個排泄物建造一個小房子來保護自己，讓牠們可以安全轉化成為飛蛾，也因此有了蠶絲巾具有保護力量的傳說，像蛋殼做成的粉筆一樣。

當然，假如你有一條喜歡的真絲布巾，這是一種保護塔羅牌的極佳方式，但是接下來你就需要用另一個東西來收納這副塔羅和絲巾，而且還必須保證用正確的方式將這副牌好好包起來，才不會讓你在取用時，突然裡面的牌全部掉出來（這是多年使用絲巾來收納紙牌的人的良心建議）。用木盒來收納，是另一種普遍為大眾接受的選項（通常「塔羅專用」的木盒都有足夠空間，可以同時放得下絲巾）。有些占卜師單純只用原始包裝盒來收納紙牌（而且會將裡面附贈的小冊子丟掉），必要時還會在盒子外貼上膠帶，來延長紙盒的使用年限。要怎麼收納，全都依照個人喜好，沒有一定的規範。說句不怕冒犯傳統的話，在收納上用盡心思真的很無聊。只要保護好你的紙牌，讓它保持乾淨就可以了。

塔羅日誌

塔羅日誌，是在記事本或書上記錄你的塔羅牌陣，方便你日後追蹤、查看之用。也就是一種「塔羅日記」。有些人會用一本筆記來記錄他們做過的每一次占牌，以及得到的每一項啟示，這樣很好，因為他們覺得這樣做效果很好。有些塔羅老手則完全不這樣做。你可以在初學階段做自己的塔羅日記，一段時間之後完全不寫，這樣也行。你是選擇把更多時間花在記錄每一次占卜的細節，還是花在讀牌上，這是一個兩難，而只有你自己可以決定。

如果你決定要寫塔羅日誌，只需要一本筆記，三環活頁夾或是空白頁面筆記本都行，然後把你覺得有趣的牌陣用塗鴉的方式記錄下來。記得日後要花點時間回來翻看、回顧。你可能會發現，你現在正在進行的牌陣，比幾個月前的這些舊牌陣有趣多了。我們不會建議、也不會阻止你寫塔羅日記。如果你有寫塔羅日記的習慣，請確保它不會占用到你實際練習解牌的時間。

塔羅紙牌的含義

初次進行塔羅解牌時，最重要的事情之一就是，要去了解、並且花時間去思考這件事：塔羅牌是在封建社會中誕生的。在這樣的社會文化中，每個人都有既定不變的社會地位。國王和王后，公爵、騎士和農民，他們都各自擁有自己的世界觀和生活經驗。鞋匠、農夫或鐵匠根本無從想像他們的皇帝是過著怎樣的生活。一輩子都不需要勞動做工、皮膚底下不會有洗不乾淨的汙垢的那種生活，對他們來說根本就像外來的入侵軍隊。

「庶民」生活就是從日出到日落、馬不停蹄為他們的家庭和社會工作。宮廷內的奢華生活對大多數農民來說根本無從得知、也無法想像，以免讓他們覺得自己受到不公平待遇而抓狂或起身反抗。這種因為社會地位差別而產生的分裂，很自然成為塔羅牌圖案的一部分，而且一直沿用至今。看著這些紙牌圖案的同時，我們也看到了當時的歷史，在那樣的年代，地主和動物或是常備軍，就是代表生命和死亡的力量。塔羅以圖畫形式記錄了當時的歷史和社會信仰，而且畫中的故事經常都是以晦暗的方式來揭露人性。這也是為什麼塔羅牌會有上層階級牌組（大阿爾克那），以及下層階級牌組（小阿爾克那，包括宮廷牌，也就是所謂下層階級的統治者）之分。因為，國王和王后的命令之上就是諸神，也就是大自然的力量。塔羅牌既屬於多神信仰、同時又是一神論，因為它誕生於基督教統治的歐洲，但大多數一般人民依然保有過去的多神信仰。「上帝」高於一切是宗教口號，但農夫和貴族們還是會在家門上掛馬蹄、用大蒜來阻擋吸血鬼、在屋外放蜂蜜蛋糕給仙子們享用。

在當時，貧窮、各種酷刑虐待、死亡、還有疾病，遠比我們今天所能想像的還要普遍得多，而且通常被認為是邪靈所致，因此需要各種幸運符咒和護身符來阻止邪靈近身。塔羅牌以圖畫意象揭示了這些信仰，儘管從現今角度看來，許多中世紀甚至文藝復興時期的信仰都非常可笑，我們很難理解，為什麼當時的人對這些東西那麼認真。塔羅牌深深受到這些信仰和世界觀的影響，因此對於大多數人來說，塔羅幾乎就是謎樣的東西，即使花費極長時間研究，仍無法深入其堂奧。我們看到有些塔羅圖案，尤其是最早期留存下來的紙牌，那些圖像所呈現的概念幾乎就像童話一樣，而且經常與常識相違。因此，我們要看的是圖像背後代表的象徵意涵，而不是將這些紙牌圖案當作自然與科學的實際狀態。我們現在都知道，世界並不是平面的，但當年塔羅牌的創造者並不知道。因此，我們必須將這些紙牌圖案解譯成符合我們「當代」世界觀的版本（當然啦，未來的人可能也會嘲笑我們現在的世界觀），將紙牌當中隱含的內在智慧應用於我們眼前的生活，為自己創造更健康、更幸福的「當下」生命。

最後總結起來就是：「紙牌的傳統歷史意義」與「紙牌對你的整體概況說了什麼、對你的當下說了什麼」，這兩者的差異對比。誰說的才「正確」？當然是你自己說了算！當你學會聆聽你的直覺，它就會告訴你那些學術解析是否適合拿來用。塔羅的變化無常乃眾所周知。請練習讓自己成為專家。了解「傳統牌義」是必要的，同時也要知道如何憑直覺解讀紙牌的表面意義，而且要知道何時該信賴自己的直覺，無論面對較難解讀的牌，或是意義明顯的牌。

上下顛倒的牌

（如何處理逆位牌）

當你擺開你的牌（擺設牌陣）來進行讀牌，發現有一張牌跟其他牌的方向不一樣，呈現「上下顛倒」的逆位牌，這時，你有兩種基本選擇：將它轉過來跟其他牌同方向，或是直接用這張逆位牌來讀牌。不管你選擇哪一種都可以。有些塔羅占卜師在其職業生涯中從來不曾用逆位牌來占卜。逆位牌的用意在於為你提供更多解牌信息。逆位牌的含義通常相當直截了當；可能代表該牌的相反意義，也可能是「該牌原始意義上的減損」。這就是逆位牌的一般解牌原則。所以，在幫客戶占牌時，若要能夠做出明智的解牌，請務必記得，每一張牌跟牌陣中的其他牌都是相互影響的。如果對每張牌的解釋過於僵化，那麼你就只能把自己綁死在78種，或（包括逆位）156種牌義當中了。

舉個例子來說：寶劍王牌本身是一張好牌，因為它占有重要影響力，而且牌面圖案相當簡潔，帶有微妙的暗示。占牌時，如果寶劍王牌出現在牌陣的最後一張，那你也許可以下結論說：「你會是贏家！」寶劍王牌（正位）是一張代表勝利的牌，它可以解釋成：透過戰鬥取得勝利、戰勝敵人、取得主宰他人的權力，或是獲得某人的協助，至於哪一種解釋才對，則需透過牌陣中的其他牌一起來決定。其他牌會向你解釋，你要「如何贏」，以及「贏在哪裡」。如果是寶劍王牌逆位，那可能代表「你會失敗」。

但怎麼會失敗呢？是不是表示你的計畫不會如你所願實現？這可能算是一種失敗；但就像「達摩克里斯之劍」(Sword of Damocles) 一樣，也有可能你因此避開了某件不好的事情；相較來說，寶劍十很明顯就是代表「一路遭受打擊、衰到底」，結局悲慘。有時候，塔羅牌義並不像牌面圖案那麼簡單。這就是「塔羅的奧祕」所在，也是塔羅帶有詭異氛圍的原因。要正確破譯未來並不是一件簡單的事，這就是為什麼這本書會設計大量練習。逆位牌的解讀只是為了讓你獲得更多訊息，但仍必須靠你自己去弄清楚，該怎麼將牌陣中的所有牌義兜在一起，給出能夠符合現實經驗的解釋。只有花時間努力練習讀牌（並觀察結果），才能得到完整的解牌訣竅，不過，初學階段（第一次學習塔羅牌的人）在練習解牌時，可以先把所有的牌都轉成「正位」，這樣會比較容易了解牌義，直到你能夠確實掌握塔羅的要領為止。如果解讀逆位牌會讓你頭暈，甚至解牌速度變慢，那麼請試試看，初學的60天內都只用正位來讀牌，到時候看看成效如何。

塔羅牌與方位

基於很多原因，這是一個敏感的主題。如果你因為在別的地方讀過某些東西，或是聽人家傳說過什麼，而想避開這整個主題，單純只要知道塔羅的四個牌組分別代表什麼方位就好，那麼請務必這樣做。事實上，當你在進行占卜解牌時，牌組幾乎很難為你指出方向位置。如果是牽涉到神祕魔法施術，那麼你所學習的教派，比如威卡 (Wicca)、德魯伊 (Druidic)、卡巴拉 (Kabbalistic)，他們都會要求你遵循他們的傳統。

每個人相信的都不一樣。為了單純起見（至少本書是如此），我們簡單列出塔羅四個牌組與四元素的基本對應關係如下：權杖 = 火，聖杯 = 水，寶劍 = 風，錢幣 = 土。這是一般普遍的共識，幾乎沒有任何爭議，因此本書也這樣沿用。值得注意的是，寶劍牌組與權杖牌組的元素是可以互換的，但這本書不會提到這些，因為它只會惹火眾多覺得塔羅牌義已經太過深奧複雜的人。我們會根據每一張牌個別能量的占星對應，來界定屬於它自己的方向位置。在「小阿爾克那」牌義詳解章節，你會看到這些內容。你可以隨個人喜好來運用或忽略這些訊息。但是，如果你把四個塔羅牌組和四個元素對應起來，那麼接下來會碰到的最簡單問題就是：那些元素又分別代表什麼方位。以下就列出最基本的相關對應，如果你選擇使用它們，會對你有很大幫助。

牌組	方位	季節	元素
權杖	東	春	火
聖杯	北	夏	水
寶劍	西	秋	風
錢幣	南	冬	土

在這本書，我們會先探討「小阿爾克那」，因為它們跟日常生活比較相關、容易結合，因此較容易理解。對大多數人來說，「大阿爾克那」比較深奧複雜，所以我們把它留到後面再談，雖然大阿爾克那會讓人感覺比較奇異、也比較神祕。有一點很重要，千萬不要忽視「小阿爾克那」的重要性。「小阿爾克那」這個詞其實並不恰當，它會讓人產生一種印象，覺得這 56 張牌好像不如另外 22 張「大阿爾克那」來得重要或具有影響力。

小阿爾克那牌能夠在解牌中提供需要澄清的明確細節，大阿爾克那則是代表整體存在或社會狀態的一組元素的象徵符號。它們都有各自的心理對應，但如果沒有「小阿爾克那」來協助澄清，就很難將那些隱含意義的圖案運用在日常生活中。本書所列舉的牌面實例，都是採用萊德偉特塔羅牌，因為偉特牌是最適合初學者使用的牌，而且可以讓你用上個幾十年沒問題。它的四組小牌分別是：Wands 權杖、Cups 聖杯、Swords 寶劍、Coins 錢幣。大多數現代塔羅牌都是採用偉特塔羅的象徵圖案作為基調，再加以重新設計、繪製而成。

不同的塔羅套牌，也有各自不同的小阿爾克那牌組名稱，並不影響其可信度。克勞利(Crowley) 的托特塔羅就用了「圓盤 Disks」這個詞，而本書則採用「錢幣 Coins」一詞，因為它原本就是這個牌組的代表物：錢幣（象徵財富、土元素能量，以及財產）。其他塔羅牌可能會將四組小牌稱為「硬幣、法杖、橡子、杯子」等等。重要的是，你要跟整副牌的圖案建立起熟悉感。之後，每一個人都可依各自喜好，想要怎麼稱呼它都可以，並不會影響占牌的品質和準確性。說到這裡順帶一提，我們在每個小阿爾克那牌組的章節開頭（本書第四篇開始），都為每一個牌組的「傳統牌義」進行了快速簡要的剖析。你不一定要全盤接受。如果它在解牌上對你有幫助，那就收下來；如果沒有幫助，請將它暫時擺在一邊，除非你後來改變想法。務必記得，最重要的是，你知道你的牌代表什麼意義，而且這些牌義可以持續一貫地幫你執行解牌工作。這主要得靠你本身實際去操練，不過，無論對初學或「專家老手」來說，學術理論知識都極具價值。

如何解決牌義爭論

塔羅牌最有趣的其中一件事情就是，它具有高度的民主精神。每個人對每一張牌做出的解釋，都一律平等，無論是對自己來說，還是對世界來說。我們可以選擇自己認為正確適當的牌義，而且隨著時間演進，依據學習和實務經驗，我們對每張牌的理解程度也會更深入。再者，我們個人對牌義的看法，都是在對塔羅的「集體智慧」提供貢獻，每一次我們進行占卜解牌，或跟朋友討論塔羅時，就是在發揮我們的影響力。我們可能不知道自己的話語如此有分量，直到有一天發現，客戶做完塔羅占卜三天之後，跟朋友這樣談道：「……上禮拜我在做塔羅占卜時出現了高塔這張牌，表示我那個混蛋上司快要被炒魷魚嘍！」

每次你為一張牌做出解讀，或對於牌義有所爭辯（或激烈爭論），都是在對這張牌的牌義論辯做出跨世紀的貢獻。你個人的看法跟其他人的一樣有效、一樣站得住腳，前提是：（a）你已經研究過其他學術理論資料，而且引用了其他人的看法，或者（b）你有操作塔羅牌的實務經驗，並將你個人的發現發表出來。

舉例來說：若有某位塔羅專家在書中寫道，戀人牌代表占星學上的雙子座*。身為一名數十年來見過上千位個案的職業占星師和塔羅占卜師，我可能會先笑到在地上打滾，然後這樣回應：「以我個人『拙見』，我發現戀人牌對應的是金星（行星）或阿芙蘿黛蒂（女神）的特質，而且直接關聯的是陰性星座的金牛座（土象：這時戀人牌是代表感官上的執著，比如食物、巧克力、性、香水、珠寶），或陽性星座的天秤座（風象：這時戀人牌與藝術、愛情、婚姻、契約、時尚等事物有關）。為了保持和諧關係，以便我們可以共同分享我們對塔羅牌的興趣，不去爭執一些雞毛蒜皮的瑣事，我會很小心，不要對作者這樣大聲咆哮：「這位先生，你的腦袋裡裝屎是吧！」他們可能是引用伊萊列維 (Levi) 的說法，或只是鸚鵡學語、背誦他

* 戀人對應雙子座，是以黃金黎明協會的講義BOOK-T為準，此講義的塔羅與占星的對應是以十二星座順序編列。然而不同流派的神秘學團體對應方式不同，塔羅師可以自身經驗與認同的流派為準。

們的老師教他們的東西。如果它對你的「現實生活」有幫助，它就是有用的資訊。

作為一種占卜工具，塔羅面臨的真正考驗是：它能否為你提供清楚可靠的答案，而且可以重複被驗證。你可以一直相信它嗎？你能否（基於長久累積的實務經驗）輕鬆自信地依據你所看到的內容提供對方建議？我們可以用力爭論每一張牌的牌義，直到聲嘶力竭，但是，比任何（還活著或）早已過世的「權威」對每一張牌的解釋還要重要的是，這些牌到底在跟你說什麼？聽聽你的老師和前輩的建議，然後親身去檢驗，這些牌義對你是否適用（而且能經得起時間的考驗）。把你學到的東西當作起點，而不是終點。培養這樣的態度來學習形而上學，會讓你減少許多挫敗感，不致走太多冤枉路。

若要把塔羅牌當作魔法施術的工具，或是一種心理輔助療法（高階塔羅課程才會談到），你必須對你所運用的符號有足夠深入的理解和信任。你不可能隨便抽出幾張牌、任意翻開一本塔羅解析書，就期望它能夠像變魔術一樣改變你的生命，讓你從此過著幸福快樂的生活，或是只根據一般通俗解釋，就隨便用「吸引力法則」(相吸相斥法則，laws of attraction and repulsion) 來幫大眾解牌。你所面對的生命情境是獨一無二的，雖然它與其他數百萬人確實存在著共通之處。大部分魔法巫術或奇蹟的施展都帶有明顯意圖，而且目標和動機都非常清楚。塔羅牌能夠創造很棒的視覺刺激，讓你能夠與你的潛意識一起工作，進而影響你周遭的世界，但除非你對於你手上的紙牌有很深的了解和心靈連結，否則你就只是在玩弄一些漂亮的圖卡而已，它的效果大概就跟一般的夢想實現板差不多。所以，把爭論留給那些新手和跟班們吧，與其花時間跟人爭執塔羅牌義，不如實際上把你手上的牌拿出來玩會更有用，還有，當你跟別人討論塔羅時，請保持開放的心態。

輕鬆上手的學習指南
(第一部分)

學習塔羅應該是一件有趣的事。不要太用力逼迫自己，或是期望自己在短時間內就完全掌握塔羅牌的奧義，否則你會把自己搞瘋。學會每一張牌的基本含義很容易（這就是為什麼塔羅牌是用圖案來呈現，而不是用數字和撲克牌的「牌點」）；不過，接下來幾年，你會慢慢開始從你的塔羅牌中看到各種有趣的含義和訊息，發現它們有各種不同的用途，甚至之前遺漏掉的象徵意義。塔羅牌唯一重要的象徵意義就是你「眼前當下」看到的那個象徵意義。這是塔羅最深藏不為人知的祕密之一，所以其實我們現在就可以頒給你一頂大師級帽子嘍。

如你所知，這些年來，市面上發行的上百種塔羅牌已經賦予塔羅更多層次的牌義象徵，但唯有當你確實與它們互動，那些牌義才會被「活化」。這是「神祕學校 101」(Mystery School 101) 的內容，而你現在就有機會知道：先把你的祕密藏起來，然後隨著教學進程，看看你的學生們是否已經「了解它們」。我們可以指著一個符號，然後向你解釋這個符號的意涵；但除非你已經準備好要「看到它」，或是你自己有那個需要，否則它就只是一個毫無意義的彎曲線條而已，不會比一張畫著花朵的圖片更有力量。「所見即所得。」這句話說出了有形具象圖案的奇妙之處，也同樣適用於塔羅。只要你能夠看懂一個占卜牌陣的內容，知道如何解牌就可以了。當然，愈多的學習和演練，你看到的內容就會愈多，也愈有能力清楚向你的客戶個案解釋他們所面臨的情況，以及如何在那個情況中得到最好的結果。因此，不要擔心那些你還看不到的東西，要用一雙新的眼睛，以愉快的心情去探索你周遭的世界。就以這樣的心態，輕鬆去面對這本書提供的「學習指南」：它是指引，不是教條聖經。無論別人告訴你什麼，你都要按自己的步調去學習，一路上讓自己玩得開心。唯一就是不要放棄。你絕對做得到。這沒什麼難的！記得，如果你遇到困難，這裡會有人為你伸出援手：www.AdvancedTarotSecrets.com

前 30 天的學習進度

請在 30 天之內，把這整本書至少讀過一次。這比你花時間做練習還要重要。包括先把我們對每張牌的解釋全部讀過一次，如果遇到疑惑的地方，可以先隨意瀏覽就好。我們希望你對整副牌先有初步的感受，看看自己大概是在什麼程度，但我們不希望你對這件新玩具，以及細節的部分覺得負擔太重。

接著就可以展開練習：請按順序進行書上的練習題（在練習 4 完成之前，不要先跳到練習 11），即使你之前已經有過占卜解牌的經驗。這些練習是為了幫你建立紮實的解牌技巧，讓你往後實際解牌時可以更順利，特別是使用多張牌的複雜牌陣來占卜時。如果你能找到一位朋友（如果他們自己也在玩塔羅牌、也有這本書），跟你一起來進行這些練習更好，但也要各自花時間把所有練習做完。「個別練習時間」非常重要，它可以幫助你對每一張牌發展出自己的個人看法。跟朋友或其他學員一起練習很有幫助，可以讓學習過程更有趣，但也有可能會讓塔羅牌變成第三者的角色，而不是你正在溝通和練習的主要對象。你手上的這副牌，最後都將成為你的聲音和你的耳朵的延伸，因此當務之急就是，儘快跟你的塔羅牌建立起緊密連結，好讓你的學習過程更加輕鬆有趣味。

當你有辦法輕鬆做完每一個練習，就可以開始嘗試簡單的牌陣，純粹好玩就好。用你的牌認真問一些比較簡單的問題，日常瑣事也可以，比如午餐該吃沙拉或三明治？你的老闆會在上班幾個小時以後偷溜出去打高爾夫球等等。不要問那些「攸關生死」的重大問題來給自己徒增壓力，只要開開心心跟你的紙牌說話，以輕鬆的心情來練習就好。現在這個階段，重點不在於給出確實的答案，而在於建立你對你手上這副牌的整體感覺。有時你可能會被朋友或同事逼問，她們的男朋友是不是真的愛她？會不會加薪？有沒有可能生小孩？或是他的妻子有沒有外遇？好像你突然間變成有天眼通的先知似的。當你身邊的人苦苦哀求你幫他們占卜，而你覺得有壓力時，請保持微笑、禮貌以對，好好跟他們解釋，說你現在可以幫他們抽個幾張牌，但純粹只是好玩而已，你還在學習，所以不希望他們把抽到的牌看得太認真。此外，如果你是上班族，請務必等到午休時間才玩牌，以免有些同事會嫉妒，去老闆面前告狀、找你麻煩。基本原則就是，讓自己玩得開心最重要，盡可能隨身攜帶你的塔羅牌，一想到什麼有趣的問題，就隨時把牌拿出來玩。

每天花一些時間單獨跟你的塔羅牌相處。我們建議每天至少 5–15 分鐘，如果可以的話，花 30 分鐘做練習或擺設簡單牌陣。這並不包括你跟朋友或同學一起玩牌的時間喔。意思就是說，你必須非常熟悉你的牌，否則它會變成一件苦差事；塔羅占卜永遠不該成為苦差事。前 30 天當中，等到你做過好幾個禮拜的練習，而且試過一張、兩張、和三張牌陣（純粹好玩性質），那你差不多就可以開始嘗試比較複雜的凱爾特十字牌陣或是環形牌陣。挑一個你現在碰到的、稍微嚴肅一點的問題，靜下心來洗牌，一邊仔細思考你正在尋找的答案。然後擺設牌陣，別忘了用你的塔羅日誌把紙牌的陣位記下來，或暫時把這個牌陣擺著不要動，過幾天再回來看。現在這個階段，對任何的占牌結果都不要盡信，稍微要有點保留。只要「觀察和觀看」就好，同時繼續去過你的生活，當作你沒有從塔羅得到任何建議一樣。過一段時間，你就會開始想要在你的「實際生活」中去驗證那些占牌結果，這樣你就有機會培養更準確的直覺力，來幫助你確定占牌時機，以及了解更微細的牌義。

如果你從紙牌上看到一些「可怕的事情」，請不要驚慌。有可能是你沒有徹底洗牌，或是可能一直在想別的問題，或當時可能心情不好。這時，你可以把牌陣收起來，重新洗牌，然後再次抽牌、重擺牌陣。如果得到相同結果，雖然出現的牌不一樣，那你應該把這些牌的建議記錄下來（包括兩次占牌出現的牌），如果需要協助，可以到我們網站提出問題，論壇中一定會有人提供意見。對了，如果你抽到的牌全部都是逆位牌，要記得把整副牌轉向。這聽起來很基本，但確實有效。

開頭這 30 天，你應該盡可能多做練習（每天至少 5–15 分鐘，一個星期當中要有幾天時間稍微長一點），把練習 1 到 11 全部做完，並用「純粹好玩」的心態問一些不重要的瑣事，練習擺設簡單牌陣。絕對不要低估「純粹好玩」的價值，因為它可以為你提供實際演練的經驗，讓你以輕鬆的心情去做實驗，免除了在觀眾面前表演，或是「結果一定要準確」的壓力。再提醒一次：等你練習 1 到 11 已經做得相當順手（而且在數週當中已有過至少 20 或 30 回練習），也做過簡單的單張、兩張、三張牌陣演練，就可以開始嘗試凱爾特十字牌陣和環形牌陣。當然，你想提早嘗試也可以，重點是你要先完成所有練習題，而且做過簡單牌陣演練，目的是為了讓你對複雜牌陣的牌與牌關係，建立起相當熟練的理解。假如你現在先擺設一個凱爾特十字牌陣，然後接下來花數週時間把練習題做完（練習 1 到 11 就好，不包括那些磨人的「進階」練習），然後再重新擺一次凱爾特十字牌陣，你一定會看到更多內容，因為透過這幾個禮拜的練習，你會了解到牌與牌之間如何產生關聯，以及它們如何把對方的意義加以改變（有點像我們跟朋友之間也會相互影響，就算我們不想被他們影響）。

最重要的一件事情是，無論你問的問題是愚蠢還是嚴肅，你都要用輕鬆的心情來提問，但是不要太在意你現在得到的答案，如果有朋友，甚至是陌生人要求你幫他們占卜未來，你也應該以這樣的心態來避免壓力：「請別太認真……無論你看到的結果是什麼，你都會順利，我保證！」（接下來這幾年你一定會常常聽到這樣的話）

第二篇

塔羅牌義速成練習

這些年來，透過這一篇的練習題，已經幫助眾多塔羅學習者從初學新手晉升成為內行老手，不需要死記硬背一些通用的塔羅牌義，就能對塔羅牌做出親身直觀的解析，就像你實際上在幫人占卜，或是在搜解你所遇到的某個特殊謎題一樣。一開始，這些練習可能會讓你覺得棘手和陌生。練習過程中，請不要半途而廢，或是一直去查看書上所寫的牌義解析。你要把自己放到紙牌圖案當中，想像你就是畫面中的人（比如，你可能是寶劍 5 裡面那名惡霸，也可能是背對著他、鬱鬱寡歡離他遠去的其中一人），或者你可能只是一個旁觀著，默默看著畫面中的人在互動。畫面中有些人可能是你的朋友，也有一些人你可能非常不喜歡。

千萬不要把眼前看到的這張牌當成事情即將發生的預兆。要進入這張牌裡面，四處走走看看。問一下牌裡的人：「喂！你覺得你在這裡做什麼呢？」問問錢幣 5 在教堂外面走路的那兩個人，為什麼大風雪天不待在溫暖的室內。戳一下「魔術師先生」，問他是不是真的對那些魔術道具很在行？或只是擺擺姿勢、做做樣子而已。如果你走在路上，突然一隻大手從你身邊的一朵雲中伸出來，手上還捧著一枚跟房子一樣大的金幣要送給你（像錢幣王牌當中的情節），你會怎麼反應？每次你在練習當中看到一張牌，或是一組牌陣，而不知道那代表什麼意義時，都可以用這個方式問自己問題。

本書所設計的練習題，目的在於訓練你的心靈感應肌力，還有圖案辨識力、空間思維過程，而且，這些練習也關係到，你是否有辦法熟練地將你從圖案得到的視覺刺激，顯化在實際生活中（運用「吸引力法則」）。重點不僅僅是你能夠告訴別人你看到什麼，還要進一步幫助他們（包括你自己）有辦法運用紙牌的圖像，像變魔術一樣變出令人開心的東西，讓人們有辦法確實掌握自己的未來。這本書出版之前，這些練習都沒有公開發表過，但我們相信你有能力掌握它們的要義，靠自學來迅速提升你的塔羅才能。

在形而上學、魔法施術和哲學的自學過程中，學習者必須靠自己的力量去挖掘答案，不能一直被人用湯匙餵著吃飯。因此你必須自己決定，每個練習要熟練到什麼程度，才能讓你有辦法隨時隨地執行解牌工作。你可以按照自己喜歡的順序來進行這些練習，但我們強烈建議你，請先依照書上的順序，最少讓自己做到「稍微熟練」為止。等到你對每個練習都非常順手，你就可以按照自己想要的順序去進行。同樣的，如果任何時候你覺得徬徨、沮喪，或是卡住過不了關，你都可以到我們的網站 www.EasyTarotLessons.com 尋求協助。當你有所進步，技巧愈來愈精湛，智慧愈來愈深，你也可以在網站上與他人分享你的想法和建議。

前30天學習進度表

以下這個表格清單，可以協助你衡量自己的學習進度，看是否已經準備好可以邁向進階。當你覺得自己已經完成該階段，就在方框裡打勾。每一個練習請至少做兩次，第一次跟第二次練習時，請先不要直接跳到進階部分，否則整個練習的重點會被破壞。先把整本書全部讀過一遍（在你喜歡的部分標示重點，需要時可以在空白處隨意塗鴉）。每天至少確實花5分鐘來玩牌。若遇到困難，請隨時上網詢問 www.AdvancedTarotSecrets.com。

練習進度 *目前技巧（或熟練）層級*

	你要我做什麼？	正在努力！（別吵我）	快要熟練了……	我覺得我已經熟練	完全熟練嘍！
練習 1 表象含義	☐ ☐	☐ ☐	☐ ☐	☐ ☐	☐ ☐
練習 1a 弦外之音	☐ ☐	☐ ☐	☐ ☐	☐ ☐	☐ ☐
練習 2 我的牌與你的牌	☐ ☐	☐ ☐	☐ ☐	☐ ☐	☐ ☐
練習 3 兩張牌有何共同點	☐ ☐	☐ ☐	☐ ☐	☐ ☐	☐ ☐
練習 4 從這張牌到那張牌	☐ ☐	☐ ☐	☐ ☐	☐ ☐	☐ ☐
練習 5 三張牌來回解讀	☐ ☐	☐ ☐	☐ ☐	☐ ☐	☐ ☐
練習 6 物以類聚	☐ ☐	☐ ☐	☐ ☐	☐ ☐	☐ ☐
練習 7 咦！這張牌是什麼意思？	☐ ☐	☐ ☐	☐ ☐	☐ ☐	☐ ☐
揭牌	☐ ☐	☐ ☐	☐ ☐	☐ ☐	☐ ☐
練習 8 一加一等於什麼？	☐ ☐	☐ ☐	☐ ☐	☐ ☐	☐ ☐
練習 9 一加一加一等於什麼？	☐ ☐	☐ ☐	☐ ☐	☐ ☐	☐ ☐
練習 10 說故事接龍	☐ ☐	☐ ☐	☐ ☐	☐ ☐	☐ ☐
練習 11 把整副牌貼在牆上查看	☐ ☐	☐ ☐	☐ ☐	☐ ☐	☐ ☐
補充練習與 正式進階練習	☐ ☐	☐ ☐	☐ ☐	☐ ☐	☐ ☐
基礎牌陣 單張、兩張、三張牌陣	☐ ☐	☐ ☐	☐ ☐	☐ ☐	☐ ☐
進階牌陣 凱爾特十字、環形、時鐘牌陣	☐ ☐	☐ ☐	☐ ☐	☐ ☐	☐ ☐

我今天做了什麼？

以下這張表可用可不用。這張表只是為了方便你記錄你花了多少時間練習塔羅，以及當天完成了什麼有趣的事情。

今天是：……我學到 / 做了這件事：

第 1 天：______________________________

第 2 天：______________________________

第 3 天：______________________________

第 4 天：______________________________

第 5 天：______________________________

第 6 天：______________________________

第 7 天：______________________________

第 8 天：______________________________

第 9 天：______________________________

第 10 天：______________________________

第 11 天：______________________________

第 12 天：______________________________

第 13 天：______________________________

第 14 天：______________________________

第 15 天：______________________________

第 16 天：______________________________

第 17 天：______________________________

第 18 天：______________________________

第 19 天：______________________________

第 20 天：______________________________

第 21 天：______________________________

第 22 天：______________________________

第 23 天：______________________________

第 24 天：______________________________

第 25 天：______________________________

第 26 天：______________________________

第 27 天：______________________________

第 28 天：______________________________

第 29 天：______________________________

第 30 天：______________________________

基礎練習介紹

整副塔羅牌的圖像描述和傳統牌義，我們放在第四篇和第五篇。假如你急著想要查閱某張牌，可從書口上的黑色標籤去查，很快就可以找到該張牌。不過，這本書的主要目的是要教你如何輕鬆快速上手、精通塔羅，跟你的塔羅牌成為好朋友，不必再依賴書上給你的答案。書上告訴你的都是該書作者對塔羅牌的理解和看法。這些知識當然很重要，而且閱讀不同作者的書籍能夠增進你對牌義的了解。不過……當你面對向你問卜的朋友和客戶，或是一位陌生人純粹因為看到你手上的塔羅牌就央求你幫他占卜，而你最後妥協了（這種情況一定會比你想像還要常發生），這時，唯有你自己能決定你手上的那些牌代表什麼含義。

當你發現，跟你隔著桌子面對面的那人露出憂慮的眼神問你：「結果很糟糕嗎？看起來很糟耶！那是什麼意思呀？」這時候，我們並不會出現在那裡、還牽著你的手（真是抱歉啊）。你讀過的每一本書的作者也不會。你必須獨自一人做出決定，放鬆心情，禮貌地請你的觀眾安靜，然後仔細聆聽眼前的紙牌在那當下要告訴你的內容。這時，你學過的那些塔羅理論知識就派上用場了（所以請不要跳過本書為你整理的、關於塔羅牌的「傳統牌義」部分），但是，更重要的是你內在的聲音以及微妙的牌義推演，它們會告訴你「這張牌的圖案在這裡代表什麼含義，然後第二張牌是逆位所以意義相反，但是第三張、第四張、還有第七張組合起來代表……」諸如此類。所以，我們現在首先要做的是：暫時把「傳統牌義」擺在一邊，先跟你的紙牌建立熟悉感。以下這些練習會幫助你有效強化你的心靈肌力，增進你對塔羅牌的感應能力。它們也會教你如何決定使用哪一種占卜牌陣，幫每一次占牌建立起紮實的知識依據，然後才向對方提出建議。

在以下練習中，我們會要求你將塔羅紙牌當中的「大阿爾克那牌」先取出來（紙牌底端有標題的那 22 張牌，比如「愚人 / The Fool」、「力量 / Strength」和「世界 / The World」等），將它們暫時放在一邊。一開始我們只處理其他 56 張「小阿爾克那牌」。這將會大大簡化你的學習過程，因為「小牌」的表現力比較強，而且「容易理解」。在這裡，我們將這 56 張小牌稱為「學習牌」(study deck）。整本書中你會一直看到這個術語出現。

接下來，當你已經練到非常順手，有辦法輕鬆快速擺設出牌陣，然後用「小牌」來發展故事情節，你就可以將 22 張大牌加進來，然後把這些練習從頭再做一次。當你能夠完全掌握塔羅的相關概念，學習「大牌」會比你現在想像的還要輕鬆容易許多。將「大牌」加進來之後的整副牌，我們稱它為「演練牌」(practice deck)。

最後一個術語是「工作牌」(working deck)，就是你幫自己或客戶（不論付費與否）占卜時所使用的那副塔羅牌。通常工作牌（可以有很多副）就是你的「必選」塔羅牌，每次當你認真想要用占卜來尋求解答時，你一定會把它拿出來使用的那副牌。所以，它跟你在朋友聚會場合使用的遊戲牌，或是單純看起來漂亮美觀的套牌，要區分開來。過些時候，你可能還會購入一些你喜歡的塔羅牌，有些套牌圖案非常漂亮，但並不適合拿來占卜，有些套牌圖案看起來沒那麼討喜，但卻能夠提供你紮實可靠的答案。如果你夠幸運，你就有機會找到你的

「最佳拍檔」，不僅圖案漂亮，而且占卜起來非常順手。請記得，你的工作牌（無論漂亮與否）就是你的麵包和奶油，它們能幫助你改變生命。其他藝術風格較強的聚會遊戲用牌，就把它們拿來娛樂就好。

練習 1

表象含義

這是一個簡單的練習，但也是你在學習塔羅的路途上最為重要的部分，所以，請常常做這個練習，即使你將來成為老手，對塔羅牌義和它深藏的智慧已經非常熟悉。不要管你在哪一本書上讀過什麼，包括這本書上的牌義解析，你能夠從塔羅領會出的最重要牌義，就是與你內心相契共鳴的那個。其他都不重要。這就是為什麼塔羅牌是用圖案來呈現。視覺符號能夠提供你的潛意識頭腦立即性的刺激，這是文字無法達成的。

你會受到你眼睛所見之物的衝擊和影響，因此我們希望你能夠先用自己的眼睛去看，而不要讓你的塔羅知識變成是來自對死去已久的神祕主義「權威」著作的一種下意識反應。很多人都過於低估這個技巧的重要性，事實上它正是大師級塔羅的基本技能（噓！別跟任何人說我們跟你講的這個祕密：這可是你得上七年的神祕學校才知道的唷！）之所以能夠成為「塔羅大師」，正是因為他們有能力將傳統的學術知識與超越時空的永恆知識相結合，而且具備精準的直覺力，知道什麼是當下的最佳行動路徑。這才是真正的專業，尤其對於神祕的奧義科學來說。因此，最容易、也最直接的學習途徑，就是從信賴和磨練你的直覺力開始訓練起，不要強迫自己在無菌的環境中去學習一大堆規則和教條。不妨這樣想：在你學會母音和子音之前，你早就知道蘋果是什麼、也知道你最愛吃的冰淇淋是什麼味道了，是吧。名稱標籤只是一種身分識別碼，而不是物體本身。所以說啊，就讓我們從物體本身開始吧！我們會從所謂的「小阿爾克那」開始。

首先，把你的紙牌拿出來，依照牌組分類將所有紙牌分成五疊：四組小牌和一組大牌。先分組就好，不需要依照數字順序，因為順序在這個時候並不重要。分好之後再來整理順序，依次是：王牌（1 號）到 10 號牌，接著是侍者、騎士、王后、國王。

現在，把權杖牌組拿起來。如果你用的塔羅牌不是這本書上示範的萊德偉特塔羅牌，那這個牌組的名稱可能是：「Rods 棍子、Staves 法杖、Clubs 梅花、Sticks 棒子」之類的。總之，先把這個牌組拿起來。

從權杖王牌（權杖 1）開始，仔細看著它，然後問自己看到了什麼。如果你站在畫面當中，你會有什麼感受？你可以把這幅圖像的內容描述給自己聽（「我看到一隻手拿著一根棍子—— 然後呢？」），或者你可以把焦點放在你覺得熟悉的符號上。這個畫面可能是靜態的，也可能因為畫面中有葉子正在掉落，表示這根棍子有被搖動，類似俗語所說的「撼動大樹」。這些感受都非常個人化、個別差異性很高。現在重要的是，仔細看這張牌，看看它對你說了什麼。

如果有某張牌讓你感受到一些超出圖案內容的東西，那也很好。比如說，如果權杖王牌對你說：「這是上帝的棒喝！」這也跟你在書上讀過的任何一個解釋一樣有效，因為那就是你接受這張牌的視覺刺激之後，你的頭腦意識思維自動賦予它意義和感受的結果。這就是塔羅的目的所在。

接下來，換下一張牌。仔細看權杖 2 這張牌。有一個男人站在兩根直立的棍子中間，手上拿著一個地球儀。這張牌在對你說什麼？那個人看起來是在做什麼？是什麼原因他要做這件事？如果你站在他身邊，你會問他什麼問題？他的眼光正在注視著什麼呢？是在計畫著某件大事嗎？你能不能從他的穿著打扮和動作看出他的社會身分（商人、守衛、國王，還是小偷）？

就用這種方式，把權杖牌組的每一張牌都仔細檢視過，時間或長或短隨你喜歡。一般我們會建議，在前幾次的練習當中，每一張牌不要花超過 2 – 3 分鐘。你甚至可以進行局部「單點」解讀，強迫自己每張牌花 10 – 15 分鐘詳細查看，然後問自己剛剛看到什麼，以及你認為這些圖案的表面含義是什麼。請記得，你的意見跟任何一位「塔羅專家」一樣有效、一樣站得住腳。其他人或許可以增進你對自身經驗的理解程度，但沒有任何人可以命令你該看到什麼、感受到什麼。如果你覺得沒什麼負擔，就用這種方式把其他牌組一併看完，仔細看每一張牌，問每一張牌它是誰，以及它在做什麼。權杖牌組看完之後，接下來是聖杯牌組，然後是寶劍牌組，最後是錢幣（或五角星）牌組。不要太過強迫自己、給自己太多壓力，但至少每天要做一次練習，接下來幾個禮拜都同樣這樣做。

順便簡單講一下「錢幣」這個牌組。無論你的塔羅牌是用什麼名詞來稱呼這個牌組，請一律將它們看作金色錢幣，而非宗教上或魔法施術的圖徵符號。之所以會從「錢幣」(Coins) 變成「圓圈裡面的五角星」(Pentacles)，是因為很久以前某位藝術家心血來潮，刻意要貶低這個牌組原本代表的「金錢」含義，沒想到竟讓它變成像是塗上黃色顏料的木製宗教符號，結果導致牌義上不必要的混亂，而且違反直覺。幫錢幣牌組加上「星星」，根本沒有任何功用，反而造成大眾的混淆和恐懼，結果當然是惹火了二十世紀的基督教保守派人士（這點倒是滿有趣）。將來如果你有機會為自己設計一套具有藝術風格的塔羅牌，若你想要讓你的錢幣牌組完全沒有負面意味，你也可以在圈圈裡畫上毛絨絨的粉紅兔子。總之，請繼續觀看每一張小阿爾克那牌，一張接一張、一個牌組接一個牌組，問自己，你從每一張紙牌圖案表面看到什麼樣的含義。

好的，我都照做了，那接下來呢？

希望現在你已經逐一完成每個牌組的練習了，從 1 號到 10 號牌，還有每一個牌組的宮廷牌也都全部練習過了。現在你應該有看到，每個牌組的主題已經開始隱約現形，還有各組宮廷牌的差異之處。現在，隨意拿起其中一個牌組，把十四張牌全部攤開。如果桌面空間夠大，先將宮廷牌丟出來，按照「侍者、騎士、王后、國王」的順序排列，然後將其餘十張牌平均分成兩排，每排五張以橫向排列，或是全部十張橫向排成一排，擺在宮廷牌下方。無論哪種排列方式，都是從 1 到 10 號依序排列。目前都先不要管大阿爾克那牌。從眼前這組小牌，你有看出什麼特定模式（模型）嗎？有看出什麼主題旋律嗎？不管你有沒有看出來，都沒關係。目前這個階段，我們只是在觀看一組圖片，看看是否有什麼東西會跳出來。如果沒發現，就將它們重新依序疊起來、放在一邊，然後把其餘三個牌組也拿出來，逐一用這種方式瀏覽一次。如果你想知道為什麼我們要請你這樣做，請參考本頁最下方灰色方框內的範例說明。你不一定要完全接受這個範例說明的看法，更不要讓它左右你的個人結論。

在整本書中，我們會一直提醒你，不要輕易接受其他人對塔羅牌的解釋，除非你也同意他們的看法，即便如此，我們還是希望你謹記，每一張牌的牌義都會隨不同的牌陣而改變。你可以聆聽老師的意見，但在你有機會親身去驗證之前，請一律保持「禮貌性的蔑視」態度，來面對你聽到或讀到的資訊。最糟糕的是，把那些教導當成聖旨，覺得那是神聖不可侵犯，不敢對它們提出質疑。你愈早了解這件事、愈早適應塔羅的流動本質，你的占卜解牌就會愈容易（也愈準確）。當代流傳的所謂「傳統牌義」，不過就是幾世紀以來，無數「塔羅專家」相互融合出來的含糊見解，其中絕大部分存在著高度矛盾。不要停止學習，不要停止練習。或許不久的將來，有一天你會重寫塔羅牌的「真正含義」，屆時就輪到我們都得聽你的，把你的見解當作「無上權威」。

從萊德偉特塔羅的權杖牌組可看出一個可能的主題或故事模型：也許生活上的安逸（我們在權杖4看到的）導致了競爭和衝突（權杖5），而勝利者正在宣示他的霸主地位（權杖6），直到他再次接受挑戰（權杖7）。其中有幾張牌會自動匯流在一起，其他的牌則沒辦法。此外，每一個牌組都有其主題，比如：權杖牌組就比錢幣牌組還要具肉體上的攻擊性。

練習1牌例解說

這裡我們舉幾個牌例來說明這些牌面圖案的可能含義。這些說明只是為了幫助不知道怎麼進行練習的人用的。請不要讓這些牌例解說覆蓋掉或改變你個人的獨特見解。

這傢伙看起來像是很努力在看守他的錢財，而且好像在炫耀他多麼有錢。

這張牌看起來相當幸福。有家人、有漂亮房子，還有一大片土地，甚至還有彩虹。看起來這家人已經得到他們想要的東西。

真是混蛋傢伙！不僅惡劣到去霸凌別人，還站在一邊幸災樂禍，根本沒人要跟你交朋友。

以下則是三張連號牌的範例解說
（你可以隨自意編造你的故事版本）

這些人打得可真厲害！但是每個人看起來都各有角度、各有所需。

嗯，看起來這個傢伙贏了。現在他暫時當上了這座山林的大王。

嗯，果真好景不長。現在似乎每個人都想要向他宣戰。

練習1A

弦外之音

（請拿出你的學習牌）這個練習很適合跟一、兩位朋友或在小班制課堂上一起進行。以下所問的問題，都沒有絕對「正確」或「錯誤」的答案，它們都只是你對於某次占卜的觀察結果。這個練習的目的，是要讓你能夠快速讀出每一張牌的「表面」牌義，然後很快看出它可能隱含的弦外之音。每個人不要用超過五秒鐘時間。假如你有看到某些東西，請給自己畫一顆星星；如果沒看出來，就直接跳過那張牌，進入下一張。如果是在班級上進行，通常最好是徵求自願回答者，因為隨著每一個弦外之音含義的出現，解牌難度會愈來愈高。如果你剛好只有一個人，而想要訓練你的感知能力，那麼你可以只給自己幾秒鐘的時間來「讀出最明顯的弦外之音」，把那些最快浮上腦海的東西講出來就好。目前這個階段，完全不需要給自己多餘的壓力負擔。以下就列舉幾個牌例解說。

〔第一人〕
好的，第一印象是：我們這位朋友已經「喝夠了」，現在正準備離開。他把喝完的酒杯收拾好，轉身就走，甚至沒有停下來告別。

〔第二人〕
沒錯，但是你看！現在是晚上耶！他很可能正躡手躡腳離開。

〔第三人〕
我認為他其實是在徒步旅行。你看，他穿著夾克、靴子，還拿著一根手杖。

〔第一人〕
我不確定耶……這人看起來像是小偷。

〔第二人〕
我沒什麼想法。
〔啊啊啊……〕

〔第三人〕
但是你仔細看，畫面背景左邊那幾個傢伙。看來那些帳篷是他們的。不過好像有人偷懶蹺班，沒有堅守自己的崗位。帳篷主人該養一隻看門犬，好過請這幾個懶鬼來看守寶劍啊。

〔第一人〕 這代表靈魂的空虛。它是一種寓言，代表一個人雖然很有錢，但是不太關心他生命中真正重要的東西，像是：健康、愛、跟大自然親近等等。

〔第二人〕 我認為他們只是無家可歸的遊民。

〔第三人〕 喔，我抽到過這張牌。兩天之後，我的房東就把我趕出去了！

〔第四人〕 不對，你們看不出來嗎？這就是宗教的失敗之處，它根本無法滿足窮人、受傷者，以及被壓迫者的需要。當教會要求你把口袋裡的錢掏出來的時候，他們不就是說要去幫助這些人嗎！一旦憐憫心變成一種只用來滿足貪婪之心的行銷工具，或是用它來追求不容置疑的權力時，社會問題就發生了！

〔第一人〕 好的，我想我心愛的激進主義女朋友今天可能喝了太多咖啡因。

〔第二人〕 我想來片吐司餅乾……

練習2

我的牌與你的牌

首先，把大阿爾克那牌全部取出來放在一邊，目前暫時還用不到。把它們收進盒子、袋子、用絲布包起來，或是任何一種收納盒。我們在後面章節才會用到這些牌（也就是說，現在要用的是你的學習牌）。

這個練習是以先前練習一作為基礎設計出來的。這是我們第一次要求你進行洗牌的動作。要進行這個練習，很重要的一件事情是一定要把牌徹底洗到非常均勻。說到塔羅洗牌，除非你手上那副牌尺寸非常小，否則洗牌其實滿困難，甚至有點煩人，尤其「全新的」牌通常很硬、又很滑，很難洗。如果你洗牌的時候紙牌到處飛，千萬別認為是你個人的問題，幾乎每個人都有這樣的經驗。在你尋找自己最喜歡的洗牌方法時，請儘量不要把紙牌弄髒，或是傷到紙牌。以下我們就來談談洗牌：

除非你有一雙大手，否則你幾乎不可能像大多數人在洗正規52張撲克牌那樣，以「縱向」交疊方式來洗塔羅牌。塔羅有78張牌，而且紙牌尺寸比撲克牌大，紙張也比較厚。有些塔羅占卜師喜歡先把牌對分成兩疊，然後以側切方式來洗牌（手握在紙牌的長邊，而不是短邊），有的占卜師則擅長用「拉斯維加斯」洗牌法，把牌彎曲，用牌角（不是紙牌長邊、也不是上下短邊）撥牌，將兩疊牌交錯相混在一起。這種方法是把牌靠在桌面上，從紙牌的角角處把牌抬起來，不是整副牌拿在手上。另外，如果你有用逆位牌來占卜，也可以把整副紙牌散開在桌面上（桌面要乾淨），以繞圈的方式輕輕推動紙牌，不斷重複這個動作，使所有紙牌徹底相混。

切牌時可以兩隻手對切，也可以把切牌當成一種洗牌的形式，或是把牌分成三疊，或者讓你的客戶來切牌。切牌時要注意的是，這些紙牌是屬於你的，因此規則是由你來訂。如果你不希望別人來碰你的牌，那也沒關係。或是你願意用它們來當作聚會場合上的娛樂遊戲，讓別人來碰你的牌，那也很好。唯一要注意的是，不要讓你的紙牌受到損傷，因為它們是你的重要工具。還有一件事情也要謹記，當你洗牌時，請一邊想著你要問的問題，一邊徹底把牌洗均勻，否則你用來占卜的，只會是一組隨機出現的紙牌而已。仔細聆聽你的內在聲音，它會告訴你，何時該停止洗牌。一段時間之後，你自然會發展出你習慣的方式。你可以參考別人的方法，但是如果有人跟你說他們握有塔羅的獨家祕訣，可以教你如何處置「你的」塔羅牌，請千萬不要隨便相信。

完成洗牌之後……

從整副牌的最上面一張取牌，放在你正前方稍微靠右，然後對自己說（或是你可以請朋友跟你一起進行這項練習）:「這是你發生的事。」接著取第二張牌，放在你正前方稍微靠左，然後說：「這是我發生的事。」現在依序來讀牌。用很快的速度說出每一張牌的表象含義。

你腦海中最先浮現的是什麼事情？每張牌不要用超過三或四秒的時間來分析，只要把你「此刻」從紙牌上看到的內容說出來就好。如果你是跟朋友一起練習，請對你的朋友解釋這張牌的內容，愈簡短愈好，最多不要超過三句話。如果你是一個人進行練習，就小聲把它說出來，不要只用感覺的。要發出聲音說出來，像在對別人講故事那樣。接著，用同樣方式再翻出另外兩張牌，重複上面步驟再做一次。像這樣把整副牌都練習完畢，不要管「好牌」或「壞牌」。無論是對你，或對你朋友來說，現在抽到的牌都是「假設的」，不會對你們兩個人造成任何傷害。否則，今天你們兩個會忙不完。

這個練習的第一個重點是：培養你對每一張牌即席分析、比較、對比的能力，無論它前後是出現哪一張牌。在占卜解牌過程中，我們往往很容易迷失在某張特殊的牌當中，特別是大阿爾克那牌，尤其如果死神牌或吊人牌出現時。因此，各位請跟著我說一次：「沒有任何一張牌比其他牌更重要。」你抽到的每一張牌，都在牌陣中占有同等地位，都在占卜中具有相同的重要性，就像你吸進身體的每一口氣，對你的生命都是必要的。你不可能跳過任何一口氣；你一定得呼吸。不要養成一種習慣，覺得占卜當中出現哪一張牌就是比較好。

這個練習的第二個重點是：把你擔心會抽到某張牌的顧慮消除掉。把那些誇張的情緒留給低俗的恐怖電影吧。當你抽到惡魔牌，你可能會認為它代表一位惡老闆、一位惡房東、一個粗俗的電影角色，甚至是某個名牌冰淇淋的新口味。以下我們就列舉一些實例供你參考。由於這些都是假設的情況，因此我們不會著重在感想上面。你也不該把重點放在那裡。這是練習。只要你定時練習，你會學到很多東西，你的解牌能力也會日漸精進。如果你經常抽到同一張牌，請試著給出不同解讀，不要每次都說一樣的內容。試著創造不同的解讀，在你看到每一張牌的當下，給予它獨特的解釋。這就是練習的目的。就只有這個時刻，你能夠完全掌控你的世界。

這是我發生的事

我老闆很小氣，不肯幫我加薪。我很不喜歡他。

這是你發生的事

你有很多錢喔，你必須停下來想一想該怎麼花。

這是我發生的事

我中樂透了！唷吼！怎樣啊「前老闆」！

這是你發生的事

妳婆婆來跟你們住。她快要把妳搞瘋了。（嘻嘻！我中樂透欸！）

這是我發生的事

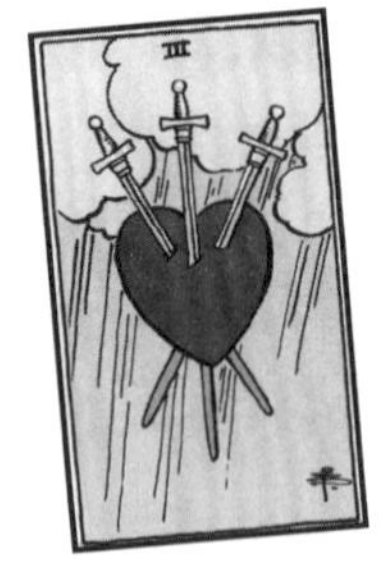

我被甩了嗎？不然怎麼一直抽到壞牌？

這是你發生的事

喔，我打賭，你現在交往的對象可能是我前任。

這是我發生的事

嘿！你看看！我上司跟[他]老闆一起出現了，這下子我沒機會加薪了！

這是你發生的事

同一時間你找到一份在郵件收發室的工作。

這是我發生的事

在我生日宴會上，所有人停止爭吵。

這是你發生的事

你結婚、生小孩，生活幸福美滿。為什麼你都抽到好牌？

練習2牌例解說

如果兩位塔羅同好一起進行這項練習，會非常有趣。因為好玩，我們決定把我們自己的一段練習收錄在這裡，供大家參考：（順便附上我們對這個小遊戲的評論和回應）

這是我發生的事

哇！
火辣約會！
別幫我等門了！

這是你發生的事

呃……妳死翹翹了。抱歉。遊戲結束了。那我的火辣約會怎麼辦?!

〔南西〕嘿！不公平！遊戲才剛開始耶！我要火辣約會！我們來換牌吧！

〔達斯堤〕妳知道，生命的遊戲不是這樣玩的！妳現在不能說話！妳已經死了，而且我剛好要去約會！

……妳知道的，既然妳都已經死了，那妳應該不會介意我借用妳的新車去約會吧。

〔南西〕可是！

〔達斯堤〕噓！死人不會說話！我好想知道我的約會結果喔～

〔南西〕死人也會說話的！你最近不是有看到那部恐怖片嗎？

〔達斯堤〕當然！除非妳是殭屍！

〔南西〕殭屍不會說話啦！

〔達斯堤〕這就對啦！妳現在是殭屍！噓！

這是我發生的事

喔我的天！我們進不去這間俱樂部了？

〔南西〕哈哈！你應該提早打電話來預約的！這提醒了我，絕對不要跟你去約會！

〔達斯堤〕噓殭屍鬼！

這是你發生的事

嘿！妳怎麼這麼有錢？

〔南西〕我很節儉，不像我認識的某些人。

〔達斯堤〕喔，如妳所見，我真的很窮。可以借點錢給我嗎？我想把那家俱樂部買下來，這樣我就任何時間都可以進去了！

〔南西〕嗯……我來想想看……如果我現在是死人，我該怎麼把錢借給你？

〔達斯堤〕好吧。妳沒死，那只是一個愚蠢的復活節習俗，妳穿著死人裝到處嚇人。現在妳可以借我一點錢把俱樂部買下來，讓我隨時都可以進去嗎？

〔南西〕耶！我是大富豪！現在你得先親一下我的戒指，親愛的小農民。

這是我發生的事

喔好的！我現在被關起來了。都是妳的錯啦。如果一開始妳沒有死掉，我的約會應該結局會比較好一點。現在我該如何是好？

〔南西〕別擔心！看一下我抽到什麼牌！

這是你發生的事

〔南西〕喔你看！我是大富豪，現在所有人都愛我！我想想看……我想我會搬到馬里布，在那裡買一座牧場養馬，再買一架飛機，還有……

〔達斯堤〕我不喜歡這個遊戲了。我們來玩點別的吧，來點更好玩的。

〔南西〕噓！你現在被關起來了！「你有權保持沉默！」哈哈哈！我會去探監的，但先等我把錢花光再說。

是說那架飛機呀，我想藍色應該滿好看的……

這個練習的重點在於，跟一位朋友（或同學）開心地玩交換情境的遊戲。紙牌訊息並不是在預告未來會發生某事，而是呈現某人當下的情況。透過旁觀角色（「這是你發生的事」）與主觀角色（「嘿！這是我發生的事」）的交互替換，對紙牌揭露的行為與環境影響建立起初步了解，而不是只在無菌的「理論」環境中觀看。如果事情是發生在你自己，或你在乎的人身上，解牌就會變得比較有真實感。將牌義加以「個人化」，並思考可能發生的結果（雖然帶點玩笑性質），將讓你未來在進行占卜解牌時，有辦法看得更深入、更清晰，也更有悲憫心，因而得到客戶的真心賞識。

練習3

兩張牌有何共同點

請把你的學習牌拿出來，徹底洗牌，然後取最上面兩張牌，放在你正前方桌面上，或是隨意從整副牌中抽出兩張牌也可以。不需要花太多心思在這件事，因為接下來你會有很多機會做這個動作，沒有必要把不屬於練習的部分複雜化，練習的內容比較重要。所以隨便抓出兩張牌就可以了。

完成上面動作之後，看著第一張牌，然後找出它跟第二張牌的相關。它們仍然是分別獨立的兩張牌，但你能不能從這兩張牌看出它們有什麼共通之處？請儘量簡單，不要搞得太複雜。如果你有看到一個共通處，那很棒！如果沒看出來，就跳過去，另外再抽出兩張牌。每一組牌大概花三到四秒的時間就好。也許，你已經在練習二注意到某些牌的相似處了。在後面的部分，你還有機會把這個練習跟其他練習相結合，因此現在不需要給自己太大壓力，要求自己一定要做到「完美」。

以下是幾組牌例解說，可以幫助你了解練習三的進行方法。請注意，我們這裡所列舉的牌例，純粹就是示範舉例而已。如果你喜歡的話，也可以直接用這些例子來做練習，但不要讓我們的解讀限制了你的想法，覺得兩張牌一定要怎樣關聯才對。在往後的解讀練習中，我們還會把紙牌的能量融進來。現在我們只要練習從兩張隨機抽出的牌，看出它們彼此間的關聯與相似處就可以了。

嗯，好的同學們，現在我們看到的是搬重物的正確方法和錯誤方法。方法正確與否關係到你背部的健康喔。

對我們來說，這兩張牌看起來都像是兩個人在交換禮物，不過左邊那張也有點像一個醫生把一杯藥水拿給他的患者，右邊那張有一個人正在賣禮物花籃。兩張牌的共通點可能是有人在買東西，或是在醫院裡面。

這組牌可以有很多有趣的解釋喔。左邊那張是「師傅」，右邊那張是「學徒」。或者，左邊那張是有人跑來跟你抱怨，或是問問題，打擾你工作；而右邊那張沒有人來跟你嘍唆嘮叨，你一個人很開心在工作。也可能是你正在創作你的藝術作品，左邊那張是在公開場合，右邊那張是在私人工作室。

很明顯……這兩個人現在看起來都不快樂。也許我們應該晚點再來解這組牌。

練習4

從這張牌到那張牌

先把學習牌徹底洗乾淨、洗均勻，然後取最上面兩張牌，放在你正前方桌面上，或是隨意從整副牌中抽出兩張牌也可以。不需要花太多心思在這件事，因為接下來你會有很多機會做這個動作，沒有必要把不屬於練習的部分複雜化，練習的內容比較重要。所以隨便抓出兩張牌就可以了。

擺好牌之後，看著第一張牌，然後把它跟第二張牌關聯起來。從第一張牌的情節到第二張牌情節，你會如何幫這兩張牌編故事？如果你無法在幾秒鐘內找到這兩張牌的關聯，那就略過去，換讀另一組牌，把剛剛那組牌完全忘掉。我們希望你在接下來幾年當中，能夠持續做這個練習。要鍛鍊你對塔羅牌的敏銳度，這是最簡單、快速上手的方法。再過一段時間你就會發現，這是魔法施術的有力根基。以下列舉幾個牌例：

這裡我們看到，因為「三角戀」（寶劍3）導致（寶劍9）有人半夜孤枕難眠，非常不快樂。可能有人欺騙了自己的配偶，結果造成對方非常不開心。

嗯，看來宴會上所有人都很開心，又唱歌又跳舞（聖杯3），然後可能有人喝茫了，結果打起群架來了。

嘿！你看！我們的朋友「米開朗基羅」（錢幣8中的學徒）因為工作非常認真，所以受委託去幫忙建造西斯汀教堂（錢幣3）。（如果我們也這麼幸運就好了……）這是練習從一張牌發展出另一張牌故事的經典案例。如果兩張牌順序反過來，先是錢幣3然後才是錢幣8，那故事很可能就會變成：這個人從一項大工程中被解雇，然後回到碎石場去當打石工。

「是說，那群傢伙是不是看我不順眼，居然要來找我麻煩，來吧！你們這群膽小鬼！我會把你們通通打敗！不過後來好像警察出現，把他們趕走了。真糟糕，其實我一個人就可以把他們通通打成肉醬的說～」

練習5

三張牌來回解讀

這個練習算是練習四的複習，目標是把我們先前演練過的兩張牌解讀增加為三張牌，為將來要進行的完整牌陣解讀預做準備，完整牌陣解讀是將多張紙牌的能量和牌義結合起來，進行協調、排序、分類，以全方位的視野從牌陣找出所有主題和故事模型。練習三張牌解讀會讓你的覺察力同時擴展到四張、五張，甚至十張，不需要再另外做四張牌以上的演練，你就能快速看出多張牌間的相互影響關係。一旦你熟練了三張牌解讀，就已經同時獲得了解讀一個完整牌陣所需要的全部技巧。

現在我們就用三張牌練習來介紹「解牌順序」的問題。從第一張牌到第二張牌依序去解讀沒什麼困難，但現在如果有三張牌呢，到底該由左到右（西方式）解讀？還是從右到左（東方式）解讀？還是從左右兩側的牌往中間解讀？哪一張牌才是關鍵主導牌？

以下的練習就是要讓你學習自己決定這件事，同時學習「擺設牌陣」（進行占卜解讀）。這是塔羅的一部分，你要自己去制定規則，無論你是初學還是老手。你必須事先知道你要如何解讀你手上的牌。如果你比較喜歡由右讀到左，那麼你就從頭到尾都是由右到左，反之亦然，隨你喜歡。千萬不要讓自己在解牌時不知所措、不知道如何擺設牌陣，結果解讀到一半還臨時改變規則。有一種情況比較罕見，但你接下來很可能會碰到，當你已經成為塔羅老手，你一定會發現有些牌需要含糊帶過，甚至「被換掉」，但現在你還不需要擔心這件事，至少還要再過幾年你才會遇到這種情況。現在你最好是按部就班，完全就眼前出現的牌陣來解讀，不要花多餘的心思去猜想，為什麼那幾張牌「不合理、說不通」。

現在，取出你的小阿爾克那牌，翻出三張牌，一次一張，這樣你才知道它們的順序。然後依照「從左到右」的發生順序來解牌（先發生這件事，然後發生第二件事，接著發生最後一件事）。接下來，先不要翻出一組新牌，直接就用這一組牌，「從右到左」重新再解一次牌（先發生這件事，然後發生第二件事，接著發生最後一件事）。然後才再翻出另外三張牌來練習。

關於「指向牌（相關牌、澄清牌）」、「輔助牌」、「關鍵主導牌」，我們後面再來討論。

請注意，在我們的演練題當中，你會看到這三張牌一起出現，而當你實際在進行占卜解牌時，「指向牌」（後面會談到）有先後時間順序的問題（過去、現在、未來），它們會依照線性時間順序出現（比如：第二張牌、第三張牌、第四張牌……無論每一張牌在你所擺設的牌陣中是放在哪一個「陣位」），但是不管出現順序為何，它們都會指向、影響，甚至去改變其他牌的牌義。不過，現在我們先讓事情簡單一點就好。

以下是幾個牌例解說。

練習5牌例解說

以下是幾種可能出現的情況，請將它們當作練習範例就好。首先，識別每一張牌 (1)，然後看看是否可以找到這三張牌的關聯性或相似點 (2)，最後，看看能否用這三張牌編出一個故事。以下的例子都是以「從左到右」的方向來解牌。現在就開始吧！祝我們好運！

(1) 一座陵墓，一位守財奴，完全封閉的人。
(2) 都是數字牌4（我保證，這是碰巧的）。都是坐臥或休息姿勢（左邊那位還是個死人）。沒有人有動作。這是我們找到的關聯性。
(3)「所以你有錢的叔叔死掉了（真遺憾），你去參加他的葬禮，但是遺囑當中沒有你的份，讓你很不高興。」

這個也有點難……
(1) 一項音信啟示，一個約會，你對工作結果不滿意。
[喔，接下來這個太容易了]
(2) 共同點：我們找不到，但是……
(3) **[權杖侍者]**你打電話給一個女生，問她要不要跟你約會。她答應了。**[聖杯2]** 你們倆去約會，然後你請她喝酒（可能是去酒吧，既老派又浪漫）。**[錢幣7]** 不過約會結果並不順利。你們並不合拍。

我們的建議：下次要多點創意。事前做好計畫，讓約會有趣一點。多下點工夫，你會做得更好。

(1) 加薪，你的妻子，情緒困擾。
(2) 現在看不出共同點。
(3)「因為非常努力工作，你得到了升遷機會，而且也加薪了。但你的老闆一直要你加班，這樣幫你加薪才交代得過去，這讓你們的關係變得有點緊張。你的妻子很想念你，也想念你們共處的歡樂時光，她希望你可以有更多時間陪她。

我們希望你從以上範例可以看出，我們如何為三張牌做出解牌結論。我們指派給每一張牌的牌義，都結合了「傳統牌義解析」，以及先前做快速翻牌練習時對每一張牌的個人印象。

（以上這些範例都非特別安排）

練習6

物以類聚

這是三張牌練習的第三種版本。加入第三張牌（或甚至第四張牌）之後，通常比較容易發現這些牌的共同點，但也有可能讓你對所要解讀的牌的最初感受產生偏頗。因此，在這個練習當中，我們希望你能夠平等看待所有的牌，每一張牌都同等重要，只要找出它們的相似性或「共同線索」就好。規則依然不變：先把大牌放在一邊，只用學習牌來洗牌，然後一次翻出三張牌。快速瀏覽翻出的牌，每一組不要花超過十秒鐘。把你看到的內容大聲說出來。以下是幾個牌例解說：

共同點是……它們都是彩色的……是哪個笨蛋翻到這些牌啦？

這三張牌全都屬於「結果牌」。請注意看一下，是哪些行為造成了畫面中的這些結果？（哇，這很難耶）如果這些牌出現在一個「三張牌牌陣」中，那麼我們首先會說，這個占卜問題的答案，會受到過去事件的強大影響。

三張牌當中有兩張出現河流，兩張都是聖杯；其中兩張牌出現類似哀傷追悼的畫面。這裡我們只要找出這些牌的共同點就好。下一個練習再來進行解讀。這樣就不會有壓力，對吧？

嗯……色彩更多了…… 呃，不是剛開始練習嗎？

好的，我們被考倒了。我們不想整天坐在這裡，想盡辦法挽救我們的小我（和名聲），我們決定放棄這些牌，繼續往前進。並不是所有的牌都那麼容易找到共同點。這件事本身就是一門值得學習的功課，知道何時該放下，然後繼續前往更值得解析的區域（或是下次把牌再洗得徹底一點，同時務必在洗牌時集中注意力默想要問的問題）。

好的，我們抽到兩張5號牌和一張王后……天空的顏色不代表任何意義，因為在塔羅當中不會特別去分析「天氣」。雖然有一些牌確實會出現雲朵，或是雨滴，但是塔羅「專家」們絕大部分都會忽略天氣的象徵符號，而加進卡巴拉、靈數學、占星、色彩代表意義，以及脈輪等資訊。（話雖如此，如果你喜歡，你還是可以把天氣加進來）

不過，這三張牌的場景都是「發生在戶外」（如果你將所有宮廷牌本來就都是戶外場景的這個事實忽略掉的話）。然後注意到，牌中所有的人物都正在盤算著某些事情。沒有一個人處於靜止狀態。他們都是要前往某個地方，或是正在參與某件事情。同時，這三張牌中的人物都沒有影子。或許他們全都是吸血鬼也說不定。這就好玩了……

練習7

咦！這張牌是什麼意思？

方向關聯牌（Aspecting cards）

到目前為止，我們都是專注在每張牌的個別含義，只小玩了一下牌與牌之間的關聯，而且大部分是採用線性解讀的方式（從這張牌到那張牌）。目前我們還沒準備要將每一張牌的能量融合進來，但我們想先讓大家看一下，究竟一張牌是如何被另一張牌「影響、關聯」（be aspected），或者，如何藉由另一張牌來澄清或定義一張牌（be clarified or defined），我們把這個過程稱之為「揭牌／開牌」（opening up a card），也就是把牌義解鎖的意思。這次我們會從牌例解說開始，因為概念和過程都很簡單且容易理解。將來你會在占卜解牌中大量使用到這些技巧，很多時候你甚至毋須思考就會這樣做。

這次我們的牌陣裡出現了「寶劍9」這張牌。問卜個案詢問的是關於她的感情生活，而這張牌出現在「過去」這個陣位上。這張牌說出她很不開心。我們想知道「為什麼」，所以接下來我們查看這個「牌陣」當中的其他牌。在這個牌陣的另一端，位於「影響你的事物」這個陣位上，我們看到了「權杖騎士」這張牌。現在我們知道，我們的個案為什麼會痛苦了，從這個情況看起來，她的前男友，也就是這位騎士，是一個到處偷腥的「花心大蘿蔔」。

其實上面的解讀並不能算是權杖騎士這張牌的「傳統牌義」（傳統牌義認為這張牌是代表正直和英雄本色），但這個解讀是根據我們的直覺告訴我們的，而塔羅的本質就是：紙牌圖案只是一種視覺符號，它們並不會比釀酒的葡萄更具神奇力量。確實，它們是標準化的符號，承載著推理的暗流和微妙的含義，你可以隨你喜好去使用它或忽略它，但真正的力量所在，始終都在你這個人，而不是你手上的輔助工具。無論對藝術家或機械師來說，都是如此，當然對你來說也是。一只品質較好的扳手並不會讓你成為更優秀的機械師。也許你的機械天賦已經被開發，也許還沒有；而你手上這把工具的品質，只有助於提高你的能力，它們無法自己幫你完成工作。也就是說，有的時候紙牌要告訴你的是「圖像表面含義」，有的時候它們是「照本宣科」，不過也有些時候它們只會為你指出一個方向，讓你以其他方式去找到答案（比如詢問你的問卜個案關於事件詳情——無論我們喜歡與否，個案有時就是會撒謊、鋪張事實、只講對他們自己有利的故事，或是因權宜而省略掉某些重要事實）。

這就是為什麼我們始終強調，練習比看書更重要。雖然這兩件事對於學習塔羅這種奇妙技能都是不可或缺的，但是當你不斷磨練你的直覺，學會信任自己的判斷時，你對紙牌的解讀會達到一種驚人的準確性，因為你會將「所學過的東西」與你內心真正的感受相互權衡。用漢堡來比喻——如果沒有麵包，就不可能做成漢堡，但你也不可能單單把那兩片普通麵包稱為「漢堡」。研讀和練習必須並行。

回到上面的例子，「寶劍 9」這張牌的含義，是受到輔助陣位的「權杖騎士牌」所影響，或藉由它得到澄清。因此我們可以猜想，這位小丑很顯然是在向所有的人（包括我們的個案）宣告，他只是「玩玩」而已，他是藉由炫耀自己身邊有很多女人，來證明他的自我，但這卻讓我們的個案非常痛苦。現在，我們有以下兩種選擇：我們可以將我們看到的向個案陳述，然後問她，事實是否如此；或者，我們可以藉由「揭開寶劍 9 這張牌」，幫這張牌解鎖，來得到進一步的澄清。以下就讓我們來「揭開她的祕密」，看看會發生什麼事。（為了論證緣故，我們先假設寶劍 9 是一位女性）

接著，我們要從整副牌中抽出三張牌來解釋寶劍 9 的含義。為了得到正確解釋，我們必須確保我們抽到的三張牌都是正確的，而不是胡亂隨機抽出毫無相關的牌。因此我們要進行洗牌的動作（除了已經擺好牌陣的牌以外），而且要在洗牌時集中注意力默想這個問題：到底這張寶劍 9 代表什麼含義？

我們從整副牌中抽到的三張牌，會分別顯示它們與寶劍 9 的關聯，就像報紙的照片底下通常會有一段說明文字，來向讀者解釋這張照片的內容。以下就是我們抽到的牌：

首先是原有的寶劍 9。我們想知道更多關於這張牌的訊息。我們想知道為什麼我們的個案會這麼難過，到底發生了什麼事情讓她這麼不愉快。在我們洗牌時（除了已經擺好牌陣的牌以外），我們會把注意力放在這個問題上。

就在我們洗牌的時候，這張牌跳了出來，掉在我們面前。

當你洗牌時，如果有某張牌自己跳出來，請把它放在旁邊，好好研究這張牌的關聯。有時這只是偶然情況，但大多數時候，這張牌會跟你在洗牌時所默想的問題答案有關。如果你能找到其中的連結，那麼你就可以把這張牌的訊息列入優先考量。假如你找不到任何關聯，就先把它記下來，然後暫時不要管它。因為迷信而把時間精力浪費在追查預兆，絕對比不小心錯過那些訊息還要糟糕許多。

在這個案例中，「聖杯 6」在洗牌當中掉出來，牌面朝上落在原先的牌陣上。它不是滑出來，也不是從手上掉下來，而是直接射出去，在半空中飛了一段距離，然後落在我們剛剛已經擺設好的牌陣上。「根據傳統牌義」，「聖杯 6」是代表禮物，或是老朋友團聚。這張牌的圖案是一個男孩把一個裝滿鮮花的杯子送給一個女孩。

對我們來說，這個新的轉折看起來很像是，這位「前任」正偷偷跟他的「前任」（早於我們這位個案的另一位女生）暗通款曲（依照牌就是送給這位前任女友一些肥沃之物或大自然恩賜物）。到這裡我們可能會覺得整個很錯亂，但這就是我們看到的。正因為發生這些事，我們先前推測的故事才站得住腳，我們先把這張牌放在寶劍 9 的正下方，然後另外再抽出兩張牌，進一步來推斷我們的個案情緒低落的原因。繼續洗牌，等到覺得牌已經洗好了，就從整副牌最上面取兩張牌。

我們抽到的兩張牌是：

不滿意你所創造出來的東西

覺得被困住

現在把這些牌全部擺在一起，牌陣看起來就像下一頁圖這個樣子。最開始是「寶劍 9」，然後是自己跳出來的「聖杯 6」，所以我們把聖杯 6 擺在中間，因為它具有優先解釋權，然後是「錢幣 7」，最後是「寶劍 8」。請注意，我們沒有把原始的牌陣完整秀出來，因為其他牌跟這個練習沒有連動關係。

以下是我們的解讀。你的解讀版本可能會跟我們不同。我們的個案感到很痛苦，因為她的男朋友（現在已經是「前任」）跟他的前任女友還有感情上的牽扯。他並不滿意他們的關係，或是他覺得自己的上一段感情還未完全了結。不管是哪一種情形，總之他覺得自己陷入了困境，因而決定藉由公然炫耀自己的自由不羈（權杖騎士牌）來證明他的自我，而且藉此跟他的前任女友舊情復燃。現在我們已經得到大量資訊，很清楚知道我們的個案不快樂的原因了。這也讓我們看到，如果她接下來有機會遇到一段新感情，她身上還是會拖著沉重的包袱，無法放下。而這些資訊也反過來有助於我們對她提出比較好的建議。

「揭牌」的方法

現在你已經對關聯顯示牌的基本解牌過程已經有所了解，以下我們希望你實際來進行這項演練。從你手上的塔羅牌抽出一張牌。同樣還是先把「大阿爾克那牌」放在一邊，會讓這個練習更容易掌握和學習。「大牌」的解牌過程與「小牌」完全相同，但是因為「大牌」的重要性被過度誇大，而且畫面比較靜態，因此這個時候如果把它們加進來，只會讓學習過程更加複雜，所以，請先稍微忍耐一下。

選到一張喜歡的牌之後，把它放在你正前方。看著那張牌，想一下它可能在暗示什麼。決定之後，把注意力專注於那個特別含義上，然後開始洗牌，同時在心裡默問，你該如何來解釋這張牌的含義。它有什麼衍生意義嗎？還是這張牌背後隱藏了什麼？現在你要做的是抽出與這張牌相關聯的三張牌。以下我們會列舉一些範例，以確保你確實學會這個概念。務必要求自己三不五時做這個演練，直到你對自己的解牌能力非常有自信為止。

附帶說明：如何「揭牌／開牌」的方法有很多，不同的專業占卜師所使用的方法也各異。不管哪一種，只要你認為行得通就行。以下就列舉大家比較常使用的一些方法。

1：抽一張牌。一般稱之為「澄清牌」（clarification card）。

2：沒有洗牌，直接從整副牌中抽三張牌。

3：先徹底洗牌，洗完牌之後再抽三張牌。

4：洗牌的同時抽出三張牌。

5：把那張牌從原來的牌陣中拿出來，以這張牌為主，重新擺設一個新的牌陣，看看這張牌到底代表什麼意思。

6：＿＿＿＿＿＿＿＿＿＿＿＿＿＿＿＿＿＿＿＿

＿＿＿＿＿＿＿＿＿＿＿＿＿＿＿＿＿＿＿＿

7：＿＿＿＿＿＿＿＿＿＿＿＿＿＿＿＿＿＿＿＿

＿＿＿＿＿＿＿＿＿＿＿＿＿＿＿＿＿＿＿＿

8：＿＿＿＿＿＿＿＿＿＿＿＿＿＿＿＿＿＿＿＿

＿＿＿＿＿＿＿＿＿＿＿＿＿＿＿＿＿＿＿＿

下一頁的牌例是我們使用的方法。

「揭牌」牌例解說

在這個範例中，我們的原始牌是「聖杯 5」（也是一張有趣的牌）。現在我們想要知道，為什麼畫面中的這個人不開心。所以我們接下來要抽出幾張牌來。以下是我們抽到的牌：

「權杖 4」通常是代表計畫已經實現的穩定狀態。畫面中有人正在一場盛宴當中開心跳舞、狂歡慶祝。看起來是一張非常快樂的牌……好像看不出什麼線索。

接下來是「權杖 9」。畫面中的傢伙看起來一臉倦容，像是長時間擔任守衛工作都沒休息。到這裡好像也沒出現任何有助於解牌的線索，不過至少這張牌跟原始牌的情緒是相符的：「我不開心是因為我的三個酒杯被打翻了，雖然還有兩個杯子沒翻掉。」（如果你很珍惜的東西裡面只剩下百分之四十沒遭到破壞，你應該也開心不起來吧。除非它們百分之百都完好如初，那你鐵定會開心）目前的重點是，權杖 9 和聖杯 5 似乎可以兜得起來，因為悲慘之事總是成雙出現。

最後我們抽到「錢幣 2」。畫面中這位老兄的財務狀況左支右絀（或是沒辦法任意揮霍他的金錢）。從個人經驗我們知道，財務狀況左支右絀會讓人壓力很大。在錢不夠用的壓力之下，你很難有清晰的思考，更沒辦法去計畫自己的生活，做自己喜歡的事。

所以我們得到的結論是：三張牌當中有兩張牌「稍微有點幫助」，那張快樂家園的牌則好像不太符合。於是我們決定再仔細看一下這幾張牌，突然間好像有靈感了！沒錯，它很符合！這個傢伙確實不開心（3 個杯子倒下、2 個杯子立著，代表他仍擁有某些好的東西，但那樣東西同時也成了他的沉重負擔）。他趁貸款利息很低的時候幫自己買了一個「快樂的家」（權杖 4），但是這個房子對他來說「太豪華」了（這是很多人都會犯的錯誤），結果現在利息調升了，突然間他的房屋貸款變成高到超過他的負荷，讓他左支右絀。他一直很煩惱（權杖 9），而且因為壓力過大而顯得萎靡不振。難怪他會不開心！

不過，別以為你現在就可以下課嘍……

沒那麼簡單，我的朋友……現在輪到你用上面這幾張牌來說說，為什麼這位「壞面腔先生」（聖杯 5）會這麼不開心。現在你已經有三張方向關聯牌可以來說明為什麼他的命運會走到這一步，為什麼他的夢想會破滅。答案就藏在權杖 4、權杖 9，以及錢幣 2 當中。我們上面的說明不代表就是標準答案，因此，你不需要有太大壓力，請把你的牌拿出來，像我們上面所擺設的圖例一樣，然後仔細查看牌面圖案。你從這些澄清牌當中看到什麼？你認為什麼樣的答案是合理的？如果你現在暫時想不出來，請記得等一下重新回來看一次，或是把這些牌留著，偶爾找時間回來看一下，直到你想出滿意的答案。

解開謎題之後把答案寫在這裡：

____

____

____

另一個例子

個案來問我們關於她新老闆的問題。她喜歡在這家公司工作，但這個傢伙令她很不爽。她想知道「他是不是討厭她」，因為他非常沒有耐心、喜歡命令人，為人刻薄、粗魯，有時又非常卑鄙。

一開始我們先不擺設牌陣，而是先看能不能用直覺把我們抽到的牌關聯起來，找到關於這個老闆的一些資訊。以下是我們得到的結果：

先請個案把她的問題和困難做個釐清之後，我們對這位老闆有了比較清楚的輪廓。「錢幣國王」這張牌確實相當能夠概括這個人的表現，因此我們決定用這張牌來代表他。我們先把錢幣國王這張牌拿起來，對著這張牌說：「這是她的老闆。這張牌代表她所詢問的這個人。」在心理上先確立這個印象之後，我們接著問：他是個什麼樣的人？他在公司裡的個人動機是什麼？特別是跟我們這位個案有關的部分。接著，抽出三張方向關聯牌。

「寶劍騎士」這張牌顯示出這個人具有很強的侵略性格，而「權杖 6」告訴我們有人習慣一意孤行，而且喜歡被讚美奉承（這傢伙身邊可能有一群唯唯諾諾的馬屁精）。「寶劍王牌」代表勝利。這可能是一個好的徵兆，但我們並沒有問到關於她應該如何跟老闆相處，也沒有問到接下來會發生什麼事。我們問的是，她的老闆是一個怎麼樣的人。當你把「錢幣國王」的沾沾自喜貌跟其他三張牌比較一下，這個傢伙似乎具有一種「強勢領導風格」（他真是個混蛋），而且他發現這種高高在上的威脅態度很有用。看來有人好像讀過《用恐嚇來取勝》（Winning Through Intimidation）那本老古板的書，而且把它當作聖經喔。他不斷用「強勢領導」的書籍和課程，或是其他支持其觀念的管理階層人士意見來強化他的信念（同時以此來證明他的地位）。寶藏騎士這張牌讓我們看到他內在的攻擊性；權杖 6 讓我們看見他身邊的人都不敢公然違逆他，甚至為了保住工作而加入擁戴他的行列；寶劍王牌則讓我們看到，這種強勢作風顯然能達到他的目的。沒有人願意站出來反對他（因為他可能會把反對他的人炒魷魚）。事情到這裡，我們大概可以幫我們的個案泡杯可可，然後告訴她：「親愛的，不是你的問題，有問題的人是他。」果然，事實就是如此。

好的，現在又輪到你嘍……

你的看法跟我們有沒有什麼不同？我們的推測哪裡有偏差？假設她的老闆是「錢幣國王」，那麼其他三張「澄清牌」揭露了她老闆的哪些事情？你看到什麼？如果你發現我們擁有宇宙無敵的智慧，而且對我們的說法沒有疑問（或是你發現自己現在剛好很懶，不想給自己壓力硬要去想出其他解釋），那麼請大方地從你的塔羅牌中把錢幣國王抽出來，然後重複我們上面的動作（洗牌、同時詢問紙牌她的老闆是什麼樣的人），接著抽出三張澄清牌來「揭開他的祕密」，然後說出你的答案。無論是哪一種情況，請務必花時間做這個練習。這個練習會對你將來的占卜解讀有非常大的幫助。

解開謎題之後把答案寫在這裡：

____

____

____

再舉一個例子

一位衣著講究的男士來找我們，開門見山就說，「所有的巫術和迷信他都不信」，但他就是想來做個塔羅占卜。我們很禮貌地回答他說，我們也沒有真的相信聖誕老人的存在，但我們每年還是會收到聖誕禮物，既然我們都同樣抱著存疑求證的態度，我們很樂意為他做個占卜，「純粹只是為了好玩」。

我們問他想知道什麼。起初他一直閃躲這個問題，而且認為我們應該要知道他為什麼會來這裡。在我們把這個浪費時間的傢伙掃地出門之前，我們深吸一口氣，面帶微笑，小心翼翼（好像對小孩子說話一樣）向他解釋，如果他想得到準確的答案，就必須先讓我們知道他要問什麼問題。五分鐘後他才向我們透露，說他有個創業計畫，他希望我們可以告訴他，這個計畫做得有多棒、多聰明、可以讓他賺到多少錢等等。當然，他沒有講得這麼直接啦，但是我們知道他想聽什麼，於是我們這樣告訴他：

「先生，看起來（我們先選了「權杖 2」來代表他的創業計畫和行動），在你公布這個計畫（權杖騎士）之後，你會遇到一些挑戰喔（權杖 7），競爭對手可能會比你料想的還要多，也可能有人會出來抗議說這個創意點是他們先提出的，因而對你提出告訴。在我們看來，你的手頭財務狀況非常緊（錢幣 4），也許這個計畫需要稍做修正，或是請你的同行幫你看一下。我看到你在資金籌措方面會遇到很大的阻力喔（這是我們將三張牌結合起來解讀所得到的結論）。」

這位男士站起身來，說我們是「騙子」，說他拒絕付費給我們（我們只不過花了幾分鐘來占牌，錢根本不是問題，他大可不必如此）。在他爆氣之前，我們不經意地問他，是不是曾經向人透露這個創業計畫，那些人對這個計畫有何看法。結果他火冒三丈，說他的遜咖老闆說這個計畫很爛，他的妻子對他的點子冷嘲熱諷。「你能想像嗎？那個傲慢的潑婦居然嘲笑我的創意！」他大聲咆哮，然後把五塊錢美金扔在我們桌上，氣噗噗地走了出去。我們不知道該為這個可憐的傢伙感到好笑還是抱歉。

接下來這段很重要，你一定要知道……

所以，要做一名聰明睿智的東方先知（反正每個地方都可算是另一個地方的東方嘛）。你的訊息資料庫跟你說了什麼？（而且不可以用神奇八號球來作弊！）請花點時間思考這位男士所面臨的兩難處境：他有一個創業計畫，他希望聽到你對他說「把計畫拿出來吧」。他真的會把計畫拿出來給你看喔！你要怎麼處理這種會期待你無所不知的個案？「你不是會通靈嗎？你應該知道為什麼我要來找你！」第一次聽到這種話你可能會笑到哭出來，但是聽到第二十七次，你就知道差不多該把棒球棒拿出來以備不時之需（但是對於遭到精神虐待的問卜者我們不建議使用暴力喔）。假設來向你問卜的人（包括付費個案或「朋友」——作為一名通靈人，你會發現你有很多「朋友」，他們覺得你應該免費幫他們占卜——如果可以的話，請至少跟你的這些「朋友」要求一杯五塊錢美金的咖啡和一些好吃的巧克力當作占卜費，這樣就沒問題了），他們只從自己的立場去看事情，只想得到他們預設的答案，而且覺得自己沒問題、錯的都是別人，這時你該如何去幫助這些人？你該如何把酸澀的檸檬變成好喝的檸檬汽水？

這裡沒有標準答案，你只能在事情發生之前預先想好你的應對之道。可以向你的老師請教他們遇過的經驗（如果你很幸運有老師的話）。花點時間去思考，你想要成為一個什麼樣的塔羅占卜師？你想要別人看見的是什麼樣形象的你？

練習8

一加一等於什麼？

混合兩張牌義成為一個新的「主要含義」

這個練習的概念很容易理解，但實際上做起來有時候很難。沒關係，幾乎所有人都有這樣的經驗。如果有人不這麼認為，那他一定是要向你推銷東西。說到底，這其實是塔羅解牌最重要的技法之一（甚至對於手相學、占星學，或是藉由正向肯定語、視覺觀想法，以及「吸引力法則*」來顯化願望，這也是很重要的技巧）。幸運的是，先前的練習已經讓你做足準備，所以你很輕鬆就能掌握這個練習的竅門，甚至出乎你意料。

現在我們要做的是：把兩張牌的牌義結合起來，創造出第三個新的含義，一個能夠完全符合你情況的含義。方法本身非常容易（記得先把大阿爾克那牌拿出來，暫時放在一邊）：徹底洗牌之後，取最上方兩張牌，確認它們的基本牌義。然後將這兩張牌進行比較和對比，找出兩張牌的共同點、差異點，將它們結合起來。問問自己，這兩張牌該如何融合。詢問你的指導靈（仙子、天使、外星友人等等），該如何將它們融合起來。把兩張牌相加、相減、相乘，找到一個你喜歡的新的牌義，然後把它們放在一邊不要理會，繼續翻出另外兩張牌。反覆這樣做，把整副牌都做完。以下就列舉幾個範例供你參考。

* 技術上而言，正確的術語應該是「心靈磁力」（psychic magnetism），而「吸引力法則」只是其中的一部分。我的另一本著作《阿芙蘿黛蒂祕笈》（Aphrodite's Book of Secrets）裡頭有介紹這個法則的實際運作過程，或者如果你有興趣學習如何重新/創造自己的命運、實現你的人生願望，你也可以註冊參加實體的神祕學校課程。

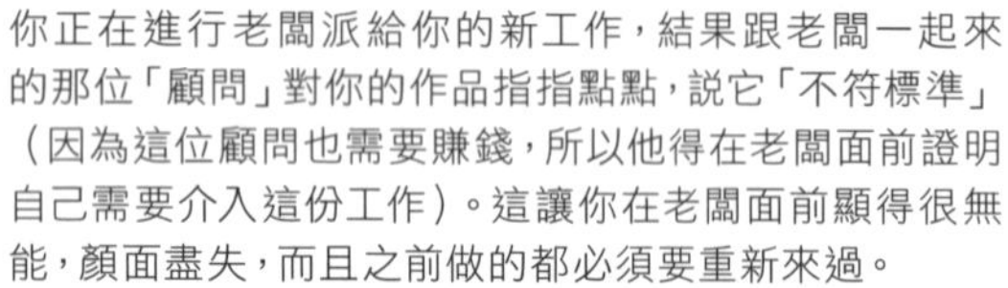

你正在進行老闆派給你的新工作，結果跟老闆一起來的那位「顧問」對你的作品指指點點，說它「不符標準」（因為這位顧問也需要賺錢，所以他得在老闆面前證明自己需要介入這份工作）。這讓你在老闆面前顯得很無能，顏面盡失，而且之前做的都必須要重新來過。

好，以上就是我們的解讀版本。你的看法是什麼？（請將你的回答寫在下面空白處）

你娶了一位富家千金。（或者）你是一位富有又獨立的女性，慷慨大方，經常參與公益慈善。（或者）你是一家酒莊的主人，你正在舉辦一場高雅的品酒大會，結果你請來的這些品酒師都相當高傲、目中無人。（抱歉，我們好像玩過頭了。現在輪到你了）

以上是我們的解讀版本。你的看法是什麼？（請將你的回答寫在下面空白處）

練習9

一加一加一等於什麼？

混合多張牌義成為一個新的「主要含義」

跟練習八一樣，差別在於這次是使用三張牌而不是兩張牌。除了這個練習，我們還提供了好幾頁的實際演練題（在後面幾頁），來幫助你磨練你的技巧，不管你這時候手上有沒有一副塔羅牌。

牌陣當中出現這三張牌。請將這三張牌的牌義結合起來成為一個新含義。這個新含義可以是一個原因、一個結果或「最終結論」、一件事、一個人，或是你平常生活中實際上會遇到的事。

嗯……做決定、做決定……有一個人正在把錢捐出去，然後，那是在舉行派對宴會嗎？好的，我被考倒了。你有什麼想法嗎？出現兩張聖杯牌，所以聖杯牌組的重要性增加了，要優先考慮。

好，你現在要做抉擇：你要錢、還是快樂？

聽起來他的問題跟工作有關——「我該選擇自己喜歡的工作？還是薪水高的工作？」或是「我領到耶誕節獎金了」（錢幣6），「我要去大肆慶祝一番！該買什麼好呢？」

這是塔羅牌「冷讀法」（reading cold）的一個絕佳範例。有的時候，你會想要（或是不得不）幫一個遠距情況做占卜，或者你得到的事實資訊非常有限，而你想要將那些事件重組起來。這個稍微有點費力的練習，會教你如何進行「冷讀法」將已經發生的事件建構起一幅圖像，或是針對尚未發生的事件而你無法取得所需的事實資訊時，能夠營建出事件大概的輪廓。比如說，你想要為過去歷史的某個事件擺設一個牌陣，試圖從粗略敘述中搜集事件細節，或者在你不知道誰能出線參選的情況下預測未來的選舉結果。以上這些情況都屬於進階的塔羅占卜，但你現在如果學會這些技巧，將來做進階占卜時就會比較簡單。

好的，這就是我們的解讀版本。你的看法是什麼？

練習10

說故事接龍

此練習比較像是一個派對遊戲；但假如前面的練習你都已經非常順手，可以隨時隨地自己一個人單獨做這個練習。這是很棒的練習，可以讓你的解讀技巧愈來愈進步，解牌愈來愈輕鬆容易。但是要事先提醒：有的時候你能夠順利做出解讀、覺得春風得意，有的時候你會神經打結、完全失去想像力。如果遇到這種情況，比較好的做法是先停下來、去做別的事。但是請務必盡力熟練這個遊戲（最棒的情況是有 3–4 位想像力豐富、思考敏捷的朋友一起進行這個遊戲）。雖然偶爾難免會沮喪，但這樣的經驗絕對值得。一旦熟練這個技巧，你不管走到哪裡，都會是一位非常優秀的塔羅占卜師。

好，我們現在就開始吧。這項簡易遊戲的目的很單純，就是不要讓自己變成整個故事接龍當中把故事斷掉的那個人。先把整副牌徹底洗均勻。這個遊戲你可以把大阿爾克那牌加進來沒問題，但我們還是希望你一開始先用小牌來練習，等到你完全順手了，再把大牌加進來。

首先，從整副牌中任意抽出一張牌；或者，如果你覺得自己很勇的話，也可以直接從整副牌的最上面第一張開始翻。用你翻出的第一張牌來展開整個故事。如果你是一個人玩，你可以把整副牌握在手上，如果是跟朋友一起玩（對方是你信任可以碰觸你的塔羅牌的人），那最好是把整副牌擺在桌上，從最上面那張牌開始輪流翻牌。很顯然，這種時候用二手牌來玩是最合適的；不然的話，你也可以把整副牌握在自己手上，幫其他人翻牌，但這樣很可能會讓遊戲的進行稍微有點不順暢。你可以自行決定怎麼玩比較好。以下就是這個遊戲的實際範例。

（這是你翻到的第一張牌）

（故事）**「有一天，有一個人坐在樹下盯著他的杯子，突然有一隻手從一朵雲中伸出來，對他說：『把我喝下去』……」**

（如果你想讓遊戲有趣一點，可以用搞笑的聲音來說故事）

（翻一張新的牌）

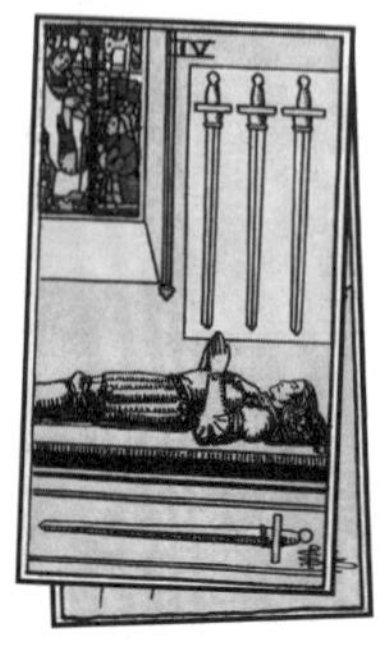

（接龍）**「……然後這個人說，我不喝！那是毒藥，喝了我會死掉！」**

（然後……）

（翻一張新的牌）

（接龍）**「……於是他跳上了他的馬，大喊：『我要去拿一瓶健怡可樂！』」**

（……突然間我們其中一位說故事的人從沙發上跳起來，跑到廚房去，預計她會在下一回輪到她接龍時回來）

（翻一張新的牌）

（接龍）**「……然後這位優雅的女士還順便幫她最好的朋友也帶了一瓶！」**

（技術上來說，這有點算是敲詐，不算是遊戲的正規部分；但如果你能在遊戲當中緊扣手上那張牌的含義，而且還有免費的健怡可樂可以喝，那就算你有本事）

（翻一張新的牌）

（接龍）**「……結果他回來的時候發現那裡正在舉行派對，有食物佳餚，還有人在跳舞。」**

（接下去……）

（翻一張新的牌）

（接龍）**「……但是他忘了帶邀請函，所以必須回家去拿。」**

（接下去……）

練習

（翻一張新的牌）

（接龍）「……然後他回到家，他媽媽跟他說：『喔親愛的，很高興你回來了。你平常喝的蘇打汽水都沒了，你給我去採一些葡萄回來，釀罈好喝的酒吧。」

（接下去……）

（翻一張新的牌）

（接龍）「…… 他非常不開心，因為他心裡一直想著派對上的那些女孩，這下子他沒機會見到她們了。」

（接下去……）

（翻一張新的牌）

（接龍）「……於是他悄悄溜出家門回到派對上，身上還帶著他的雜耍寶劍，想要去討那些女孩子歡心。」

（接下去……）

（翻一張新的牌）

（接龍）「……但是當他回到宴會上，所有人都已經散場回家了，現場只留下一地健怡可樂的空杯。於是他決定到別的地方去找點樂子。」

（接下去……）

（翻一張新的牌）

（接龍）「……這時他父親出現了，用充滿權威的口吻對他說：『兒子啊！你媽媽要你幫他釀一些酒。你這個年輕人真是廢。現在就去給我弄瓶健怡可樂來，不然你永遠別想出門！』

（接下去……）

（翻一張新的牌）

（接龍）「……就這樣，他被禁足了很長一段時間，因為他根本不喜歡健怡可樂。但是因為被關在家裡，也幫他省下了不少錢，因為沒地方花錢。」

（接下去……）

（翻一張新的牌）

（接龍）「……有一天，他跳上他的馬，說：『我受夠了！我要離家出走永遠不再回來！我要把自己打扮得跟馬戲團小丑一樣，而且要成為搖滾巨星！』

（接下去……）

（翻一張新的牌）

（接龍）「……後來他遇到了他夢寐以求的女孩，女孩對他說：『把這杯喝下去！』這次他照做了！」

（接下去……）

(翻一張新的牌)

(接龍)**「……而且有一家大唱片公司很喜歡他的『馬戲團小丑滾石巨星』樂團,就跟他簽了約,給了他一大筆簽約金!」**

(接下去……)

(翻一張新的牌)

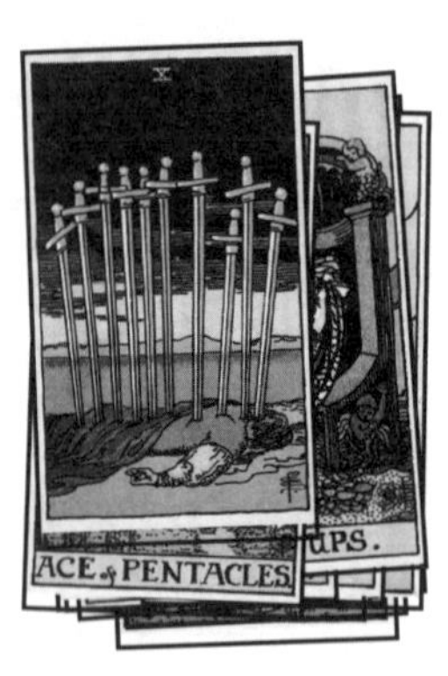

(接龍)**「……但是他喜歡的那個女孩要他喝的那杯酒其實是毒藥,結果他就死翹翹了!故事結束!」**

(還沒結束喔——請接下去……)

嗯,那個結局不是很好。有時候你就是會抽到這樣的牌。這個接龍故事或許不是最好的版本,但它應該有讓你看到,為什麼把牌串在一起解釋這麼重要,還有,你也可以藉此看到,每一張牌不管你怎麼解讀,它都是正確的,無論你是根據「傳統牌義」或是「圖像表面含義」,甚至只是你在牌面上看到某樣東西,而你覺得這樣東西對這次的占卜是有用的資訊。

在你學習塔羅的過程中,我們希望你可以不定期玩這個故事接龍遊戲。這是很簡單可以上手的練習,而且你每次玩,故事都絕對不會重複。每次你把整副牌翻完,都會發現自己對每一張牌的牌義有了新的體會,而且這些新的見解也會讓你更加了解你手上的塔羅牌。你的塔羅牌會開始對你說話。一段時間之後,你就會從每一張牌學到之前不曾學到的新東西,而且是你在其他書上不曾讀到過的。你學到的這些牌義,跟克勞利(Crowley)、伊萊列維(Levi)、馬瑟斯(Mathers)、阿格里帕(Agrippa)、懷特(White)、凱斯(Paul Foster Case),或是雷加地(Francis Israel Regardie)這些塔羅大師的見解,具有同等效力,同樣合情合理。

舉個例子，有一位學生曾經跟我們激烈爭辯，他說寶劍 7 當中的那個人是在「跳舞」。這個想法實在太令我們震驚了，於是我們停下來思考了一下，發現塔羅牌中確實沒有男人跳舞的畫面，既然這樣，那有何不可？（嗯，錢幣 2 裡面那個傢伙好像也有點像在跳舞，不過他似乎心事重重，也許這是兩種不同風格的舞蹈）

另一個例子是錢幣 9 和錢幣 10。在這兩張牌中，我們都看到喜歡動物的人。錢幣 9 的這個女人喜歡鳥，錢幣 10 裡面的人對他的狗狗有濃厚感情。在大多數占卜中，這些屬於花絮性質的附屬資訊通常不具太大意義，但是偶爾你也會遇到一種占卜情況，牌面上的這些附屬資訊對那張牌來說很重要。這就是為什麼你要讓你的牌來跟你說話，而不是單單只記住別人幫你決定好的 78 種牌義，而你每一次都得照本宣科、不准有誤。書本的知識無可取代，你個人對於塔羅學理的研究也非常重要，但請同時好好開發你自己對塔羅牌的直覺理解。

練習11

把整副牌貼在牆上查看

這其實不太像練習，而是會讓你抓狂的家庭作業。請拿一副比較舊的塔羅牌，像九九乘法表那樣把它們貼在牆上。除非你的牌是小尺寸的口袋版塔羅牌，否則牆面空間最好能有三至四英尺寬（90–120 公分）、二至三英尺長（60–90 公分）。用膠帶把所有的牌貼在你經常可以看到的地方，而且最好能夠在那地方貼很長一段時間不需要撕下來。我們建議從小阿爾克那的王牌（1號牌）開始，呈水平方向貼，一路貼到國王牌（當然你也可以根據現場狀況，垂直方向貼），牌組順序是從權杖開始，接著是聖杯、寶劍，最後是錢幣牌組。然後將大阿爾克那牌也貼上去，分成兩排，每排十一張，或是用你自己喜歡的方式貼都可以。

這個練習的重點是，你要能夠從這張表看出每一個牌組（從 1 到 10）的自然進展變化，並且比較出每一個牌組的差異。這樣一來，你就能夠以一種最簡便的方式來學習塔羅牌，比如說，你可以從這面牆上立即看出所有的 3 號牌什麼差別、7 號牌之間又有什麼差異。經常花時間去比較不同牌組的同號牌之間的相似處，以及明顯不同的地方。如果有一本書告訴你說：「每一張 8 號牌都完全相同，而且就是代表該牌組的元素」，或其他這類廢話，請不要盡信。要自己深入去探究你手上的那副牌，看看會遇到什麼。

把整副牌貼在牆上，主要是為了減輕你的壓力，讓你不需要一次就在腦袋裡塞入那麼多資訊。你跟塔羅牌共同相處的日子，應該變得像吃飯或呼吸那樣直覺和自然。有時你會很想好好玩一下你的牌，有時你只能匆匆走過短暫一瞥。透過這種自然沉浸式的學習方式，你可以真正深入了解每一張牌的圖像符號與含義。這也等於無形中鼓勵了你，有一天你也許能畫出自己專屬的塔羅圖案，那些圖案跟你的關係是更緊密、更有意義的。

總之，當你把整副牌貼在牆上進行分析查看時，你對塔羅牌的想法就會源源不斷出現。除此之外，你還可以隨時利用這 78 張極具意義的圖像，來作為你觀想顯化的工具，幫助你實現願望。無論你希望在生活中做出什麼樣的正向改變，或是想要追求更深的智慧，塔羅牌都是一種很好的冥想輔助工具。在本書第三篇最後，我們設計了一套快速簡便的「備忘表」，需要的話不妨參考使用。

補充練習

以下練習你可以自行決定要不要做。我們設計這些練習的目的，是為了幫助你徹底熟練塔羅牌，讓你知道如何在往後學習塔羅的過程中建構起自己的練習方法，也許將來有一天你教學的時候會用得上。

接下來幾頁的每一個練習，都是針對一局問事占卜牌陣的其中一張牌或一組牌展開標準評估，或是為了進一步澄清一張牌而做的揭牌動作。我們通常不鼓勵做「單張牌解讀」，除非是為了練習，或單純問一些雞毛蒜皮的個人瑣事。不過，針對每一張牌做牌義分析還是值得你持續深入探究。同樣的，如果你能夠相當熟練地看出一個占卜牌陣當中有兩張或三張牌明顯相互關聯，無論它們是「相鄰的牌」，或是分散在牌陣當中但具有「協同工作」的功能，你都能從中看出它們所創造出來的第二層和第三層含義，那麼你就不再是一個業餘的表演者，而是真正的塔羅行家了。

我們已經很努力使塔羅牌的學習過程盡可能輕鬆簡易，但是如果讓它變得完全不需費力，那只會剝奪掉唯有花費多年努力練習才能獲得的那些實際知識和能力。我們希望你能持續研究和練習塔羅牌，並在多年之後與他人分享你的發現。

當然，我們也強烈建議你能夠創建出自己的塔羅練習法，磨練自己的解牌技巧和敏銳度。用塔羅日誌將你的想法、學習進展，以及有趣的實驗都記錄下來，是一種好方法。同時，我們希望你能夠真正從前面的那些練習當中得到樂趣。

如果你有隨身攜帶你的塔羅學習牌的習慣，請把以下練習當中出現的那些牌抽出來，這樣你就能更清楚看到這些牌的細節。如果手邊沒有牌，你還是可以利用這些練習頁面上的圖片來做練習，讓自己得到進步。把你目前能夠確定的看法填上去，便於你往後可以隨時回來查看。

練習

補充練習

（兩張牌的練習牌陣）

請把以下頁面當中出現的幾張牌取出來。然後簡要回答以下問題。記住，你的答案跟你在其他地方讀過的任何牌義解析一樣都是正確的，只要它們能夠幫你順利解牌。

這兩張牌出現在一個占卜牌陣中。它們在跟你說什麼？你看到什麼？你可以把這兩張牌導向你目前覺得符合的情境狀況。

這兩張牌各有什麼含義？（根據你當下此刻的感覺）

____

這兩張牌有什麼共同點？（如果有的話）

____

事情是如何從第一張牌發展到第二張牌？發生了什麼事？

______________　　______________

（發生這件事）　（然後）　（另一件事發生）

如果第一張牌（左邊那張）是主要關鍵牌，那第二張牌跟第一張牌有何關聯？
第二張牌如何「形塑」或協助澄清第一張牌？

____

____

如果第二張牌（右邊那張）是主要關鍵牌，那第一張牌跟第二張牌有何關聯？
第一張牌如何「形塑」或協助澄清第二張牌？

____

____

如果將這兩張牌的牌義混合起來，會生出什麼新的牌義？

____

____

有無其他想法或意見要補充？我們有沒有漏掉什麼？

____

____

1

這兩張牌出現在一個占卜牌陣中。它們在跟你說什麼？你看到什麼？你可以把這兩張牌導向你目前覺得符合的情境狀況。

這兩張牌各有什麼含義？（根據你當下此刻的感覺）

這兩張牌有什麼共同點？（如果有的話）

事情是如何從第一張牌發展到第二張牌？發生了什麼事？

（發生這件事）　　（然後）　　（另一件事發生）

如果第一張牌（左邊那張）是主要關鍵牌，那第二張牌跟第一張牌有何關聯？
第二張牌如何「形塑」或協助澄清第一張牌？

如果第二張牌（右邊那張）是主要關鍵牌，那第一張牌跟第二張牌有何關聯？
第一張牌如何「形塑」或協助澄清第二張牌？

如果將這兩張牌的牌義混合起來，會生出什麼新的牌義？

1

有無其他想法或意見要補充？我們有沒有漏掉什麼？

2

如果老師有指派其他作業，請寫在這裡：

練習

這兩張牌出現在一個占卜牌陣中。它們在跟你說什麼？你看到什麼？你可以把這兩張牌導向你目前覺得符合的情境狀況。

這兩張牌各有什麼含義？（根據你當下此刻的感覺）

____

這兩張牌有什麼共同點？（如果有的話）

____

事情是如何從第一張牌發展到第二張牌？發生了什麼事？

______________ ______________

（發生這件事） （然後） （另一件事發生）

如果第一張牌（左邊那張）是主要關鍵牌，那第二張牌跟第一張牌有何關聯？
第二張牌如何「形塑」或協助澄清第一張牌？

____

____

如果第二張牌（右邊那張）是主要關鍵牌，那第一張牌跟第二張牌有何關聯？
第一張牌如何「形塑」或協助澄清第二張牌？

____

____

如果將這兩張牌的牌義混合起來，會生出什麼新的牌義？

____

____

有無其他想法或意見要補充？我們有沒有漏掉什麼？

____

____

1

如果老師有指派其他作業，請寫在這裡：

____

____

____

____

2

這兩張牌出現在一個占卜牌陣中。它們在跟你說什麼？你看到什麼？你可以把這兩張牌導向你目前覺得符合的情境狀況。

這兩張牌各有什麼含義？（根據你當下此刻的感覺）

____

這兩張牌有什麼共同點？（如果有的話）

____

事情是如何從第一張牌發展到第二張牌？發生了什麼事？

______________　　______________

(發生這件事)　　(然後)　　(另一件事發生)

如果第一張牌（左邊那張）是主要關鍵牌，那第二張牌跟第一張牌有何關聯？
第二張牌如何「形塑」或協助澄清第一張牌？

____

____

如果第二張牌（右邊那張）是主要關鍵牌，那第一張牌跟第二張牌有何關聯？
第一張牌如何「形塑」或協助澄清第二張牌？

____

____

如果將這兩張牌的牌義混合起來，會生出什麼新的牌義？

____

____

1

有無其他想法或意見要補充？我們有沒有漏掉什麼？

____

____

2

如果老師有指派其他作業，請寫在這裡：

____

____

____

____

練習

這兩張牌出現在一個占卜牌陣中。它們在跟你說什麼？你看到什麼？你可以把這兩張牌導向你目前覺得符合的情境狀況。

這兩張牌各有什麼含義？（根據你當下此刻的感覺）

這兩張牌有什麼共同點？（如果有的話）

事情是如何從第一張牌發展到第二張牌？發生了什麼事？

（發生這件事）　（然後）　（另一件事發生）

如果第一張牌（左邊那張）是主要關鍵牌，那第二張牌跟第一張牌有何關聯？
第二張牌如何「形塑」或協助澄清第一張牌？

如果第二張牌（右邊那張）是主要關鍵牌，那第一張牌跟第二張牌有何關聯？
第一張牌如何「形塑」或協助澄清第二張牌？

如果將這兩張牌的牌義混合起來，會生出什麼新的牌義？

有無其他想法或意見要補充？我們有沒有漏掉什麼？

1

如果老師有指派其他作業，請寫在這裡：

2

練習

這兩張牌出現在一個占卜牌陣中。它們在跟你說什麼？你看到什麼？你可以把這兩張牌導向你目前覺得符合的情境狀況。

這兩張牌各有什麼含義？（根據你當下此刻的感覺）

這兩張牌有什麼共同點？（如果有的話）

事情是如何從第一張牌發展到第二張牌？發生了什麼事？

（發生這件事）　　（然後）　　（另一件事發生）

如果第一張牌（左邊那張）是主要關鍵牌，那第二張牌跟第一張牌有何關聯？
第二張牌如何「形塑」或協助澄清第一張牌？

如果第二張牌（右邊那張）是主要關鍵牌，那第一張牌跟第二張牌有何關聯？
第一張牌如何「形塑」或協助澄清第二張牌？

如果將這兩張牌的牌義混合起來，會生出什麼新的牌義？

1 有無其他想法或意見要補充？我們有沒有漏掉什麼？

如果老師有指派其他作業，請寫在這裡：

2

練習

這兩張牌出現在一個占卜牌陣中。它們在跟你說什麼？你看到什麼？你可以把這兩張牌導向你目前覺得符合的情境狀況。

這兩張牌各有什麼含義？（根據你當下此刻的感覺）

____

這兩張牌有什麼共同點？（如果有的話）

____

事情是如何從第一張牌發展到第二張牌？發生了什麼事？

______________ ______________

(發生這件事) (然後) (另一件事發生)

如果第一張牌（左邊那張）是主要關鍵牌，那第二張牌跟第一張牌有何關聯？
第二張牌如何「形塑」或協助澄清第一張牌？

____

____

如果第二張牌（右邊那張）是主要關鍵牌，那第一張牌跟第二張牌有何關聯？
第一張牌如何「形塑」或協助澄清第二張牌？

____

____

如果將這兩張牌的牌義混合起來，會生出什麼新的牌義？

____

____

有無其他想法或意見要補充？我們有沒有漏掉什麼？

______________________________ 1

____

如果老師有指派其他作業，請寫在這裡：

____

______________________________ 2

____

____

這兩張牌出現在一個占卜牌陣中。它們在跟你說什麼？你看到什麼？你可以把這兩張牌導向你目前覺得符合的情境狀況。

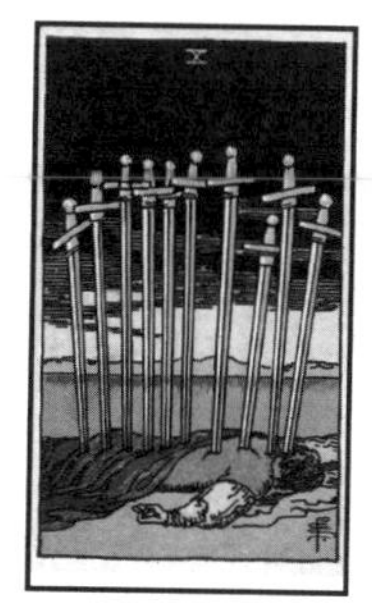

這兩張牌各有什麼含義？（根據你當下此刻的感覺）

這兩張牌有什麼共同點？（如果有的話）

事情是如何從第一張牌發展到第二張牌？發生了什麼事？

(發生這件事)　(然後)　(另一件事發生)

如果第一張牌（左邊那張）是主要關鍵牌，那第二張牌跟第一張牌有何關聯？
第二張牌如何「形塑」或協助澄清第一張牌？

如果第二張牌（右邊那張）是主要關鍵牌，那第一張牌跟第二張牌有何關聯？
第一張牌如何「形塑」或協助澄清第二張牌？

如果將這兩張牌的牌義混合起來，會生出什麼新的牌義？

1

有無其他想法或意見要補充？我們有沒有漏掉什麼？

2

如果老師有指派其他作業，請寫在這裡：

這兩張牌出現在一個占卜牌陣中。它們在跟你說什麼？你看到什麼？你可以把這兩張牌導向你目前覺得符合的情境狀況。

這兩張牌各有什麼含義？（根據你當下此刻的感覺）

____

這兩張牌有什麼共同點？（如果有的話）

____

事情是如何從第一張牌發展到第二張牌？發生了什麼事？

______________ ______________

（發生這件事） （然後） （另一件事發生）

如果第一張牌（左邊那張）是主要關鍵牌，那第二張牌跟第一張牌有何關聯？
第二張牌如何「形塑」或協助澄清第一張牌？

____

____

如果第二張牌（右邊那張）是主要關鍵牌，那第一張牌跟第二張牌有何關聯？
第一張牌如何「形塑」或協助澄清第二張牌？

____

____

如果將這兩張牌的牌義混合起來，會生出什麼新的牌義？

____

____

有無其他想法或意見要補充？我們有沒有漏掉什麼？

______________________________ 1

____

如果老師有指派其他作業，請寫在這裡：

____

______________________________ 2

____

____

這兩張牌出現在一個占卜牌陣中。它們在跟你說什麼？你看到什麼？你可以把這兩張牌導向你目前覺得符合的情境狀況。

這兩張牌各有什麼含義？（根據你當下此刻的感覺）

______

這兩張牌有什麼共同點？（如果有的話）

______

事情是如何從第一張牌發展到第二張牌？發生了什麼事？

______ ______

（發生這件事）　（然後）　（另一件事發生）

如果第一張牌（左邊那張）是主要關鍵牌，那第二張牌跟第一張牌有何關聯？
第二張牌如何「形塑」或協助澄清第一張牌？

______

______

如果第二張牌（右邊那張）是主要關鍵牌，那第一張牌跟第二張牌有何關聯？
第一張牌如何「形塑」或協助澄清第二張牌？

______

______

如果將這兩張牌的牌義混合起來，會生出什麼新的牌義？

______

______

有無其他想法或意見要補充？我們有沒有漏掉什麼？

1

______

______

如果老師有指派其他作業，請寫在這裡：

______

2

______

______

______

練習

這兩張牌出現在一個占卜牌陣中。它們在跟你說什麼？你看到什麼？你可以把這兩張牌導向你目前覺得符合的情境狀況。

這兩張牌各有什麼含義？（根據你當下此刻的感覺）

______

這兩張牌有什麼共同點？（如果有的話）

______

事情是如何從第一張牌發展到第二張牌？發生了什麼事？

______ ______

(發生這件事) (然後) (另一件事發生)

如果第一張牌（左邊那張）是主要關鍵牌，那第二張牌跟第一張牌有何關聯？
第二張牌如何「形塑」或協助澄清第一張牌？

______

______

如果第二張牌（右邊那張）是主要關鍵牌，那第一張牌跟第二張牌有何關聯？
第一張牌如何「形塑」或協助澄清第二張牌？

______

______

如果將這兩張牌的牌義混合起來，會生出什麼新的牌義？

______

______

有無其他想法或意見要補充？我們有沒有漏掉什麼？

______

______

1

如果老師有指派其他作業，請寫在這裡：

______

______

______

______

2

補充練習

（三張牌的練習牌陣）

請把以下頁面當中出現的幾張牌取出來。然後簡要回答以下問題。記住，你的答案跟你在其他地方讀過的任何牌義解析一樣都是正確的，只要它們能夠幫你順利解牌。

這三張牌出現在一個占卜牌陣中。它們在跟你說什麼？你看到什麼？你可以把這三張牌導向你目前覺得符合的情境狀況。

這三張牌各有什麼含義？（根據你當下此刻的感覺）

____

這三張牌有什麼共同點？（如果有的話）

____

事情是如何從第一張牌發展到第三張牌？發生了什麼事？

____________ (發生這件事)　(然後)　____________ (另一件事發生)　(然後)　____________ (另一件事發生)

如果第一張牌（最左邊那張）是主要關鍵牌，第二張和第三張牌如何跟第一張牌產生關聯？
第二及第三張牌如何「形塑」或協助澄清第一張牌？

____

____

如果第二張或第三牌是主要關鍵牌，那其他牌如何跟這張牌產生關聯？
其他牌如何「形塑」或協助澄清這張牌？

____

____

如果將這三張牌的牌義混合起來，會生出什麼新的牌義？

____

____

有無其他想法或意見要補充？我們有沒有漏掉什麼？

____

____

練習

這三張牌出現在一個占卜牌陣中。它們在跟你說什麼？你看到什麼？你可以把這三張牌導向你目前覺得符合的情境狀況。

這三張牌各有什麼含義？（根據你當下此刻的感覺）

這三張牌有什麼共同點？（如果有的話）

事情是如何從第一張牌發展到第三張牌？發生了什麼事？

（發生這件事）　（然後）　（另一件事發生）　（然後）　（另一件事發生）

如果第一張牌（最左邊那張）是主要關鍵牌，第二張和第三張牌如何跟第一張牌產生關聯？第二及第三張牌如何「形塑」或協助澄清第一張牌？

如果第二張或第三牌是主要關鍵牌，那其他牌如何跟這張牌產生關聯？其他牌如何「形塑」或協助澄清這張牌？

如果將這三張牌的牌義混合起來，會生出什麼新的牌義？

有無其他想法或意見要補充？我們有沒有漏掉什麼？

1

如果老師有指派其他作業，請寫在這裡：

2

練習

這三張牌出現在一個占卜牌陣中。它們在跟你說什麼？你看到什麼？你可以把這三張牌導向你目前覺得符合的情境狀況。

這三張牌各有什麼含義？（根據你當下此刻的感覺）

____

這三張牌有什麼共同點？（如果有的話）

____

事情是如何從第一張牌發展到第三張牌？發生了什麼事？

__________　　__________　　__________

（發生這件事）　（然後）　（另一件事發生）　（然後）　（另一件事發生）

如果第一張牌（最左邊那張）是主要關鍵牌，第二張和第三張牌如何跟第一張牌產生關聯？
第二及第三張牌如何「形塑」或協助澄清第一張牌？

____

____

如果第二張或第三牌是主要關鍵牌，那其他牌如何跟這張牌產生關聯？
其他牌如何「形塑」或協助澄清這張牌？

____

____

如果將這三張牌的牌義混合起來，會生出什麼新的牌義？

____

____

1

有無其他想法或意見要補充？我們有沒有漏掉什麼？

____

____

2

如果老師有指派其他作業，請寫在這裡：

____

____

____

____

練習

這三張牌出現在一個占卜牌陣中。它們在跟你説什麼？你看到什麼？你可以把這三張牌導向你目前覺得符合的情境狀況。

這三張牌各有什麼含義？（根據你當下此刻的感覺）

____

這三張牌有什麼共同點？（如果有的話）

____

事情是如何從第一張牌發展到第三張牌？發生了什麼事？

__________ （然後） __________ （然後） __________

（發生這件事） （另一件事發生） （另一件事發生）

如果第一張牌（最左邊那張）是主要關鍵牌，第二張和第三張牌如何跟第一張牌產生關聯？
第二及第三張牌如何「形塑」或協助澄清第一張牌？

____

____

如果第二張或第三牌是主要關鍵牌，那其他牌如何跟這張牌產生關聯？
其他牌如何「形塑」或協助澄清這張牌？

____

____

如果將這三張牌的牌義混合起來，會生出什麼新的牌義？

____

____

有無其他想法或意見要補充？我們有沒有漏掉什麼？

____

____

1

如果老師有指派其他作業，請寫在這裡：

____

____

____

____

2

這二張牌出現在一個占卜牌陣中。它們在跟你說什麼？你看到什麼？你可以把這三張牌導向你目前覺得符合的情境狀況。

這三張牌各有什麼含義？（根據你當下此刻的感覺）

____

這三張牌有什麼共同點？（如果有的話）

____

事情是如何從第一張牌發展到第三張牌？發生了什麼事？

______ ______ ______

（發生這件事）　（然後）　（另一件事發生）　（然後）　（另一件事發生）

如果第一張牌（最左邊那張）是主要關鍵牌，第二張和第三張牌如何跟第一張牌產生關聯？
第二及第三張牌如何「形塑」或協助澄清第一張牌？

____

____

如果第二張或第三牌是主要關鍵牌，那其他牌如何跟這張牌產生關聯？
其他牌如何「形塑」或協助澄清這張牌？

____

____

如果將這三張牌的牌義混合起來，會生出什麼新的牌義？

____

____

1

有無其他想法或意見要補充？我們有沒有漏掉什麼？

____

____

2

如果老師有指派其他作業，請寫在這裡：

____

____

____

____

練習

這三張牌出現在一個占卜牌陣中，它們在跟你說什麼？你看到什麼？你可以把這三張牌導向你目前覺得符合的情境狀況。

這三張牌各有什麼含義？（根據你當下此刻的感覺）

這三張牌有什麼共同點？（如果有的話）

事情是如何從第一張牌發展到第三張牌？發生了什麼事？

（發生這件事）　（然後）　（另一件事發生）　（然後）　（另一件事發生）

如果第一張牌（最左邊那張）是主要關鍵牌，第二張和第三張牌如何跟第一張牌產生關聯？第二及第三張牌如何「形塑」或協助澄清第一張牌？

如果第二張或第三牌是主要關鍵牌，那其他牌如何跟這張牌產生關聯？其他牌如何「形塑」或協助澄清這張牌？

如果將這三張牌的牌義混合起來，會生出什麼新的牌義？

有無其他想法或意見要補充？我們有沒有漏掉什麼？

1

如果老師有指派其他作業，請寫在這裡：

2

這三張牌出現在一個占卜牌陣中。它們在跟你說什麼？你看到什麼？你可以把這三張牌導向你目前覺得符合的情境狀況。

這三張牌各有什麼含義？（根據你當下此刻的感覺）

____

這三張牌有什麼共同點？（如果有的話）

____

事情是如何從第一張牌發展到第三張牌？發生了什麼事？

__________ (發生這件事)　(然後)　__________ (另一件事發生)　(然後)　__________ (另一件事發生)

如果第一張牌（最左邊那張）是主要關鍵牌，第二張和第三張牌如何跟第一張牌產生關聯？
第二及第三張牌如何「形塑」或協助澄清第一張牌？

____

____

如果第二張或第三牌是主要關鍵牌，那其他牌如何跟這張牌產生關聯？
其他牌如何「形塑」或協助澄清這張牌？

____

____

如果將這三張牌的牌義混合起來，會生出什麼新的牌義？

____

____

1

有無其他想法或意見要補充？我們有沒有漏掉什麼？

____

____

2

如果老師有指派其他作業，請寫在這裡：

____

____

____

____

練習

這三張牌出現在一個占卜牌陣中。它們在跟你說什麼？你看到什麼？你可以把這三張牌導向你目前覺得符合的情境狀況。

這三張牌各有什麼含義？（根據你當下此刻的感覺）

____

這三張牌有什麼共同點？（如果有的話）

____

事情是如何從第一張牌發展到第三張牌？發生了什麼事？

______________ （然後） ______________ （然後） ______________

（發生這件事） （另一件事發生） （另一件事發生）

如果第一張牌（最左邊那張）是主要關鍵牌，第二張和第三張牌如何跟第一張牌產生關聯？第二及第三張牌如何「形塑」或協助澄清第一張牌？

____

____

如果第二張或第三牌是主要關鍵牌，那其他牌如何跟這張牌產生關聯？其他牌如何「形塑」或協助澄清這張牌？

____

____

如果將這三張牌的牌義混合起來，會生出什麼新的牌義？

____

____

有無其他想法或意見要補充？我們有沒有漏掉什麼？

____

______________________________ 1

如果老師有指派其他作業，請寫在這裡：

____

______________________________ 2

____

____

這二張牌出現在一個占卜牌陣中。它們在跟你說什麼？你看到什麼？你可以把這三張牌導向你目前覺得符合的情境狀況。

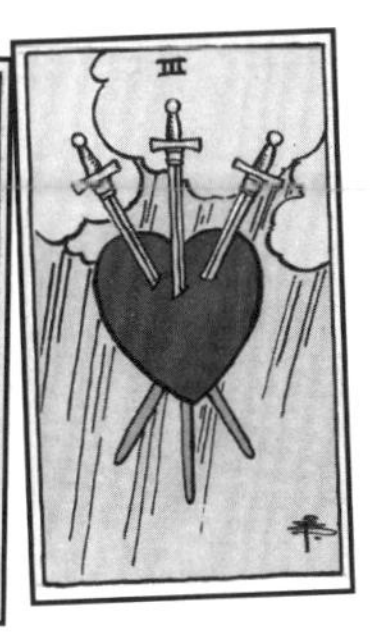

這三張牌各有什麼含義？（根據你當下此刻的感覺）

____

這三張牌有什麼共同點？（如果有的話）

____

事情是如何從第一張牌發展到第三張牌？發生了什麼事？

__________ （然後） __________ （然後） __________

（發生這件事）　（另一件事發生）　（另一件事發生）

如果第一張牌（最左邊那張）是主要關鍵牌，第二張和第三張牌如何跟第一張牌產生關聯？第二及第三張牌如何「形塑」或協助澄清第一張牌？

____

____

如果第二張或第三牌是主要關鍵牌，那其他牌如何跟這張牌產生關聯？其他牌如何「形塑」或協助澄清這張牌？

____

____

如果將這三張牌的牌義混合起來，會生出什麼新的牌義？

____

____

1

有無其他想法或意見要補充？我們有沒有漏掉什麼？

____

____

2

如果老師有指派其他作業，請寫在這裡：

____

____

____

____

練習

這三張牌出現在一個占卜牌陣中。它們在跟你說什麼？你看到什麼？你可以把這三張牌導向你目前覺得符合的情境狀況。

這三張牌各有什麼含義？（根據你當下此刻的感覺）

____

這三張牌有什麼共同點？（如果有的話）

____

事情是如何從第一張牌發展到第三張牌？發生了什麼事？

__________　　__________　　__________

（發生這件事）　（然後）　（另一件事發生）　（然後）　（另一件事發生）

如果第一張牌（最左邊那張）是主要關鍵牌，第二張和第三張牌如何跟第一張牌產生關聯？
第二及第三張牌如何「形塑」或協助澄清第一張牌？

____

____

如果第二張或第三牌是主要關鍵牌，那其他牌如何跟這張牌產生關聯？
其他牌如何「形塑」或協助澄清這張牌？

____

____

如果將這三張牌的牌義混合起來，會生出什麼新的牌義？

____

____

有無其他想法或意見要補充？我們有沒有漏掉什麼？

____

____

1

如果老師有指派其他作業，請寫在這裡：

____

____

____

____

2

練習

這三張牌出現在一個占卜牌陣中。它們在跟你說什麼？你看到什麼？你可以把這三張牌導向你目前覺得符合的情境狀況。

這三張牌各有什麼含義？（根據你當下此刻的感覺）

____

這三張牌有什麼共同點？（如果有的話）

____

事情是如何從第一張牌發展到第三張牌？發生了什麼事？

__________ (然後) __________ (然後) __________

(發生這件事)　(然後)　(另一件事發生)　(然後)　(另一件事發生)

如果第一張牌（最左邊那張）是主要關鍵牌，第二張和第三張牌如何跟第一張牌產生關聯？
第二及第三張牌如何「形塑」或協助澄清第一張牌？

____

____

如果第二張或第三牌是主要關鍵牌，那其他牌如何跟這張牌產生關聯？
其他牌如何「形塑」或協助澄清這張牌？

____

____

如果將這三張牌的牌義混合起來，會生出什麼新的牌義？

____

____

1

有無其他想法或意見要補充？我們有沒有漏掉什麼？

____

____

2

如果老師有指派其他作業，請寫在這裡：

____

____

____

____

復習

在進行下一篇練習之前，你應該都已經做過前面的每一個練習，也對你手上的學習牌有了初步的了解。即使你不得不小小作弊一下（翻閱本書後半部的牌義解析——那也沒關係），你應該已經有辦法從你手上的學習牌當中抽出任何一張牌，然後說：「占牌中出現這張牌，它讓我想到 ______________ 。」你隨時想要查閱本書的牌義解析也沒關係，但我們不希望你對這本書的牌義解釋產生依賴。說到底，你自己對於每一張牌的理解程度有多深，才是決定你能否成為一位優秀的塔羅占卜師，以及在塔羅占牌中獲得多少樂趣的關鍵。優秀的塔羅占卜師一定知道如何傾聽他們自己內心的聲音，也知道何時該使用「傳統牌義」、何時可以不使用。而最快速、簡易開發你的內在聲音的方法就是：從一開始就練習用你的心去看這些紙牌要對你說什麼，並且將「傳統牌義」當作嚮導，而不是讓它們成為硬性的、快速獲取的教條規則。否則，你最後就會變成跟寶劍 8 的那位女士一樣。

所以，我們希望你能夠持續不斷演練這些練習。這些練習絕對可以讓你在很短的時間內成為一位優秀的塔羅占卜師，而現在，你對「小阿爾克那牌」已經有了初步的了解，我們希望你把「大阿爾克那牌」也加進來，讓它成為你的「演練牌」（practice deck）（也就是你將來要為你的朋友和客戶進行占卜的那一整套牌）。兩者唯一的差別是，一開始看到「大牌」時，跟你所熟悉的小牌比起來，可能會覺得那些牌有點生硬、充滿權威感、又很靜態，甚至覺得過於模糊籠統。任何時候只要你覺得自己卡住了，或是很想要多了解一些「額外資訊」，或者想要驗證你已知或已感覺的東西到底對不對，請儘管放心查閱本書後半部的牌義解析，復習我們針對每一張牌所說過的牌義內容。

現在你手上已經是一副完整的塔羅牌了，請用這些牌把本書所有的練習從頭到尾重新做一次，用你手上的這副「演練牌」來進行所有的占牌和練習。洗牌和擺設牌陣時，不妨嘗試一些新鮮和有趣的方法。這完全是屬於「你個人」的時間，跟你的朋友或個案完全無關。你毋須回答任何人任何問題（除了對你自己）。這是屬於你個人的實驗與遊戲時間，沒有人有權利來評斷你做得對不對。更重要的是，你可以在這裡放心跟你的紙牌建立深厚的工作情感（在檯面下），日後當你必須「走到檯面上」，幫你的朋友或是陌生人占卜解牌，你很自然就能夠帶著輕鬆且自信的心情，知道你的紙牌在對你說什麼，即使你的「個案」並不想要聽那些牌講真話。有的時候，人們會來找你，只不過是希望從你口中聽到他們早已認定的東西。如果你能經常演練我們為你準備的這些練習，多多去嘗試各種不同的牌陣（看你最喜歡哪一種），你就可以把自己預備好，接受各種場合的挑戰了。

下一組練習的目的在於，學習從全新角度來觀看占卜事件，讓你的塔羅解牌技巧更加完備。如果有一天你把以下這些練習全部做完，你一定會具備一種能力，可以非常準確地解讀過去事件，甚至預知未來。萬一你遇到問題，但無法從本書或你的老師那邊得到答案，歡迎你隨時拜訪我們的論壇，在那裡提出你的問題，一定會有人為你提供解答和建議。

正式進階練習

接下來這一系列練習，是專為那些喜歡偶爾嘗點苦頭的人所設計的。如果你是屬於比較無法忍受精神壓力的人，我們會建議你跳過這幾頁，當它們不存在就好（除非你加入我們的神祕學校，否則期末考不會考這些）。

這些練習需要用到整副塔羅牌，包括大阿爾克那（你可以選一套你覺得順手的牌來用）。以下我們沒有附任何參考圖片，也不會有範本或範例。如果你決定用這些題目來測試你的塔羅技能，我們會假設你已經全部做完前面的練習，而且對塔羅的基本知識已經有紮實的了解，也跟你自己最喜歡的塔羅牌已經建立起感情。你可以隨個人喜好改變這些練習的內容，但請務必讓我們知道，你最後是不是有變出一些自虐式的塔羅腦筋急轉彎（只要它們對於學員的訓練是合理恰當的）。話雖是這麼說啦，我們還是希望你會喜歡以下這些練習喔：

1：從你的演練牌中挑出三張牌，用來表示你的老闆幫你加薪。

1a：換掉上述其中一張牌，把你的老闆變成暴君。

1b：換掉 1a 的其中一張牌，讓加薪這件事變成幻影，或是一件微不足道的小事。

1c：換掉 1a 或 1b 的其中一張牌，讓加薪代表工作升遷。

2：從你的演練牌中挑出三張牌，用來表示你遇到心儀的人，這個人有可能成為你的配偶。

2a：換掉上述其中一張牌，把情境變成你和對方在約會。

2b：換掉 2a 的其中一張牌，把該情境變成一次糟糕的約會。

2c：換掉 2a 或 2b 的其中一張牌，把約會情境變成大災難。

2d：換掉以上任何一張牌，讓情況變得合乎常理。

3：從你的演練牌中挑出一張牌，用來代表一位酒保。

3a：添加一張牌，用來表示他（或她）應徵到一家生意很好的夜間高級俱樂部的工作。

3b：現在把他炒魷魚。加入一張牌，讓這三張牌可以明白顯示他丟了這份高薪工作。

3c：現在加入第四張牌當作後續發展牌，表示他的工作正發生變動。

3d：把第四張牌換掉，顯示後續發展是他找到一份新工作。

3e：把第四張牌換掉，顯示後續發展是他買了一輛車。

3f：把第四張牌換掉，然後加入第五張牌，用這兩張牌代表後續發展是他換到遊輪上工作。

3g：把第五張牌拿掉，然後把第四張牌換成另一張，顯示後續發展是他去上職業學校。

3h：換掉第四張牌，顯示後續發展是他變成一位牧師。

4：從你的演練牌中挑出兩張牌，指定主角是一名見習藝術家。
- 4a：添加一張牌，用以表示這位畫家舉行第一次藝術個展。
- 4b：幫 4a 加一張牌，用以顯示這次個展獲得大成功（很多人來參觀她的作品，而且當晚也賣出了幾件作品）。
- 4c：幫 4b 添加一張牌，用以表示這次個展讓她獲得委託繪製藝術品的高額簽約金，或是與紐約某家藝術經紀公司簽約。

5：從你的演練牌中挑出四張牌，假設一位男士和他的妻子感情生活幸福美滿。
- 5a：換掉其中一張牌，讓這段婚姻變成不幸福。
- 5b：換掉上述其中一張牌，用以顯示有家庭暴力。
- 5c：在 5b 加一張牌，表示有人發出求救，請求保護。
- 5d：在 5c 加一張牌，表示這個危急情況最後得到化解。

6：從你的演練牌中挑出一張牌，指定他的角色是一名律師或法官。
- 6a：加一張牌，表示他去參加野餐。
- 6b：再加另一張牌，用以表示野餐中途遇到下雨。
- 6c：再多加一張牌，顯示他的不悅（在下雨的野餐會上）。
- 6d：現在，再加一張牌，用它來改變整個牌陣的含義，並且顯示某件事已經發生變化，但你仍然可以清楚合理說明整件事。

7：從你的演練牌中挑出兩張牌，代表這是一位單親媽媽。
- 7a：加一張牌，給她一個男朋友。
- 7b：再加另一張牌，讓他變成很棒的男朋友。
- 7c：再加另一張牌，讓他跟這位單親媽媽求婚。
- 7d：現在，給這位單親媽媽一份她喜歡的工作。你可以先拿掉兩張牌，重新換成另外三張牌，但不能再用你拿掉的那兩張牌。
- 7e：現在再加兩張牌：一張代表她的過去（她正在逃離過去的不愉快生活），另一張讓我們知道她在擔心害怕什麼。
- 7f：繼續再加兩張牌：一張代表她的期望和夢想（她希望有一天能夠在鄉下買一棟大房子），另一張告訴我們會有神祕貴人來幫助她達成願望。
- 7g：另外抽三張澄清牌來揭開這些「神祕貴人」的身分，讓我們知道這些人是誰，以及為什麼他們有辦法幫她達成目標。

8：挑出八張牌來代表一戶動盪不安的有錢人家。這戶人家的男主人剛剛過世，留下一名寡婦（主角），但這名寡婦受到一個壞男人（惡棍）的操縱和討好，而她的幾個孩子（配角）只顧著爭奪遺產，結果他們家的錢全都不見了。

8a：加一張牌，用來顯示這名惡棍的動機。

8b：加兩張或三張牌來「化解」她眼前遇到的難題。

8c：把這張寡婦牌單獨取出來，作為「指定牌」(Significator)，以你目前得到的資訊，幫她佈一個新的牌陣，為她營造一個新人生。你可以選擇任何一種牌陣，但必須能含括她的「過去」，以及她擔憂掛慮的事情。

9：請盡可能用最少張的牌來完成以下任務：

9a：挑出一張牌來代表「惡魔」。

9b：現在把他開除，因為他工作表現很糟。

9c：讓他去路邊攤洗盤子。

9d：現在讓他把靈魂賣給錢幣國王。

9e：讓我們知道他的賣力得到什麼回報。

9f：叫他去跟一名天使打架，然後打輸。

9g：派死神來嘲笑他（可以用小阿爾克那牌來達到這個效果）。

9h：現在把所有的牌都拿掉，只留下死神。用死神牌當作指定牌，布一個新的牌陣讓他去商店買一杯冰沙，但是身上錢不夠，所以他必須去跟人行乞、要一些零錢。然後有人給他錢，他很開心地買到冰沙了。請依照時間先後順序來擺設這個牌陣。

10：從你的演練牌中挑出兩張牌來代表一位大學教授。然後盡可能用最少張的牌完成以下任務：

10a：讓他辭掉工作，去一個完全陌生的鄉下當機械工人。

10b：現在讓他女兒打電話給他，因為某個原因跟他要錢（在她下方布三張牌，用以顯示她要錢的理由）。

10c：讓他遇到教皇，然後他們變成一起釣魚的釣友。

10d：最後，用另外五張牌來表示他從事很多有趣的冒險，活得很長壽，而且很健康。

以上練習，可說涵蓋了從現實（都是你往後幫你的客戶占卜時會遇到的情況）到奇幻的各式情境，如果你一輩子都當占卜師，你遇到的事情肯定無奇不有。因為大多數職業通靈占卜師很容易就在他們的執業生涯中做超過一萬，甚至兩萬次以上的占卜。但是超過這個數目的很少，因為當他們聽過那麼多人的問題之後，很容易產生「精神倦怠」。所以，慢慢來，以好玩的心情去幫人占卜。用時間來完備你的技巧；等到你覺得不好玩了，就不要再做。

第三篇

牌陣二三事

如果你想用塔羅牌來獲得一個問題的答案，那就一定要用到「牌陣」（這個專有名詞是相對於只抽一張牌來得到答案而言）。所謂牌陣就是：根據問題的需求，將特定張數的牌加以組織鋪設之後，來獲取答案的占卜方法。而所謂「傳統牌陣」，就是長久以來被大多數人使用的牌陣。傳統牌陣並不會比你自己發明設計的牌陣還要優，但它確實較普遍為大多數人接受，也比較容以上手。至於要用多少張牌來擺設你的牌陣，完全是個人選擇；但是對初學者而言，一開始最好先學習幾種傳統牌陣，這樣一來，當你遇到問題，才有人能夠幫你。你可以在塔羅論壇上貼出你的筆記，或是這樣請教你的老師：「我用凱爾特十字牌陣來問我的感情，結果寶劍騎士出現在『期待與夢想」這個陣位……」類似這樣的問題，絕對會比你問：「嗨，嗯……我自己設計了一個牌陣，然後寶劍騎士出現在……」這樣的問題，更容易得到別人的幫助。

事實上，設計自己的牌陣所需的基本要領和做法真的非常簡單。只要擷取其他牌陣當中有用的部分就可以了。意思就是說，在你著手發明一些可能會太過偏門的東西之前，應該要多做練習。很多傳統牌陣都能夠滿足你的需求，而且可以持續一直使用，即使你已經做了幾十年的塔羅占卜。

在學習各種複雜牌陣之前，我們要先介紹一些基本的迷你牌陣。像是單張、兩張，以及三張牌的牌陣，它們原本就都各有用處，但同時也能在複雜牌陣中幫助到你，因為它們能讓你看到牌跟牌彼此間存在什麼樣的關聯，彼此如何互動。當你需要用澄清牌來解開一個大牌陣的謎團時，它們也能有效地幫助到你。以下所介紹的幾種方法，已經被驗證過是極為有效的牌陣，能夠為你的問題提供紮實可靠的答案，只要你跟你的紙牌有相同的頻率。不過，當你付出時間去練習這些牌陣之後，隨之而來的真正考驗是：到底要選擇哪一個牌陣來為問題做占卜呢？當你有所疑惑，請務必記得「奧卡姆剃刀」（Ockham's razor）或「簡約法則」（the Law of Parsimony），意思就是說，千萬不要因為你手上有 78 張牌，就拚命用一堆紙牌把一個占卜牌局複雜化。用你覺得順手、好用的牌陣就好，如果用一個 3 張牌的牌陣能夠讓你獲得足夠的知識，那何必用上 28 張牌呢？

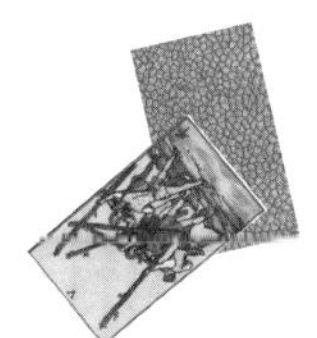

史上最難牌陣！

接下來我們要介紹的這個方法，你可能永遠不會用到，不是因為這個牌陣沒有用，而是因為它需要非常多的技巧和耐心（更不用說空間也要夠大），所以這個方法無法被大多數人普遍使用，一旦你衡量了要付出的精力與收穫的成果之後，會發現它不是很划算。不過，這真的是一個非常歡樂的牌陣，而且它能夠讓你知道，你不需要花什麼力氣就可以擺設出一個牌陣（因為完全不需要抽牌），以及你為了能完成一個成功的占卜，需要付出多大的努力。方法如下：花三天時間來冥想你的問題（顯然這個問題對你來說應該很龐大），白天清醒的時候，一邊思考問題牽涉的各個層面，一邊仔細洗牌；晚上睡覺時，將整副牌放在枕頭下入睡。在腦子裡清出一個空間，意識牢牢集中在那個問題上，然後把整副塔羅牌拋到半空中。

就這樣！

牌陣已經完成了。現在……請解牌！當然，這是地獄的入口而已（呃……一點都不好玩！抱歉），接下來你得記住每一張牌的位置（包括你的前面、右邊、左邊、後面的每一張牌），它跟你以及其他牌的相對距離，它的圖案是朝上還是朝下，是否有被其他牌蓋住，還是它蓋住其他牌，那張牌是不是逆位牌，那張牌是什麼牌，對這次占牌帶來什麼影響，還有，有哪幾張牌跟它有接觸到，或是離它很近。全書我們只在這裡介紹這個牌陣，因為這是你不需要花什麼力氣就能擺出的牌陣（就是把牌全部拋到半空中就行了），而且它也是某些塔羅神祕學校的期末考題，假如你有考慮要去上那些課程，應該現在就可以開始練習了……

單張牌牌陣

抽一張牌，任何一張……

單張牌牌陣（One-card spreads）其實並不是很吸引人，但是不管任何情況下，它都是非常好用的一種牌陣。以下就介紹幾種單張牌牌陣的用法，在往後數年中，你可能會發現自己經常用到它們：

1：首先，它是最簡單的一種牌陣，也最符合經濟效益。這個牌陣非常好用，尤其是針對一些瑣碎小事，或是不會有負面後果的事情，或者當你想要練習塔羅牌，但你又得一天到晚在外奔忙，這個牌陣是很好的選擇。一邊默想你的問題，然後從整副牌中隨意抽出一張牌。使用這個牌陣時，有幾點注意事項你應該先知道。首先，你一定要專心默想你的問題。假如你養成習慣不認真去默想你的問題就隨意抽牌求答案，那對你絕對沒有好處，甚至可能會後患無窮。

如果你沒有先跟自己的塔羅牌培養緊密的感情，就開始進行占卜解牌，那你就會變成一台隨機抽牌機而已，根本不可能得到可靠的答案，就跟用電腦程式去算命差不多。你不需要花好幾個小時去觀想你的問題才能抽牌，但是必須花點時間靜下心來感受你的問題，讓問題儘量清楚地呈現出來，否則一段時間之後，你所得到的答案一定會讓你打從心裡覺得自己沒有塔羅天分，那就真的太可惜了。

所以，請務必認真默想自己的問題之後才抽牌。接下來呢？讓我們再倒退幾步，先講一些重要的事情。塔羅是有規則規範的。無論使用哪一種牌陣，你都必須先了解那個牌陣的基本規範，也就是說，當你把一張牌放到一個特定的「槽位」中，你應該就要知道那個「槽位」代表什麼意思。如果你只是任意把牌擺上去，然後才去設定那些紙牌位置代表的意義，就不可能做出一貫準確的占牌（如果你要這樣做，至少也要等到你的直覺感應力已經開發到差不多跟神一樣的等級才行）。所以，我們還是改天再討論那種神仙童話吧。當你抽到一張牌，當下就必須知道你對它有什麼感覺，以及該如何對這張牌做反應，不管它是不是逆位，或者為什麼它會是寶劍牌而不是錢幣牌，為什麼它是代表一個男人而不是一個女人、一個家庭，或是一群人。

事先知道這些「規則、規範」，可以讓你在占牌時少掉很多壓力。「喔喔，是寶劍騎士逆位。我可能太保守謹慎了。」像這樣的解讀，就比「哦，是一位騎士，但是他上下顛倒。這樣是不是表示有人在生我的氣？」要有趣得多，而且更具建設性、更有用。

無論什麼情況，在你把牌擲到桌面、擺出牌陣之前，都要先思考以下幾件事。因為這些事情只有你自己能做決定，雖然你現在已經知道，其實會有不少人很樂意告訴你該如何處理這些問題。我們不搞權威，只是單純根據我們過去學到的東西，以及發現的心得來提出建議。你可選擇自己喜歡的，然後把其餘部分丟掉。

如何處理這種牌……

a）逆位牌：有些「專家」會為逆位牌設定「傳統牌義」（可參考本書結尾部分，有78張逆位牌義），有些「專家」則會告訴你只要把牌轉回正位就好，「因為紙牌本身相當善於表達自己，假如你有足夠純熟的技巧可以正確解釋這些紙牌的意圖的話。」我們自己是比較偏好直接讀取逆位牌的牌義。逆位牌通常代表該張牌的正常狀態（正位牌義）受到限制、傾斜、逆轉，或發生變化。

b）從整副牌中飛出的牌：有的時候，當你專注默想一個問題（通常是洗牌時），會有一張牌從整副牌中飛出、跳出，或是滑出，掉到桌面上，甚至有時還會飛過整個房間，掉到你的貓咪身上。這是「宇宙」要告訴你一些事情，但到底是什麼事呢？應該將這張牌優先列進來占牌嗎？萬一你看不出來它代表什麼意思怎麼辦？如果它飛出來之後是圖面朝下怎麼辦？我們個人的做法是，會把它撿起來，檢視這張牌；如果無法馬上理解它的含義，我們會把它暫時放在一邊，繼續進行占牌，同時留意是否有出現跟這張牌相關聯的情況。畢竟，事事變化無常，意外狀況隨時可能發生，占卜中出現預兆是常有的事，不需要大驚小怪。

c）明顯毫無意義的牌：好的，比如說你問你的塔羅牌，午餐要吃通心粉加起司還是要吃義大利麵，結果出現「高塔牌」。這張牌是不是表示你的鍋子會不小心從爐子上掉下來，結果麵條灑了一地？你是不是該忽略這張牌，然後另外再抽一張？在你開始進行占牌之前，如果能事先了解「必要準備事項」，而且養成良好的習慣（除了少數例外情況），你就能為自己創建一套基本準則，讓你的占卜結果更可靠，不致產生疑惑。事實是，如果你從一開始就這樣做，你的塔羅學習過程一定會非常輕鬆。不要擔心「將來可能會發生什麼事」。只要好好專注眼前當下，事情來了就面對處理。這樣就能為你省下大量時間，減少很多不必要的麻煩。一旦你建立起個人的基本準則，任何時候你「隨意」抽出一張牌，緊接著出現的問題就是這張牌代表什麼含義。你心中已經有一個問題，然後現在你得到了一個答案。很顯然，接下來你就必須有一套固定的規則，來處理最簡單的「是或否」的問題。

2：接下來，我們會遇到這種情況——有人看到你身上帶著塔羅牌，就認定你應該時間很多、很會做塔羅占卜、又很渴望停下手邊的工作來幫他們做深度的占牌，然後給予他們忠告建議，讓他們的人生過得輕鬆愉快些。你真的沒辦法怪這些看到你身上帶著塔羅牌，就急忙跑過來向你問東問西的人。塔羅牌真的是一種很容易讓人打開話匣子的東西。但假如你手邊有事情正在忙，或是當下你並不想要幫對方做完整的占牌，那你可以幫他們抽一張牌，然後跟他們解釋你的情況。這是一種禮貌性的婉拒，但同時你也給了他們一些方便，幫他們免費占牌，而且給了他們一些幫助（希望有達到這個效果）。

3：還有一種特別情況是，你占牌進行到一半，結果你的朋友或客戶一直講一直講（講不停），這時候，你只要把思考放在他們面臨的某個困境上，然後隨意抽出一張牌。某些職業占卜師很常這樣做。他們會鼓勵他們的客戶把自己內心的憂慮講出來，然後針對不同的敘述內容分別幫他們抽出不同的牌來作為驗證，或是看對方是否有說謊，以及給對方建議等等。總而言之，一旦你能夠非常熟練地操作塔羅牌，就會發現這是一種非常有效的方法。你可以先行擺好整個牌陣，或者也可以一邊很有禮貌地聽他們說話，一邊做這件事。

兩張牌牌陣

兩張牌牌陣（Two-card spreads）是指：抽出兩張牌成為一對，然後結合這兩張牌的牌義成為一個主要含義（而不是兩個分別獨立的含義——比如「先發生這件事，然後再發生另一件事」這種情形）。當然，就像我們真實人生中會看到的每一種「配對」，它們的作用並不是像撲克牌的「一對 Aces」，兩張 Aces 點數相等、牌面大小相同。在現實生活中，我們常常看到的情況是，當兩個或兩個以上的人聚在一起做某件事時，通常其中有一個人會比其他人還要努力、付出還要多。塔羅牌也有同樣的情形。當你使用兩張牌牌陣，經常有一張牌會往另一張牌靠過去，甚至幫另一張牌做定義。訣竅是你要有足夠的敏銳度能夠看出，是不是有一張牌所占的影響力比重較大，或是兩張牌的影響力相當。

舉個例子來說：你老闆在星期三派給你一堆如山的工作，然後跟你說「哎呀只是一些文書工作而已啦，我確定你可以在星期五下午之前完成，最晚不能拖過下週一就是了。」你手邊的工作明明已經忙到焦頭爛額，眼見星期四就跟著星期三屁股後面來了，這要不是哪個邪惡小精靈在晚上下班後偷偷把一堆文書資料堆到你桌上，要不然就是那堆資料已經找到複製自己的方法。總之呢，就是你整個週末眼看都要泡在辦公室，沒辦法去海邊玩了。所以，你決定問問你的塔羅牌，請它給你一些建議。你決定抽兩張牌，看看結果是什麼，免得你一直把時間花在擔心工作做不完。

結果你抽到權杖騎士和錢幣 8。（「你會很忙！」）哇噻，好緊張。往好的方面看，也許你可以去五金行買一顆紫外線燈泡，那你至少還可以一邊工作、一邊做日光浴，把皮膚曬成棕褐色。得到答案之後，你就可以開始幫自己做計畫了。而且你老闆這個週末要去釣魚，不會出現在你面前，也許你可以說服你最好的朋友來公司陪你，順便帶些披薩來，這樣你的週末就不會浪費掉了。

在這個例子當中，錢幣 8 的影響力顯然占了較大比重（工作、工作、工作！），而權杖騎士則是代表需要訂定計畫然後全力往前衝（也就是，先盡可能尋求支援之後再全力衝刺——因為權杖騎士比較喜歡先集結兵力、謀而後動，而寶劍騎士就是一股勁往前猛衝，然後「有問題以後再說」）。

不過，若情節再逼真一點，可能會有一位暗戀你的同事突然來探望你這個權杖騎士，整個週六下午他都陪著你和你的好朋友，一邊做著堆積如山的工作、一邊聽著音樂，把你老闆畫成搞笑卡通人物，而且，還拯救了你的星期天，你終於可以去海邊了！

兩張牌牌陣是非常好用又能快速得到答案的牌陣。它們能夠顯示的資訊比單張牌牌陣還要更清晰，但是，如果你沒辦法正確地結合兩張牌的牌義，或是沒有把整副牌洗均勻就「隨意」抽牌，那可能就很難幫它們解密。如同我們前面提過的，大多數情況下，其中一張牌會是解答的焦點。只要你肯花時間，持續不懈努力，一切都難不倒你。

三張牌牌陣

三張牌牌陣（Three-card spreads）是塔羅牌占卜的重要骨幹，而且通常「抽三張牌」的場合會比其他情況更常出現。三張牌牌陣真的非常好用，在應用上也非常靈活有彈性，但是你剛開始用它的時候，一定會經常感到困惑。剛開始使用三張牌牌陣時，有一件事情很重要一定要記住，那就是：不要太過在意三張牌出現的先後順序，如果你不是三張牌一起抽出的話。舉例來說，要從一副牌中抽出三張牌，可以有好幾種方式：你可以從整副牌中間同時取出三張牌（一次三張一起抽出來），也可以每次分別從一整副牌的不同位置各取一張牌，或是先抽一張牌，然後再同時抽其他兩張牌。這些聽起來有點繞口令的取牌方式，都只是在說一件事：無論你用什麼方式把牌抽出來，請在心理上把這三張牌認定為「三張一組」的牌，或是將它視為一個單張牌牌陣再加上一個兩張牌牌陣。抽牌之前你就要先決定好，要用哪一種方式把牌抽出來。你一定要把這件事變成一種習慣，不要讓自己每次都為這件事煩惱。如果你偶爾想要改變抽牌方式，或者因為外在環境的因素這些牌自動掉在你面前，那也沒關係。所謂的例外，僅僅只是暫時改變規則而已。為了維持你占牌的可信度（以及合理性），你只要發展自己喜歡的風格，然後首尾一貫地堅持下去就可以了。

如何解讀三張牌……

你可以把三張牌的含義混合起來，它們可能是幾股個別獨立或協同作用的力量，也可能其中一張是主要關鍵牌，另外兩張扮演輔助角色。你可以事先指派第一張、第二張、第三張牌分別代表什麼意義，然後才抽牌、擺牌、掀牌。這是很多塔羅占卜師都會使用的方法（三張牌可以分別代表：過去、現在、未來；你、你的配偶、介於你們之間的事物；身體、精神、情緒；線性時間牌陣——比如：「先發生這件事，然後發生另一件事，最後形成結果等等。）

這是你「目前」需要知道的內容。針對比較嚴肅的問題，練習抽三張牌來回答，體驗一下這個牌陣帶給你的感受。試著從這三張牌找出它的主題模式（同一局三張牌牌陣中有兩張或三張牌是相同牌組或相同數字，或者同樣都是宮廷牌或大牌，或是具有相似含義的牌，比如聖杯 8 與寶劍 6）。當你有能力看出這些牌的主題模式、它們的協同或相似含義，以及哪些牌扮演關聯、輔助、增強，或澄清的角色，很快你的解牌技巧就會突飛猛進。

三張牌牌陣也很適合用來揭牌。「揭牌（開牌）」就是用三張牌來澄清一張讓你覺得困擾、不知其牌義的牌，或是一局牌陣中有一張牌你覺得不太吉利，但是又不想把整局牌陣拆掉，你就可以用三張牌來獲取關於這張牌的更多資訊，不需要再重布一個新的牌陣。

你可以用單張牌牌陣來做練習。先抽一張牌，然後再抽三張牌來幫它開牌。這個方法可以幫你同時處理數個問題，甚至假設一些情況來培養你跟你的紙牌間的感情。經常做這個練習，能夠讓你的塔羅技能迅速得到精進，而且不受任何時間、地點的限制，萬一你臨時需要外出（或是覺得無聊想要打發時間），只要抓四張牌就可輕鬆打包一個練習，非常方便。

複雜牌陣

由多張牌配置而成的複雜牌陣（Multiple-card spreads），其種類之多，可能你這輩子都無法全數盡嘗。任何人都可以發明自己的牌陣，而且由於網路普及之故，大多數人都會在網路上發表自己發明的牌陣。在你發展多張牌的組合、相似比較、相異對比等技巧之前，請務必先熟練單張牌、兩張牌，以及三張牌牌陣，因為多張牌複雜牌陣同樣需要用到那些技巧。並請記得，你抽的牌張數愈多，解牌的時間就會愈長。事實上，你可以每次都只抽一張牌、兩張牌或三張牌，同樣可以得到問題的解答。但是如果你讓自己習慣擺設四十二張牌的牌陣，那麼每一局占牌就得花掉你好幾個小時的時間，我們很希望你花那些時間也能得到相對的報償。

話是這麼說，我們還是提供一些你想知道的基本牌陣，同時也介紹幾種簡單又好用的「是否牌陣」（“yes or no” spreads）、很容易上手的「時機牌陣」（timing spreads），以及可以讓你迅速做出選擇的「決策牌陣」（choice spreads）。除此之外，還有人人都必學且必須熟練的「凱爾特十字牌陣」（the Celtic Cross），它可說是世界最通行、最著名的一種牌陣，而且通常你的客戶個案都會預設你對這個牌陣已經很熟。在這裡，我們會略過不談凱爾特牌陣的起源與歷史演變，因為很多內容尚有爭議，而且，知道那些不同版本的故事並不會讓你成為一名更優秀的塔羅占卜者。

簡單又快速的「是否牌陣」

在你的塔羅占牌經驗中，一定會碰到很多詢問「是」或「不是」的問題。如果你能夠熟練一種「是否牌陣」，除了可以幫你減輕很多工作和生活上的壓力，還能讓你快速獲得塔羅占卜專家的美譽。事實上，影響你占牌是否準確的因素，大部分是來自你跟你的牌所建立的連結關係，少部分則跟你選擇用哪一種方法來推測「是」或「不是」有關。任何人都會玩塔羅牌。事實上，你把十位塔羅占卜師集合起來，他們能做出的占牌和解讀也比不上電腦的速度快，但是在解答的品質上，速度根本無濟於事。請務必記得這件事。你不是電腦，你真正需要做的事情是去培養你跟你的塔羅牌之間緊密的感情連結，磨練你的直覺感應力，這樣你的占卜才有辦法得到可靠的答案。以下就介紹幾種「是否牌陣」的占排方法。請務必每一種都試著操作看看，或是自行發明一些新的方法，請教你的老師，看他們比較喜歡哪些方法，然後選擇一種你覺得最準確、最順手，又經得起時間考驗的方法。

王牌現身（Aces-up）

這是一種非常古老的占牌方法，相當耗時耗力。但是，如果你不介意問卜者觸摸你的紙牌（或者如果你有一副可信賴的牌，又允許他們把骯髒的小手放在上面）的話，那麼這會是個不錯的牌陣，可以讓他們親自去感受塔羅的力量。首先，請把整副牌交到對方手上。請他們集中注意力去觀想他們要問的問題，然後給他們兩、三分鐘，請他們把牌洗均勻，接著請他們說出自己的問題，以及為什麼想要知道這個問題的答案。重點在於，將他們自身的能量隨著問題的能量一起灌注到整副牌當中。徹底洗好牌之後，請他們把整副牌交給你，由你來翻出 40 張牌，一次只翻一張，而且翻牌的速度要非常快。這樣做的主要目的在於，我們要看看最初翻出的這 40 張牌裡面，出現幾張王牌（Aces，1 號牌）。假如是三或四張，那麼答案很確定就是：「是」。如果翻到兩張王牌，那麼答案就是「也許是」但看來不是很好，接下來就需要做一個正式的占牌來了解原因。你可以試著用「環形牌陣」（Roundabout Spreads）來幫助他們找出如何達到他們想要的目標。如果 40 張牌當中只有一張，或都沒有王牌出現，那答案肯定就是「否」，這時他們就該好好想想，他們真正要的是什麼，或是他們該如何重新規劃來達到自己的目標。

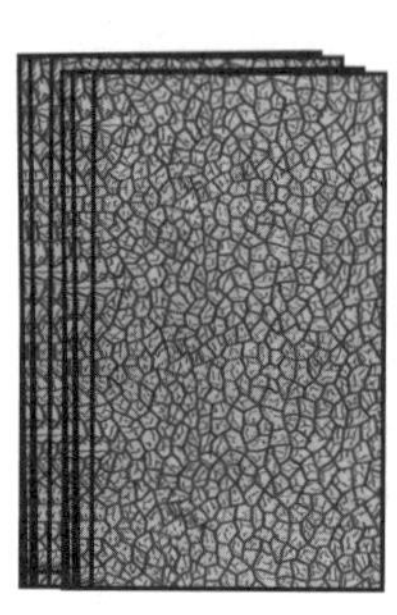

整副塔羅牌

已翻出的牌堆

嘿！你看看你！
出現三張王牌代表你的願望最後一定會達成。四張王牌的話就完全沒有爭議，答案就是「是!」但是三張王牌的話，表示你還需要付出一點點努力。不要白白錯過這個機會唷!

正逆位牌表決（Up or Down Vote）

這個牌陣需要用到逆位牌，而且一定要將你的整副牌徹底洗均勻。然後翻出一張牌。就是這麼簡單。

方法一：正位牌代表「是」，逆位牌代表「否」。

方法二：你也可以用牌組來決定是或否。權杖代表「是」，但必須稍做努力；聖杯代表你的願望會自然順利實現；錢幣代表需要付出金錢代價（也可能不需要）；寶劍代表「否」。大阿爾克那牌代表「一切掌握在上帝手中」（也就是「祝你好運！」的意思）。

或者，你也可以用「這張牌一般來說是好牌還是壞牌」來當作參考。大多數我們的學員都覺得這個方法不太可靠，但我們還是在這裡提一下，也許這個方法對你行得通喔。用單張牌來詢問「是或否」的全部重點就在於簡單與準確。當你塔羅技巧熟練之後，很可能你還會想用你的塔羅牌來當作「占卜棒」，而不用探測棒（witching stick，或稱魔占棒）了呢！

範例：

方法一

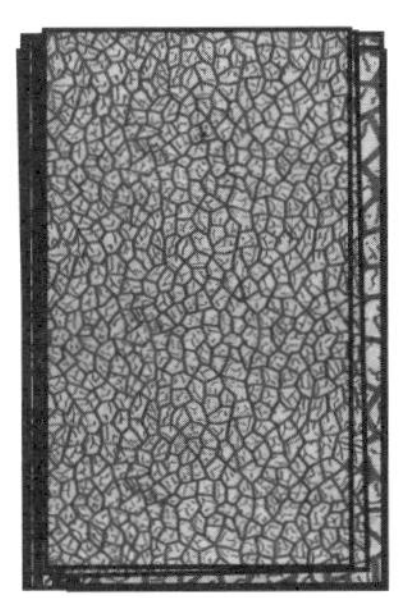

整副塔羅牌

「是」

「否」

「是」

「否」

方法二

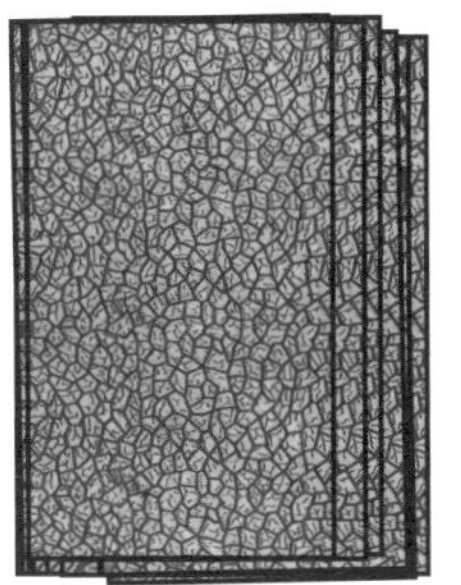

整副塔羅牌

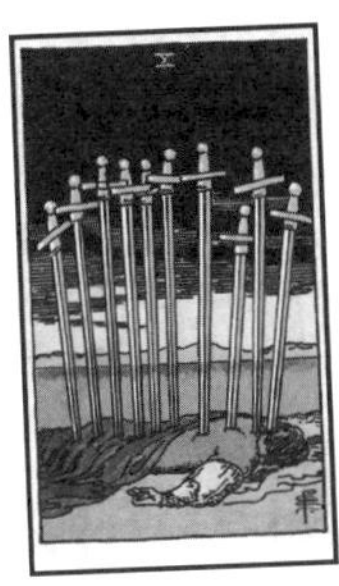

「嗯……否。」

「是。可以上工嘍！」

「你要付出代價才能得到。」

「去籌點錢來……」

「吼！還要等多久?!」（時機牌陣）

如果你的問卜個案比較沒有耐性，可以用這個有趣的小牌陣來應付他。很多時候，你明明已經回答他們的問題了，但他們還是急著想知道到底什麼時候會發生。「什麼時候？告訴我什麼時候啦！」往後數年當中，你一定會常常這樣被問到。我什麼時候會遇到喜歡的人？我老公什麼時候才能學會上完廁所把馬桶蓋放下來？我那愚蠢的老闆什麼時候才會幫我加薪？這個快答牌陣會告訴你那件事最快什麼時候會發生。不過你必須確實知道自己想要什麼（或是想知道什麼），而且要設定一個大約的時間範圍（比如：接下來 30 天內、明年……）。

舉例來說，你正在你最喜歡的咖啡館裡練習塔羅牌，然後你的一位死黨開始一股腦兒跟你抱怨她的感情生活。她認真看著你，然後問你：「可不可以幫我問問你的塔羅牌，什麼時候我才能遇到一個稍微不那麼白痴的傢伙，拜託幫我問問看！」身為一個爛好人（同時又是她的好朋友），你對她微微笑，然後完全無視她打斷你練習的這個事實，你拿起你的牌，幫她擺了這個牌陣，看看接下來 12 個月內會發生什麼事。以下就是你得到的結果：

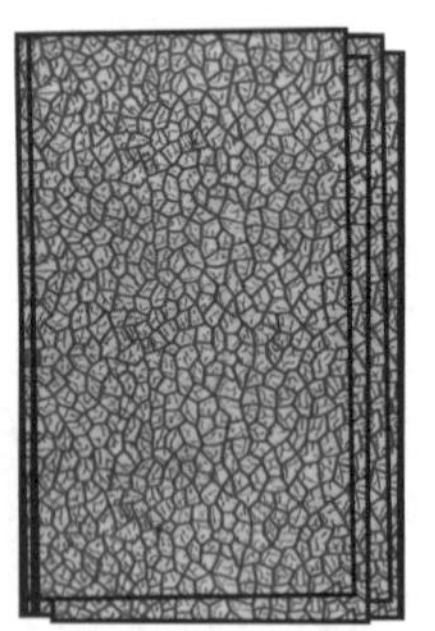
整副塔羅牌

已翻出的牌堆

（第一張翻到的牌!）

好的……很簡單。你先向她說明，這個牌陣裡的每一張牌大約代表 4–5 天（因為你已經先設定好要看接下來 12 個月的情況），所以，從翻到的牌看起來，她應該再過幾天就會遇到心儀的人喔。她點點頭然後心不在焉地喃喃自語：「不錯喔……」然後突然整個人從椅子上跳起來，走去跟櫃檯那位帥哥講話。這個牌陣其實很簡單，就是先抽一張牌，然後用你從塔羅牌得到的知識來回答對方提出的問題。在這個例子當中，只要是出現戀人牌、聖杯 2、聖杯 10、聖杯王牌，甚至聖杯 6，都可以代表你的朋友會結束單身狀態開始談戀愛。

實際操作流程如下：一邊默想你的問題、一邊洗牌，同時花點時間思考一下，哪幾張牌對你的問題來說是絕對的「好牌」。不要忘記要設定，你希望這件事情可以在多久時間內發生。當你覺得你的問題已經確實傳遞給整副牌，牌也徹底洗均勻了，就可以開始抽牌。一開始先翻開幾張牌，如果當中有出現你剛剛所想的那些「好牌」，那你就得到答案了。如果你剛剛所想的那些好牌一張都沒出現，那表示你還必須繼續等待，或是調整一下你目前的狀況，好讓你期待的事情可以有所結果。先改變你的生活，然後再做一次占牌。以下我們就提供幾項一般準則，供你在設定時間範圍時作為參考：

如果你期待你問的事情大約在一週內發生，那就抽出 7 張牌。如果是設定 30 天內發生，就抽 15 張牌，是一次抽一張喔。如果設定是一年內，那不要超過 21 張牌。每翻一張牌，都要在心裡默數，直到把你設定的張數翻完，或是翻到你先前設定的好牌出現為止。

二選一牌陣

還有一種情況相當經典，鐵定經常會出現，那就是「到底該選擇這個還是那個」的二選一難題。「我應該跟現在的女朋友繼續交往，還是去追前天我在派對上認識的那位女演員？」或是「我應該留在現在的工作，還是辭掉工作然後在今年夏天自己創業？」或是「我應該搬到克里夫蘭，還是辛辛那提？」人們都很希望得到這些跟實際生活有關的建議，但是他們想要的是確實可靠的答案，而不是臆測或參考意見。這時候，「二選一牌陣」就派上用場了。很幸運，以下我們有一個實例，希望你會喜歡。最棒的部分是，你其實都已經知道怎麼做了。它就是一個簡單的「兩張牌牌陣」，再加上一個「揭牌」動作而已。這就是為什麼前面我們會一再建議你，無論是單張牌、兩張牌或三張牌牌陣，都要練習、練習、再練習。將來你最喜歡的幾種牌陣，無非就是單張、兩張、三張這些基礎牌陣的組合而已，頂多再加上牌義混合、牌義合併、相似點比較、差異點對比、揭開一張或多張牌等這些動作的結合。不要以為複雜的東西就會比較準確，不要有這種錯誤觀念。簡單的東西就已經很好用（而且完全不會帶給你壓力）。如果覺得有需要，你可以在占牌當中隨時加牌。

第一步： 針對問題，為每一種選項設定一張指定牌。把兩張牌並排，圖案朝上，兩張之間要預留一點空間來放其他的牌。告訴你的客戶，這兩張牌分別代表他們正在考慮的選項。要確定他們已經了解這個設定。然後由你來洗牌（或是讓他們來洗牌，如果你習慣這樣做的話）。

第一種選項的指定牌（圖案朝上）

第二種選項的指定牌（圖案朝上）

第二步： 幫每張指定牌各翻一張牌，疊在指定牌上，作為客戶問題的「答案」。進行下一步之前，先確認一下這些牌對這個問題是不是有意義的牌。

（在這個圖例中，我們把翻出的牌稍微往旁邊移了一點點，好讓你清楚看到這張牌的底下就是指定牌。）

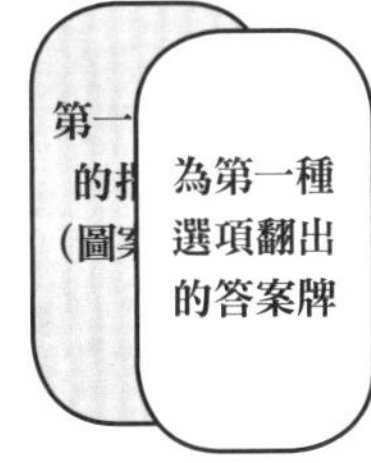

為第二種選項翻出的答案牌

第三步： 現在開始為每一個答案進行「揭牌」，讓我們更清楚知道「這張答案牌的內容，以及為什麼會出現這個答案」。詢問你的客戶對這個結果有何看法，把你從牌陣中看到的，跟你客戶所說的，做一下比較。

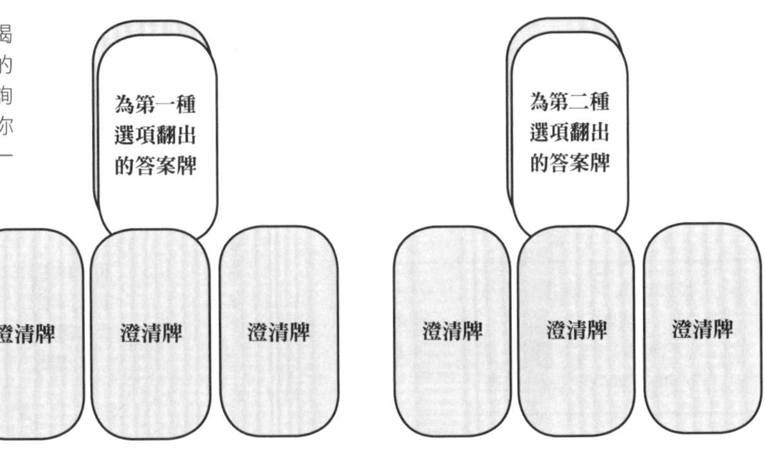

凱爾特十字牌陣

這是全世界最受歡迎，也最普及的一種牌陣。因為電影裡面經常出現，更增加了它的知名度。這個牌陣的可信度極高；並不是因為它是有史以來最好的牌陣，而是因為它能夠在日常生活中運用的層面最廣，陣形也很容易讓人記住。這個牌陣有很多種變化陣形，你可以隨自己喜好使用任何一種變化型（因為全都一樣好用有效），以下我們要教導的陣形，是根據我們過去所學到的版本，可算是石器時代的東西了。我們使用這個版本是因為覺得它具有邏輯性，很容易說得通。你可以在自己的占卜牌局中自行判斷該用哪一種陣形最合適。接下來，就介紹這個牌陣的基本陣形：

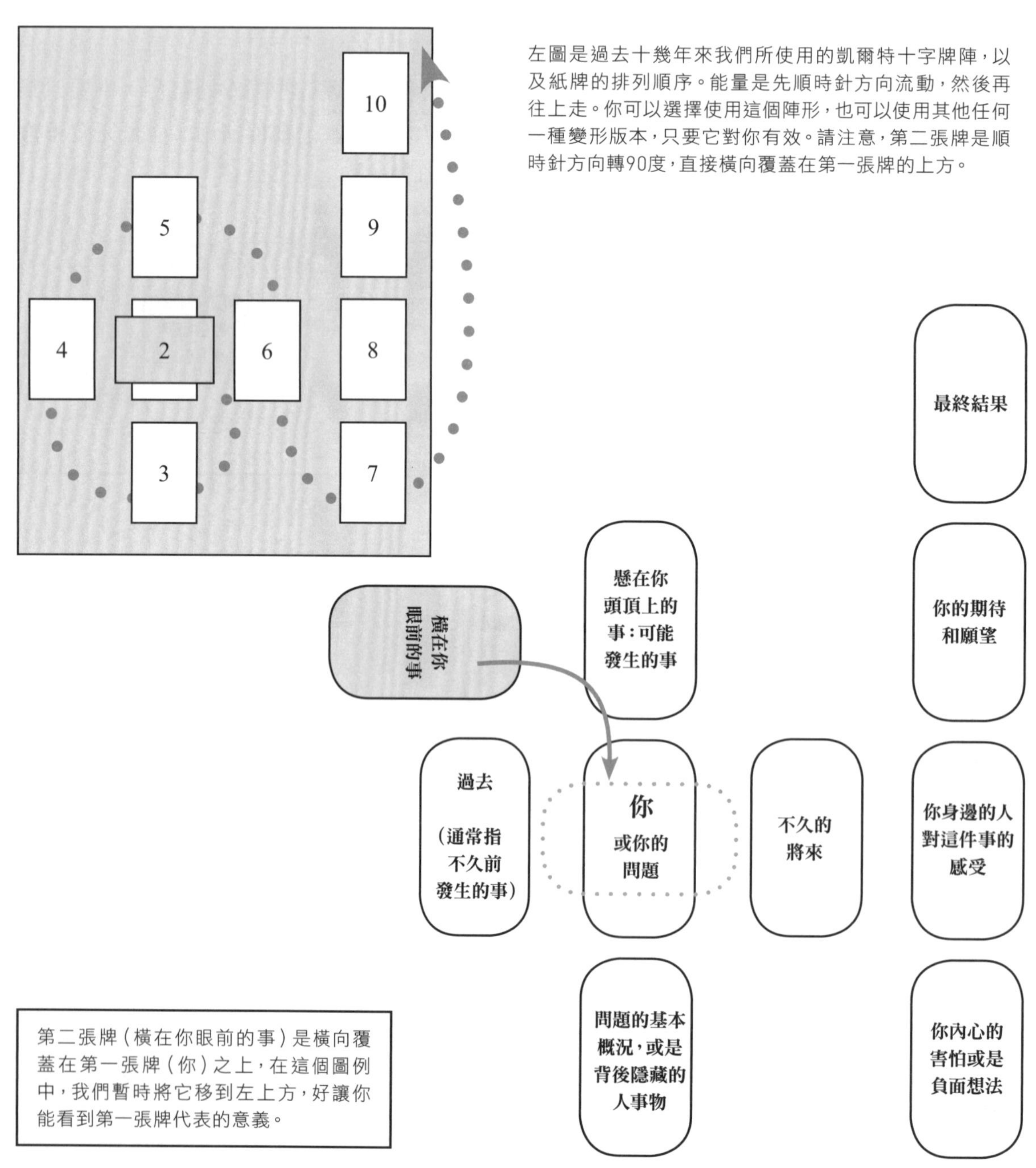

左圖是過去十幾年來我們所使用的凱爾特十字牌陣，以及紙牌的排列順序。能量是先順時針方向流動，然後再往上走。你可以選擇使用這個陣形，也可以使用其他任何一種變形版本，只要它對你有效。請注意，第二張牌是順時針方向轉90度，直接橫向覆蓋在第一張牌的上方。

第二張牌（橫在你眼前的事）是橫向覆蓋在第一張牌（你）之上，在這個圖例中，我們暫時將它移到左上方，好讓你能看到第一張牌代表的意義。

附注：到底要不要使用「指定牌／指示牌」？這是每次進行牌陣占牌時一定會面對的問題。如果你曾經跟夠多的人談過話，絕對會聽到大家對這個問題有各種激昂的辯論：究竟是不是「每次都應該」（或是不應該）先設定指定牌來代表占卜中要討論的人物、地點或事件？答案很簡單：你喜歡的話就用。就是這樣。
那為什麼要使用指定牌？嗯，因為這樣你的問卜者客戶可能會覺得你比較專業。此外，指定牌也讓你有個「焦點」可以集中，並為牌陣中的其他牌「預留一個位置」（placeholder，或稱佔位符）。如果你需要了解什麼是「指定牌」，請參閱本書最後所附的「詞彙表」（Glossary）。
關於指定牌，還有一件事要注意：你可以用它作為預留位置用的佔位符，然後展開你的牌陣，或是把它當作你所使用的牌陣的第一張牌也可以。再提醒一次，如果你跟很多人交談過，你一定會聽到兩種不同意見的爭執。目前，你可以先聽聽你老師的做法，然後看看是否適用於你。如果你目前沒有老師，我們會建議你不妨先試試使用指定牌，將它放在牌陣布局的上方，當作塔羅桌巾的一部分。然後，再試試看，把它當作你的牌陣的第一張牌。這個練習的目的是：去找到對你有效用的方式。千萬千萬不要聽信任何人告訴你說，「練習」只是一種重複、是在浪費時間。「練習」是你個人獨有的時間，能夠幫助你磨練技巧、進行各種實驗、擺脫他人的批評去做你想做的事。

關於凱爾特十字牌陣，你應該知道的事……

首先，也是最重要的一點：凱爾特十字牌陣跟你已知的其他牌陣都不相同，它是一種萬用牌陣。這個牌陣可以讓你快速了解你目前面臨的情況，檢視各種影響因素，讓你看到事情是如何演變至目前這個狀態。這個牌陣幾乎各種情況皆可適用，也能處理一些比較籠統的問題（比如：「我能不能找到真愛？」之類）。不過，有的時候你也會需要用到某些目的明確的牌陣，提供你直接明確的答案。因此，好好學習和演練這個牌陣，讓它為你提供最好的服務，但是不要單單只靠它來幫你占牌。

好的，現在就讓我們來看看，這個牌陣的每一個陣位分別代表什麼含義。如同我們之前提過的，牌陣的目的在於幫每一張牌的所在位置設定它代表的意義，這樣一來，每次有一張牌落到那個「槽位」，你都知道那個位置代表什麼意思，然後你就可以把那張牌的牌義套上去，來解釋那個位置的情況。這就是為什麼，知道如何讀一張牌，讓它們來跟你說話是如此重要，而不是一味把別人告訴你的，書上（比如本書）寫的一些牌義或象徵意義硬生生套上去。他們往往會告訴你說，那是唯一正確的答案，如果這是事實的話，不如我們直接用電腦來算命就可以了呀。你必須知道每一張紙牌在對你說什麼。你所擺設的任何一個牌陣，都只是你手上的一套組織工具，目的在於讓你能夠輕鬆聽懂紙牌想要對你說的話。說到這裡，不如我們就直接來分析一個凱爾特十字牌陣吧！這裡作為範例的陣形版本，是我們經過多年經驗發現最好用的一種：

第 1 張牌：（非指定牌）這張牌代表「你」；指當前情況、事件、地點、人、事物，或是你現在想要問卜的事情。如果你有使用指定牌，那麼這張牌就是一張澄清牌，用來說明那張指定牌的確實情況，它可能是某個人、某個地方，或某件事情。如果你沒有使用指定牌，那麼這張牌也是代表跟上述相同的意思，只是你沒有另外用一張牌來代表你正在占卜的「事情」而已。這張牌的重要性在於，它可以驗證這個牌陣是否準確。這張牌應該要能夠符合你對所要問卜的事情的了解或印象。如果不符合，那就繼續查看牌陣中的第二張、第三張和第四張牌。除非這幾張牌都很準確，不然就是你沒有把牌洗均勻，或是你的問題太過籠統。這時你應該重新好好洗牌（把牌徹底洗均勻），然後放鬆心情，將注意力焦點放在你要問的事情上，然後仔細聆聽，讓你的紙牌來告訴你：「這個時候可以擺設牌陣了。」

第 2 張牌：代表「橫在你眼前的事（助力或阻力）」。這是整個牌陣中的第一張「主動作用牌」（active card）。舉個例子來說：假如把你的指定牌比喻成一名棒球打擊者，那麼第一張牌就像他站在本壘板上、手中握著球棒，準備在投手把球投過來的時候出手揮棒。而這張牌就是那顆以 90 英里時速朝他飛來的球。站在球場上，正面迎接朝你投擲過來的球，這個動作本身就是「一個情境」。它是靜態發生於當下的事，或是「你準備對它採取的行動」。這張牌正在朝你飛過來，然後「轟」的一聲響！接下來會發生什麼事？這張牌會向你揭露，為什麼你的問卜者想來找你問事情。如果他們對你老實，而你手上的牌以及你自己也都已經準備好要回答對方的問題，那麼這張牌會馬上告訴你整件事情的真實情況。再打另一個比喻：如果第一張牌代表問卜者要去野餐，那麼第二張牌會告訴你是否會碰到下雨（或天氣晴朗，或是他們會不會玩得很愉快，或是馬鈴薯沙拉有沒有壞掉）。在其他事情發生之前，這張牌會大聲說出當前的情況，提供你解讀其他每一張牌的依據。

第 3 張牌：這是一張有趣的卡，因為它會顯示問題背後隱藏的，或看不見的力量。它會向你揭露，為什麼你的問卜者會想要知道他發生了什麼事。這張牌經常跟下一張牌（不久前的過去）有所關聯，而且很可能就是過去確實發生的某件事情。也有的時候，它是代表問卜者心中的猜想，甚至是正在發生的事情，無論他們是不是碰巧真的知道，或只是在懷疑階段。在你做出最終預測之前，這張牌可以幫助你了解整件事情的基本概況。

第 4 張牌：代表「（通常是不久前的）過去」。這個位置代表的意義很簡單。要麼就是已經發生過的事，要麼就是情境狀態，要不然就是結果發生之前的原因。這張牌的位置反映的是「直接造成這個問題或情況發生的某件事情」，因此它也可能是很久以前發生的事，這表示那件事的影響力非常巨大。你可以把這張牌當作整個牌陣解讀的參考和（或）驗證，但是不要太過在意它，除非很明顯需要向問卜者說明。

第 5 張牌：代表「可能出現的情況」。這張牌就像「達摩克里斯之劍」（＊參見詞彙表）；它「懸掛在你頭頂上方」，而且「可能會發生，假如……的話」。這張牌很大程度取決於外在環境和行動等條件，但它比較屬於「事情最終結果」的一個前導，而且通常代表近期未來你可能有的選項，或是可能發生的事（除非當中有什麼事情發生，導致發生改變）。可以把這張牌跟第 10 張牌比較一下彼此的相似性（第 10 張牌代表最終結果或結局），看看兩者之間是否存在哲學思想上的連貫性，或是有情緒上的關聯，或身體行動的延續。通常你會看到這兩張牌存在極多相似點。附注：有些占卜師喜歡用「它為你加冕」這個詞來形容這張牌（而且只要那根繫著利劍的馬鬃斷掉，事情就發生嘍！）

第 6 張牌：代表「不久後的未來」，這件事會發生。在最終結果來到之前，必須先度過這張牌。把這張牌跟第 4 張牌以及第 3 張牌比較一下，大概看一下它們之間是否有共同主題模型和相關性就可以了，不要勉強一定要找出關聯，也不要硬要用跳躍的邏輯把它們關聯起來。然後很快看一下第 10 張牌，看看兩張牌是否有行動上的延續性或目標上的同步性。照理說，第 5、第 6、第 10 張牌三者應該會有共同作用關係才對，但是生命會常常是這個樣子嗎？我們之中有人真的能夠堅定持續關注同一件事而且不間斷地付諸行動嗎？作為血肉之軀的人類，我們就是一堆相互矛盾的願望與行動的集合體，每一個願望和行動都可能同時跟其他願望與行動相輔相成，或者相互違背。因此，如果第 5 張、第 6 張和第 10 張牌彼此雜亂無章、毫無關聯性的話，那請務必向你的問卜者說明，他們可能需要重新釐清自己真正想要的東西以及想採取的行動，讓願望與行動可以無縫相銜，而不是互相矛盾衝突。

第 7 張牌：代表與這個問題有關的負面事物。你現在擔心害怕的、你所忽略的，或是你不想要它發生的事情。在整個牌陣中，這是唯一在本質上帶有負面要素的一個陣位，但即便如此，它也可以是非常積極正向的陣位。跟「吸引力法則」（the law of attraction）始終存在抗衡力量的，正是它的姊妹——「相斥法則」（the law of repulsion）。不管在在心理層面或生理層面，推力與拉力都具有同等力量。這張牌可以代表我們在面對眼前這個問題時，內心所害怕、恐懼、不想看到，或是想要刻意忽略的東西。將它跟牌陣中其他所有的牌比較一下，是否存在任何相似點，然後確定一下，你的客戶該如何來應對眼前這個情況。

第 8 張牌：這個位置讓我們看到，其他人對這件事的感受是什麼。這張牌可以代表一大群人的一般感受，也可以代表跟問卜者或該問題有關的某位重要人物的直接影響。甚至也可以讓你知道，為什麼問卜者一開始會問你這個問題。我們每天都在接受其他人的影響。無論我們的意志有多麼堅定、意願（或需求）有多麼強烈，有些人就是會讓我們的看法和行動產生改變。我們或多或少都會受到身邊其他人的影響。這個陣位能夠讓我們看到，那些社會壓力是如何在影響問卜者所問的這件事情。如果問卜者問的是單純的婚姻問題，這張牌可能就是代表那個嘮叨不停的母親（或婆婆 / 岳母）。如果是跟團體或政治有關的問題，那這張牌可能是代表「大多數群眾的意見」。它能讓我們看到，此刻周遭人對於我們的現況以及即將採取的行動有什麼感受。

第 9 張牌：代表「你的期待和願望」。這個位置代表問卜者心中的願望、目標，以及他們跟眼前這個問題的正向關聯（參見「吸引力法則」）。它經常會揭露出問卜者輕易就疏忽掉的資訊，或是因為怕你會嚴厲批評他們，而不敢對你明說的某個私密欲望，因此，如果你從這張牌看到一些令你震驚的內容，也不要太過驚訝。

第 10 張牌：代表事情的最終結果或結局。事情發展到最後，注定會有「某件事」發生。這張牌並不是絕對不變的結論，它比較像是，在目前各方所採取的一系列行動和決定共同介入之後，所可能產生的結果。在你下結論之前，請比較一下這張牌跟第 5 張、第 6 張牌的相似之處。目前所發生的狀況以及所牽連的事情，是否會「促使」這個結果發生？還是會對結果形成阻力？在最終結果產生之前，是否存在著任何衝突的能量或阻礙？現在，檢視一下跟內在狀態有關的牌（第 7 和第 9 張牌）。問卜者的感受如何影響了這個結果？他們的願望是否夠真實、夠強烈？或者其實他們真正想要的是別的東西，但不敢說出來？他們內心的擔憂恐懼是否強過他們的願望？他們內心對「這件事」的恐懼是不是阻擋了「那件事」的發生？人們幾乎每天都在暗中對自己搞破壞。你的客戶是不是也正在做這件事？這是否就是他們來找你占卜的原因呢？（他們自己對此清楚嗎？）

比較一下第 10 張牌跟其他所有牌是否存在著相似點。是否有一股能量正在往結局的方向流動？結局是否合理？把這些牌之間的共通模式找出來，看看它們是否讓這局占牌更難以理解，還是更清楚，但不要讓眼前的問題失焦。當你對這局占牌感到滿意之後，你就可以開始問自己以下幾個問題，試著從中找出其他可能的模式：

整個牌陣是否出現三張以上的「大牌」？如果是，那通常表示有幾股跟個人無關的巨大力量正在運作，有人做了一些決定，導致發生了問卜者無力改變的事情，而且他必須去應付那個後果。舉例來說：由於經濟衰退或「第一季銷售不景氣」，你的問卜者所服務的公司董事會解雇了一半的員工。這個外在環境的改變，無可避免一定會對你的問卜者產生直接影響，就好像去野餐遇到下雨一樣。當然，這些外在影響力可能對問卜者有利，也可能令他們不開心，總之，牌陣中只要出現多張「大牌」，往往顯示有其他人或其他事正在牽動著全局，而他們不得不接受這個狀況，或是改變他們對整件事情的立場。

是否出現兩張以上相同數字的牌？假如在一個十張牌的牌陣當中，四張 7 號牌（錢幣 7、權杖 7、寶劍 7、聖杯 7）全部出現，那麼你就要特別注意反覆出現的能量，或是 7 號牌所代表的「固定模式行為」。比較四張 7 號牌的相似之處，然後再比較一下他們所在的位置以及彼此間的遠近程度。同時看看他們是否有形成一股流動的能量。比如：四張 7 號牌分別位在第 3、4、6、10 的位置（顯示出一條線性前進路線），或者分別位於第 5、6、9、10 的位置（顯示出思想與行動、因與果之間存在著一致性），諸如此類。如果有一張「大牌」佔了較重的分量，那麼你在找尋模式時就要稍微斟酌一下。假如看到牌陣中出現兩張 4 號小牌和 IV 號皇帝牌，那麼請檢視一下，是否這件事情雖然重要，但又不至於像上述（出現四張 7 號牌）的例子那樣具有那麼大的影響力。

是否有某一個牌組出現特別多張牌？如果在一個詢問愛情的 10 張牌牌陣中，出現四張以上的聖杯牌，不必太過驚訝，但要注意，這段感情是不是處在關係比較緊張的狀態。無論是哪一個牌組出現特別多張牌，或者你所要占卜的是什麼樣性質的事情，如果你發現有大約 40％或以上的牌都屬於同一個牌組，那麼請務必在解牌時對這個現象特別注意。除去「大牌」不算，每一組小牌都同樣占有整副牌 25％的分量。所有的小牌則占整副牌超過 70％的張數，因此，毫無疑問，在一般狀況下，小牌出現的機率絕對會比較高。單純從機率上來看，偶爾還是會出現小牌和大牌不成比例的怪異分布；但如果你從整個牌陣發現到有一個非常明確的模式存在，讓你特別印象深刻，請務必把它記錄下來。

是否出現三張以上的「人物牌」（face card）？幾乎每一張塔羅牌圖案中都會出現有人正在做某件事。而「人物牌」（也就是宮廷牌）則特別代表具有某種社會地位的人。當你在一個牌陣看到一張宮廷牌出現，那麼你的解牌重點就要放在他們所代表的權威地位，或者如果他們跟眼前這個情況有所關聯，那重點就要擺在他們的主要人格特徵或個性上。出現多張宮廷牌，表示「人」的因素對目前這個問題的影響，比任何行動的影響還要巨大。問問自己（或你的客戶）：「這些人物是代表誰？為什麼他們對這件事有這麼大的影響力？」你必須往這個方向去追，才能順利得到這局占牌的答案。如果有必要，請幫這些牌做「揭牌」的動作。

其他情況

補充牌：有的時候，你的牌陣已經能夠回答很多基本問題，也已經能夠幫你澄清一些事情，但它仍無法提供所有你想要知道的資料。你不想要重新另布一個牌陣，只想再多得到一些資訊。比較常見的情況是，你的客戶允許你問他們更深入的問題，而且會不加思考直接跟你抱怨說「那如果是……會怎樣？」這個時候就是補充牌上場的時機了，你可以幫原先的牌陣「再多加幾張牌」，幫助你繼續聚焦在主要問題上，同時取得更多資訊。最常用的方法就是，只要從剩餘的塔羅牌最上面取一到三張牌，來為最後結果進行「補充」就可以了。或者，你也可以重新洗牌（但是不要動到原先已經布好的牌陣），同時把注意力放在你已經知道的事情，以及你希望再多了解的事情即可。

澄清牌：也就是我們先前提到過的「揭牌」的步驟，這時候就派上用場了。方法跟上述「補充牌」一樣，不同的地方在於，你可以幫牌陣中的每一張牌都做澄清，如果你想知道那張牌更多的細節的話。抽澄清牌的時候，我們強烈建議你把牌陣之外的牌重新洗牌，或者從整副牌不同地方隨機抽牌，而不要單單只從整副牌最上面取牌。

牌陣

十二星座與時間牌陣

這類牌陣的效果出奇的好，但你必須對你的客戶和他的問題有非常清楚的聚焦，否則你抽到的牌會非常混亂、毫無相關性可言。請注意，以下這些都是屬於「通用牌陣」，適用於生活各個層面或各種角度的問題，因此比較無法直接回答「是或不是」，或者針對比較特殊的問題來做占牌。請多多演練這些牌陣。一旦掌握其中竅門，你就會發現，它們是本領強大（而且最好用）的牌陣之一。紙牌的基本排列順序如下圖。詳細陣位解析則從下一頁開始。請務必對每一個牌陣都詳加了解。

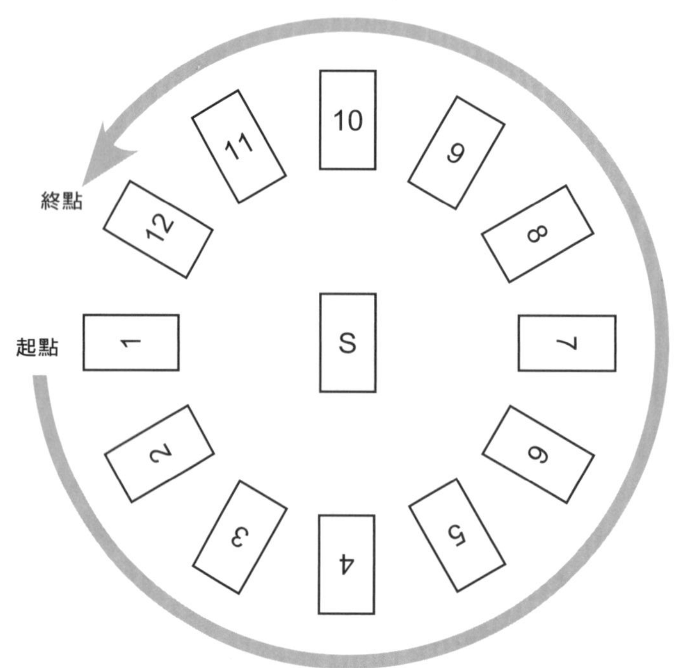

上圖就是「十二星座牌陣」（Astrological spreads）的陣形與紙牌放置順序。在此陣形中，每一張紙牌的位置分別代表十二星座中每一個星座或每一個宮位的能量，而紙牌本身就代表所屬行星。這些牌陣都有使用指定牌，就放置在整個圓圈的正中央。在這些牌陣中，指定牌可以代表問卜者，也可以代表所要詢問的事件情況，或是問卜者想要達到的最終目標。在後面幾頁，你可以看到第二種牌陣就是將指定牌設定為最終目標結果。在那個特殊牌陣中，我們強烈建議你把指定牌設定為「最終目標」。不過，假如你希望把那張牌留在整副牌裡面，直接把焦點集中在問卜者或被詢問的事件上，那你也可以不使用指定牌。

同樣的基本陣形也可以用在其他跟星座無關的牌陣，比如「時間牌陣」(time spreads)，每張牌代表一天當中的一個小時（一日牌陣），或是陽曆一年中的一個月（一年牌陣），或是用三張牌代表一個季節（季節牌陣）。如果是季節牌陣，紙牌布局依然不變，如果是一日牌陣或一年牌陣，則應該把第一張牌放在鐘面「一點鐘」的位置（也就是上圖第九張牌的那個陣位），然後順時針方向依序把其他牌放上去。如果需要用到澄清牌，可直接擺在大圓圈的外圍。

請注意：在上面這個例子以及後面幾頁的範例中，我們都是把紙牌以正向頂端作為外圈的方式來擺放。如果你想把全部的牌都倒轉過來，讓每一張牌變成紙牌正向頂端在內圈也是可以的。

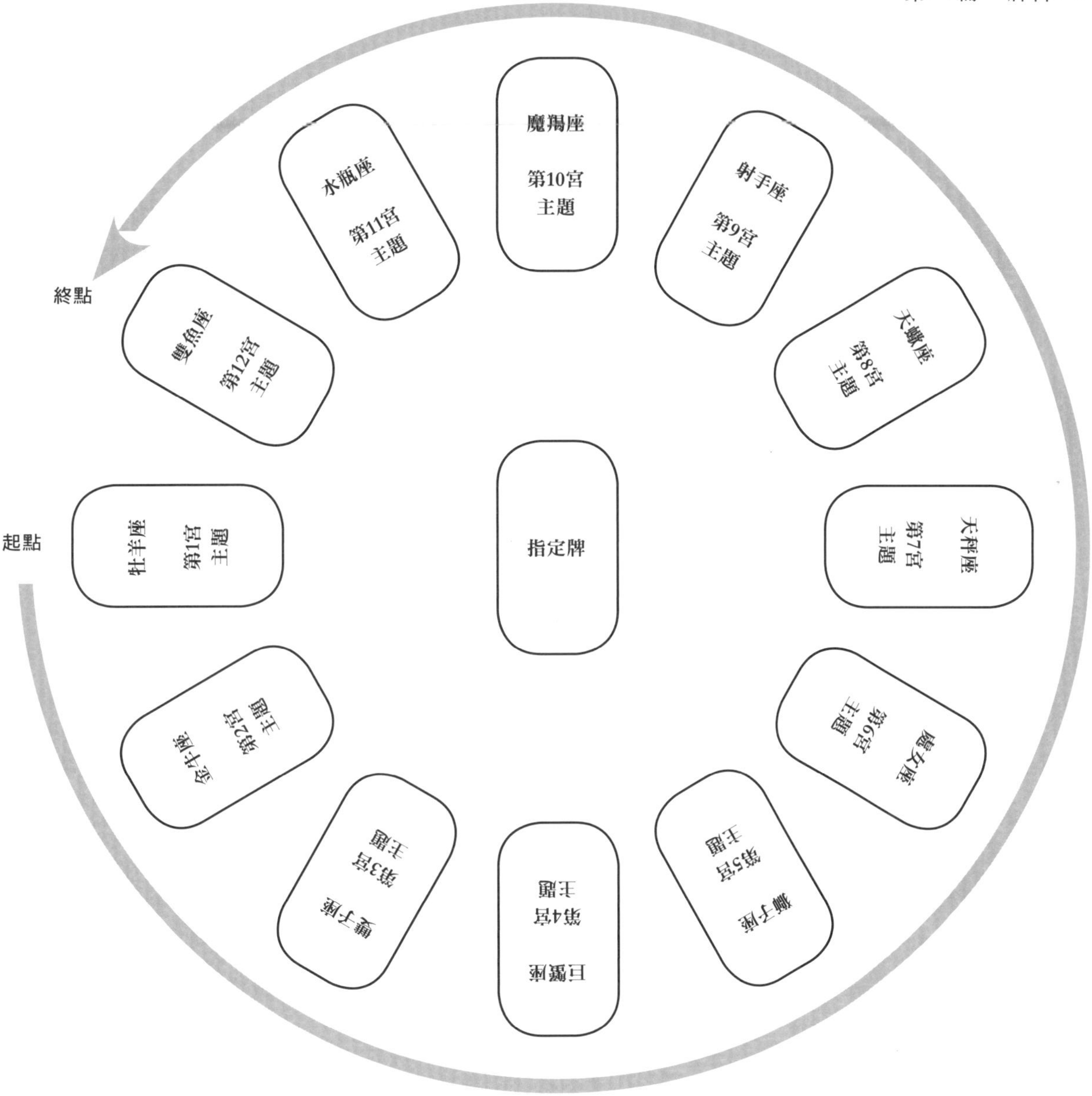

魔羯座
第10宮
主題
射手座
第9宮
主題
水瓶座
第11宮
主題
天蠍座
第8宮
主題
雙魚座
第12宮
主題
終點
起點
牡羊座
第1宮
主題
指定牌
天秤座
第7宮
主題
金牛座
第2宮
主題
處女座
第6宮
主題
雙子座
第3宮
主題
巨蟹座
第4宮
主題
獅子座
第5宮
主題

通用十二星座牌陣

上圖這個牌陣，就是以塔羅牌來代表 12 星座和占星 12 宮的基本運用。雖然這是一個很棒的牌陣，但結構其實非常複雜，而且整個牌陣意義也比較難解讀。下一頁，我們用相同的陣形格式設計了一個簡化的牌陣，你應該會發現它比較容易上手，而且非常好用，尤其如果你對占星學不熟悉的話。

10
11
9
12
8
1
S
7
2
6
3
5
4

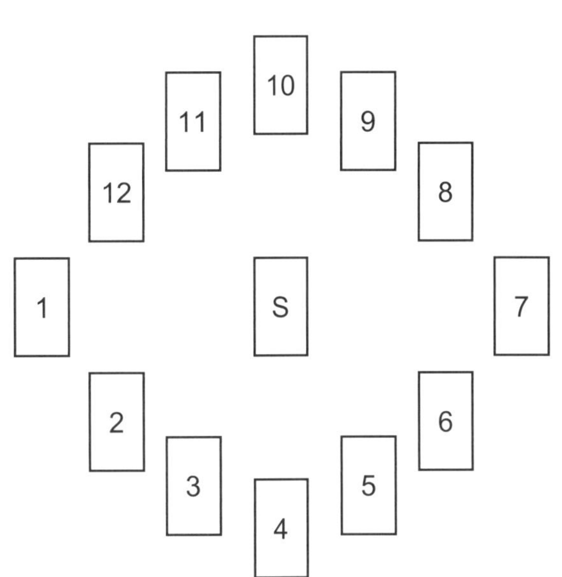

> 你可以隨自己喜好，將上面那個布牌方式換成右邊這種方式。只要記得哪一個宮位是對應哪一個位置，以及哪一種方式在解牌時是採用正位牌就可以了。這個原則適用於所有環形牌陣。

環形牌陣

你一定會喜歡這個牌陣。我保證。這是經過詳細研究與測試驗證，將十二星座牌陣加以修正、簡化，而設計出的牌陣，因此任何人都可以輕易用他們手上的紙牌，來為各種情況或問題做解密，無論問題有多麼複雜。這個牌陣並沒有把太多精力花在未來的預測，因為它是被界定為一種「地圖」，你可以從這張地圖知道該如何從你現在所在的位置，前往你想要去的地點。總的來說，十二星座牌陣並不能「預測」未來，而是要讓問卜者對他自己目前的現況有一個整體的了解。因此，你可以從這個牌陣得到清楚的解答，它會直接告訴你該走哪一條路才能抵達你的目標。我們希望你能熟練這個牌陣，因為接下來數年，它都會孜孜不倦地為你提供服務。這個牌陣的紙牌擺放順序，跟十二星座牌陣完全一模一樣。

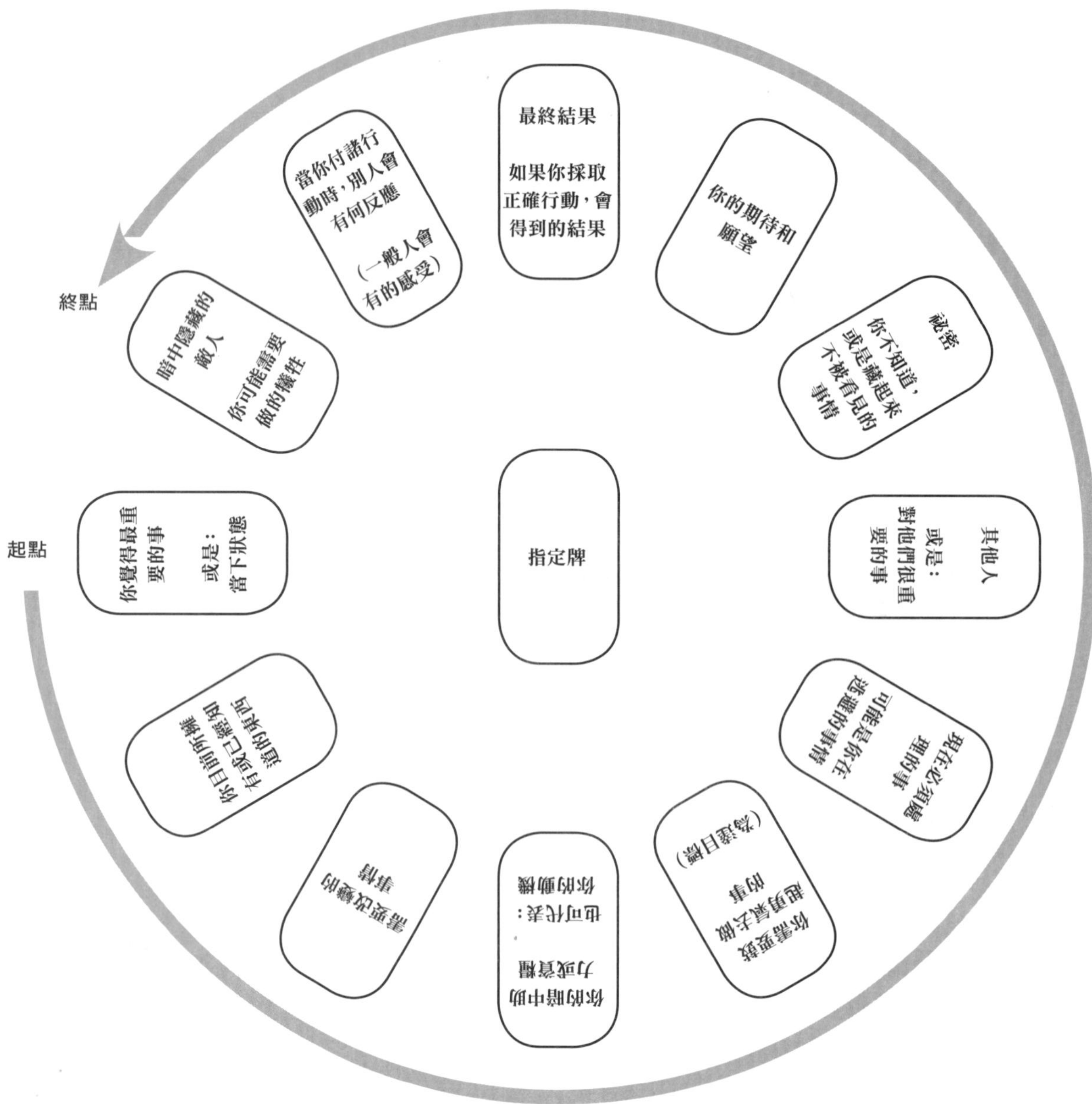

請注意：這個牌陣我們是放在奧祕學堂課程計畫當中，所以你不會在其他地方看到相同牌陣。無論你要拿來自用或職業占卜，或是將它教給你的學生，我們都很歡迎，但請記得，未經我們書面同意，請勿任意翻印這個牌陣的陣形與陣位含義解析。

陣位含義解析

第 1 張牌：現在對你很重要的事。當下狀態。你最關注的事。「紙牌表象」上顯示的情況。

- **代表外在環境或情況：**這張牌的「圖案表象」會顯示事件當下情況。因此，你可以用它來作為一張「驗證牌」，確認這個牌陣的牌是否能夠顯示真正的情況，或者只是一些隨機抽到的牌。如果發現這張牌跟當前問題沒有什麼直接關聯，請先停下來，然後檢視一下你對整個牌陣的感受，以免浪費時間做無效的占牌。如果其他牌看起來還算「合理」，那麼這張牌可能就是在告訴你，你的客戶在欺騙自己，或者對你隱瞞了真正的實情。
- **代表問卜者的狀態：**這張牌顯示了問卜者本身或是問題當中主要人物的需求。也就是代表「你認為最重要的事」。這張牌會告訴你對方的渴望和需要，或是「不可或缺的東西」。也就是他們的關注重心所在。「結果」來自於「有所作為」，而在有所「作為」之前則需要知道自己要「做」什麼。如果你的客戶不清楚他們想要什麼，這張牌也會清楚顯示出來讓你看到。

這個位置如果出現逆位牌，表示這張牌所代表的人或情境有自私、急躁的情況，或是攻擊性很強。

第 2 張牌：你目前所擁有的，或是你「必須加以運用的事物」；也代表你已經知道的事情；你需要培養的習慣或嗜好；以及為了達成願望需要採取的行動。

- **代表外在環境或情況：**這張牌會告訴你，你現在必須加以運用的事物是什麼。它會顯示你目前所擁有的資源和財產，或者能夠幫助你實現目標的現有資源。如果你還沒有這些東西，這張牌也會告訴你需要培養什麼習慣或嗜好，還有你現在需要採取哪些步驟來實現自己的目標。
- **代表問卜者的狀態：**代表你目前所擁有的基礎平台，或是你的基本觀點和做法。也可以代表你的「強項」。請確認一下，你的客戶是不是把這些東西視為理所當然，或是忽略了它們的潛在價值。

這個位置如果出現逆位牌，表示這張牌所代表的那個人或情境很貪心，或是占有慾很強，甚至很會嫉妒。必須先解決這些困擾，事情才能有所進展。

第 3 張牌：需要被說出來的事情；為了達到目標你需要做的改變；能夠幫助你抵達目標的其他可能途徑。

- **代表外在環境或情況：**這是一個動態的陣位。它會告訴你，你的人生有什麼事情尚不穩定，或是你需要做什麼改變才能抵達目標。在占牌中有時它顯示的是理想狀態，而非目前的真實情況。
- **代表問卜者的狀態：**這張牌代表你需要對某人說出的話，或者所問的問題當中你需要去對話的人。它也可能代表你需要改變的觀念和態度，或是為了達成目標你需要培養的觀念態度。由於這張牌可以代表的情況很多，請將這張牌的訊息跟其他牌做一下比對，如果需要的話，可以多問問你的客戶一些問題，來獲取額外資訊。

這個位置如果出現逆位牌，代表有不確定、不連貫，或是錯誤認知的情況，導致目標無法達成。也許是某些與問卜者共事的人在阻撓（可能是無心、也可能是故意），甚至可能是因為問卜者自己本身犯錯，所以無法達成目標。也許你的客戶恰恰就是「他們自己最大的敵人」。人們每天都在做這件事。如果你在這個位置上看到逆位牌，請務必小心查核事實資料，再對你的客戶提出建議。

第 4 張牌：你的暗中助力或資糧。你的（潛在）動機。你的祕密武器或盟友。

- **代表外在環境或情況：**如果是指某個地方，那表示這個地方很安全，或是一個避風港。比如：如果這張牌是聖杯 3，表示家中會有一個慶祝活動（家庭晚餐、宴會、聚會等等）。但如果出現寶劍 3，那可能表示你的配偶出軌，或是你跟你的母親或親近的某個女人發生爭執，或者甚至可能是跟你住宅公寓的安全守衛人員發生衝突！位置地點的識別關鍵是：安全性、隱私性，以及熟悉性。可惜的是，並非我們所有的行為動機都是正向積極的。有時，最有力的動機反而是恐懼和 / 或痛苦。我們不一定要去喜歡那個動機，但我們可以善加運用它。
- **代表問卜者的狀態：**代表目前沒有受到你重視的那些潛在才能或實力。這是讓你能夠持續不斷前進的動力，而且你應該好好利用這股能量。如果這位置是指某個人，那通常是你的祕密盟友，或是親密友人，他默默在背後幫助你前進。如果這張牌是比較負面的牌（參見下一段），它仍然會是一股正向積極的驅動力（把你「推向」某件事，跟把你「推離」某件事，其實是兩股相等的驅力）。這是「吸引力法則」同步運作的結果。

這個位置如果出現逆位牌，代表我們會有不安全感（缺乏安全感，或是偏執狂）、親密關係當中出現嫉妒心理、得不到情感支持或同情，或是內心混亂不安。

第 5 張牌：你需要鼓起勇氣去做的事；如何在事業、目標上得到支持。需要計畫之事。承擔責任的方法。可能遭遇的風險。完成目標之後可能得到的讚賞。

- **代表外在環境或情況：**跟第 6 張牌一樣，這些可能是你正在逃避、拖延的事，或是覺得自己還沒準備好要面對的事。這張牌代表你必須面對的「魔鬼」，或是為了得到他人的協助（和認同）而需要面對的挑戰。
- **代表問卜者的狀態：**代表為了實現你的夢想，你自願承擔的風險。你還需要做到的事情。

這個位置如果出現逆位牌，代表殘暴行為、自我價值的貶損（霸凌、自尊低落、缺乏勇氣、自我認同出現危機、精神創傷、極端恐懼）。

第 6 張牌：你現在必須處理的細瑣之事，可能是你正在逃避的事。

- **代表外在環境或情況：**現在你可能得勒緊褲帶度日、乖乖設定鬧鐘早點起床、挑燈夜戰，或是充實一些談話老哏等等。無論是什麼情況，那都是你早已知道的「魔鬼」（所謂的「魔鬼藏在細節裡」），或者是你需要再多做一點，或是把它們做得更好一些的事。
- **代表問卜者的狀態：**代表你所逃避、忽視，或甚至想要委由他人處理的事。請不要再這樣做。好好面對你眼前的問題，現在就以行動改變自己。

這個位置如果出現逆位牌，表示此人內心充滿困惑，無法獲得知識資訊，甚至缺乏自覺。而恐懼就藏在這些東西底下。這些東西必須先去面對，否則你會一直停滯不前。

第 7 張牌：情況中的其他人（重要的人，或是事件相關人）。其他人對你，或是對眼前這個問題的感受。對別人來說很重要的事。

- **代表外在環境或情況：**可能代表那些給你壓力的人，或是直接受到這個情況影響的人；或者也可能代表其他人的意見看法。無論這張牌揭露了什麼，都能讓你知道，眼前此刻最重要的是：確實牽涉其中的人，以及他們的態度或反應。
- **代表問卜者的狀態：**代表你對別人的影響。或者，有某個人或某些人正在影響你（參閱上一段）。

這個位置如果出現逆位牌，代表其他人對你的負面影響，或是對別人產生的負面影響。大多數時候你可以很清楚看出是哪一種，但如果你有疑問，可以把你看到的影響直接描述給你的客戶聽，看看到底是他們受到別人的壓力，還是他們因為這件事情而對別人造成影響。如果不清楚，可以用「揭牌」的方法來幫你的客戶找到解答。

第 8 張牌：你不知道，或是隱藏在暗處不被人看到的東西；你看不見的東西（無論是因為什麼理由）；如果你想要獲得好的結果，必須要先弄清楚的事情。

- **代表外在環境或情況：**有些事情你需要先弄清楚。有一些你不知道的祕密，或是你需要去確認一些資訊，以便做出進一步的決定。這張牌能讓你看到這個資訊的內容，或是誰不想讓你知道的祕密。你可以再擺設另一個牌陣，來找出到底該如何獲得那個資訊，或是利用「揭牌」方法來得到澄清。
- **代表問卜者的狀態：**這張牌也代表你的客戶隱瞞了某些事情。這種情況通常不太多見，但有時在占牌當中偶爾還是會有所隱瞞（比如：對婚姻不忠、離婚、事業或政治上的談判內容等等），從這張牌你可能會發現你的客戶隱瞞了一些重要資訊沒有告訴你，而這些事情會直接影響到他們所處的情況之結果。

這個位置如果出現逆位牌，可能代表一些骯髒齷齪的事，比如：欺騙、訛詐脅迫、陰謀、偷竊、不忠、敲詐勒索、告密，或是因為這些事情而引發的醜聞。

第 9 張牌：你的期待和願望、目標（有時是應急的計畫）。

- **代表外在環境或情況：**你期待實現的事。
- **代表問卜者的狀態：**個人目標、偉大的想法與理想。

這個位置如果出現逆位牌，表示缺乏創意、漫無目標、害怕做大夢、一時之間承擔太多責任、精力渙散、缺乏焦點，或是抱持不切實際的期待。

第 10 張牌：最終結果。假如你採取正確行動，將會發生的結果。
如果你遵循這次占牌所給的建議，這就是你可以期待的結果。

- **代表外在環境或情況：**假如你的客戶遵循了這次占牌所給的建議（假設這個占牌是有效的，而且你的建議很可靠），那麼這張牌的內容就是將來會發生的事。
- **代表問卜者的狀態：**恭喜！你之前造的業，現在結果了……

這個位置如果出現逆位牌，那表示原先我們期待的事情不會實現。它可能是外來破壞（請詳細查看第 8 和第 12 張牌）、自我破壞（詳見第 3、5、6、9 張牌），或是其他因為沒有採取必要步驟而直接導致的結果。因此某些「請求」不可能如問卜者所願而實現（比如，有客戶可能會來請教你，如何把安潔莉娜・裘莉從布萊德・彼特身邊搶過來，結果「最終結局」的位置是寶劍 3 逆位牌，第 11 張牌的位置是 XX 審判牌）。這個位置如果出現逆位牌，表示你需要即刻詳細研究這個牌陣，尤其如果逆位牌「很明顯」出現在跟問卜者或所問之問題有關的陣位。通常整個牌陣會很明確顯示失敗的原因。人們每天都在自我欺騙。很可能你也會碰到有客戶來要求你幫他們施展一些奇蹟魔法，或是期待你說出他們想聽的答案——雖然他們臉上早已經寫著不可能。

第 11 張牌：當結果出現之後，會發生什麼事情。別人會怎麼反應。一般人的普遍感受是什麼，或是「會引發什麼公眾輿論」。

- **代表外在環境或情況：**主要是指，當我們得到想要的東西（比如金錢、愛情、性、人氣聲望、名聲、權力等等）之後接下來會發生什麼事，或是，假如出現我們預料之外的結果，那「現在我們該怎麼辦？」這會為我們帶來無止境的場邊娛樂效果（卡通漫畫裡面常出現，有人被一座鐵砧砸到頭，或是名人被拖去做戒酒戒毒康復治療、離婚、破產等等，對大眾來說這些都只不過是發生在別人身上的「娛樂新聞」罷了）。重點是，第 11 張牌可以讓我們窺見未來，讓我們看到，當我們「每一步都走對」，而且得到（第 10 張牌的）結果之後，我們可能會面臨到哪些事。也就是說，我們能夠從這張牌事先看到，一旦完成行動和計謀之後，我們會得什麼結果。這是非常寶貴的資訊。

  打個比方，假如你的客戶正在進行一項研究發明，他們想要去找金援，而位置 10 的這張牌顯示出他們會成功申請到這項新發明的專利，而下一張牌如果出現錢幣 6 或錢幣王牌，甚至是錢幣 10，對你的客戶來說都算是好牌，不過意義上不太相同，錢幣 6 代表會有投資者出現，王牌代表順利取得銀行貸款，而錢幣 10 則代表賣出全部專利權，然後直接搬到大溪地過退休生活。你的解釋可能不盡相同，但第 11 張牌的全部重點就是：讓我們看到別人（這件事的重要關係人）會出現什麼反應。
- **代表問卜者的狀態：**請參見上一段。另外，這也代表你必須積極處理的事情。

這個位置如果出現逆位牌，都不是好兆頭。你得好好研究一下整個牌陣，特別是第 9 和第 10 張牌。無關道德說教，你的客戶他所想要的東西是光彩的嗎？符合公義嗎？是不是會給別人帶來痛苦？因為這個位置如果出現逆位牌，那表示對方的努力會帶來不愉快的結果，甚至引火自焚。正面來看，幸好在悲劇發生之前我們有機會知道。

第 12 張牌：暗中隱藏的敵人；你可能需要做出的犧牲；阻止你邁向成功的事情；阻礙；橫擋在你和你的目標之間的東西。

- **代表外在環境或情況：**這就是「你看不見的惡魔」（參見第 6 張牌）。這個位置顯示的是，任何尚未被解決的阻礙，而且通常是來自「自己人」（參見下一段）。它可能會讓你看到一個壞朋友的陰謀，有人表面上對你很好，但私底下卻想盡辦法要偷走你的錢、你的配偶、你的點子，或是有人自認為基於某個「正當理由」，而反對你或你正在進行的工作。
- **代表問卜者的狀態：**自我欺騙、怠惰、不良習慣、私下希望事情不要成功，或是加劇已經顯露的恐懼情緒。從正面來看，如果對這張牌能夠做出正確適當的解讀，那麼就可以事先知道，你的客戶必須先去除哪些阻力才能獲得成功。

這個位置如果出現逆位牌，那表示我們上面所講到的那些阻礙都可以成功克服，有時候也代表，在邁向成功的道路上，缺乏正面積極的精神。

時間牌陣：十二小時或今日預測

以下這個牌陣，每一張牌可以代表一個小時，也可以代表兩個小時（如果你是將它設定為「二十四小時牌陣」的話），或者，你也可以將它分解成為四組「三張牌牌陣」，每一組代表六個小時，分成上午、下午、晚間、深夜四個時段來解讀。唯一需要注意的是，你必須在擺設牌陣之前，就先設定好你要用以上哪一種方式來解讀這個牌陣。切記！擺設牌陣之前決定一種解讀方式，擺好牌陣之後又改變心意換另一種，這是觸犯塔羅解牌的根本大忌。

若要預測今日事件或全日整體感受，這個一個相當好用的牌陣。

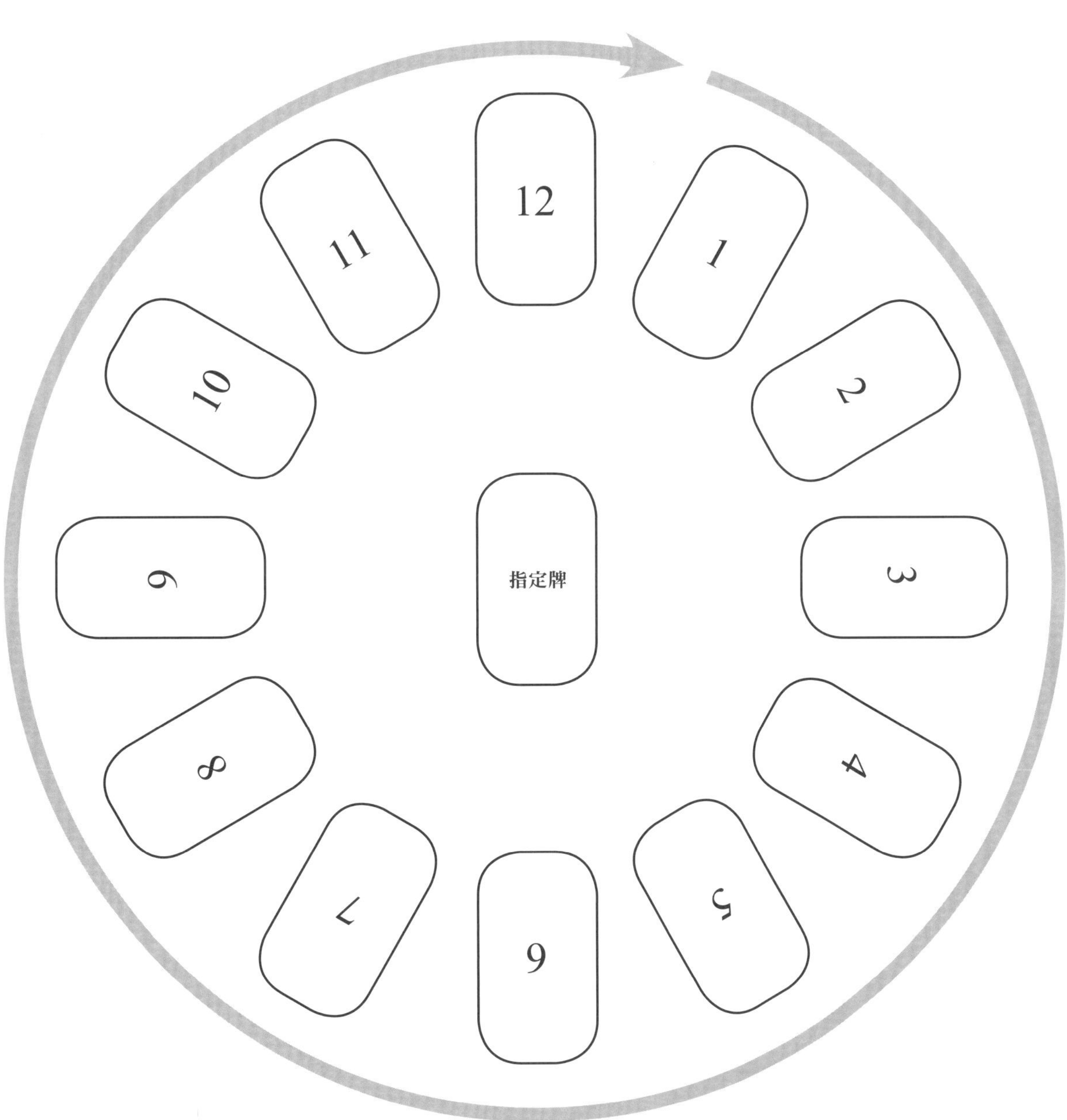

時間牌陣：基本流年預測

這個牌陣出奇簡單，就是四組「三張牌牌陣」的連續組合。可以用任何一個季節作為牌陣起點，然後從整副牌中抽出十二張牌，依序把十二個月的牌擺上去。下圖範例中，我們是從春天（三月）開始，不過你可以隨你喜好，從一年當中的任何一個月分或季節開始。你可以設定這個牌陣是「每一張牌代表一個月」；但我們強烈建議你嘗試將這個牌陣設定為「連續的四組三張牌牌陣」來解讀看看，因為這能讓你更深入看見每一個季節的概況，如果是「每張牌代表一個月」，那你的客戶一定會瘋狂問你每一個月會發生什麼事，這是很虐待人的事哪！當然，最重要的是，你要透過你的練習來決定哪一種方式你覺得比較好用。

在以下這個牌陣圖例中，我們保留了十二星座牌陣的感覺，從「春天」這個季節開始，以逆時針方向來擺牌。順時針方向、逆時針方向、從左到右、從右到左，用任何一種方式來擺牌都可以，只要你覺得合理就行，畢竟最終要來進行解牌的人是你。

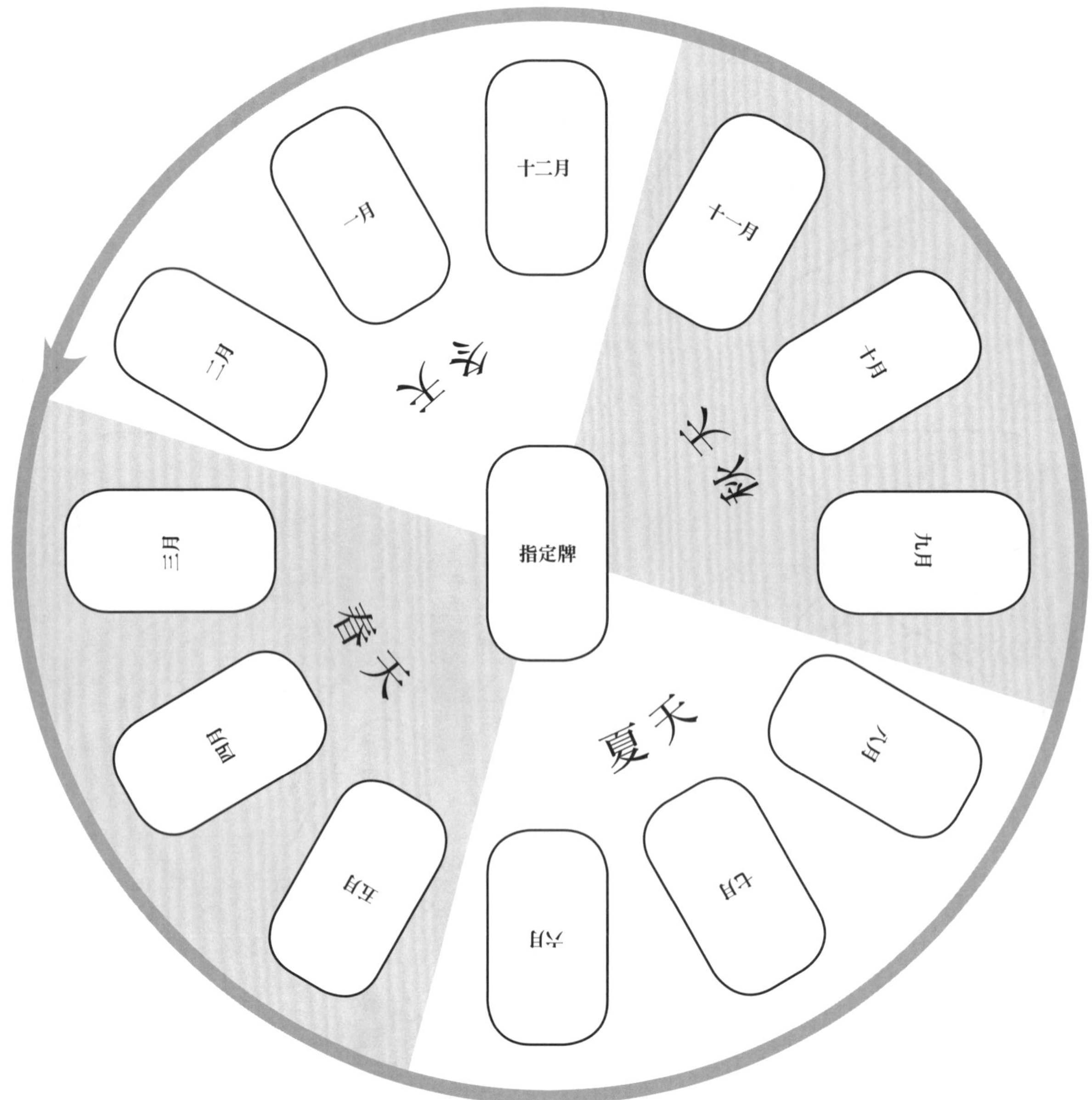

創意搞笑塔羅對白
（幫他們填上搞笑對白吧……）

以下是這些年來我們給自己的塔羅牌填上搞笑對白的幾個實例。這個舉動無疑一定會觸怒到某些堅守塔羅純粹牌義的狂熱者，但我們的目的並不在此。這樣做的原因是，有時候我們也會覺得無聊，而這樣做好像很好玩，可以增添一點樂趣（我們還辦過比賽，看誰寫出的對白最搞笑），而且這是一種跟塔羅牌建立連結的方式之一，有助於我們更進一步了解自己的塔羅牌。如果你想要把這些對白寫在你的塔羅牌上，我們強烈建議你最好有一套「對白塔羅」專用牌，可以是你常用或不常用到的牌，但如果你只有一套牌，那千萬不要在上面寫對白。

你要怎麼在紙牌上塗鴉、寫上哪些字，都不要緊。這個練習的主要重點是，用一種輕鬆的方式跟你自己的紙牌建立感情，用你從沒想過的角度去觀看你的塔羅紙牌。很多時候，你的解讀會讓你看到你的紙牌要對你說的話，很可能是一開始你完全想像不到的。實際去做做看就知道嘍！

這些都是偶然純粹搞笑的。我們希望你也能像這樣為你的塔羅牌注入一點生命和光芒。我們有很多學生都很喜歡這個練習。比起要背誦那些無聊的牌義「關鍵字」，這真的有趣多了。

現在你應該好不容易知道，這些內容其實沒有太大的喜劇效果，而是希望能打開你的心，一日一日逐漸去發現那些意想不到的「牌義」。當然，我們還是希望你有被這些對白娛樂到。

牌義速成備忘表

接下來的幾頁，我們提供了幾個表格，來幫助你記錄你對每一張牌所做的牌義解讀。格子很小，所以你必須總結出該張牌的「概括含義」（也就是可以根據不同牌陣而有不同解釋的牌義）。我們建議你儘量使用簡短的描述句或幾個關鍵字。只要把你「目前知道的」填進去就可以了，以後有想到再增加。如果你發現有幾張牌你現在很難寫出來，千萬不要為了要交代就隨便寫寫。請多花點時間跟你的紙牌相處，看看每一張牌要對你說什麼。

表格一共有三套，所以你可以現在先填寫一套，之後等你做完整本書的練習，而且實際做過幾次牌陣占牌之後，再把另外兩套寫完。如果你是跟著老師學，當你的老師要你填寫這些表格時，請務必儘快把第一套表格填完。如果你是自學（有很多占卜師都是看這本書自學，所以你們有伴），當你做完本書先前所教的所有練習，就儘快把第一套表格填完。總之，就是要在三到六個月之內，回來把第二套表格填完（填寫時不要偷看第一套表格的答案），然後，再過六個月之後，假設你對整套塔羅牌練習都非常順手了，再把第三套表格填完。

除此之外，這些表格還可以當作你的牌義解讀小抄（而且是你自己的解讀喔，當你在占牌時，你自己的解讀才是最重要的權威牌義）。在你練習塔羅占牌的初期，好好利用這些表格。

小阿爾克那
1號王牌到10號牌

數字	權杖	聖杯	寶劍	錢幣
王牌	爆炸性的開端、新的冒險	生小孩、新戀情、轉變心情、精神淨化	勝利！至少是好的開始、擁有權威領導力	加薪、找到新工作、中樂透、年節獎金、獲得貸款
2				
3		朋友相聚歡慶、歡樂時光		
4				
5	衝突，可能是好的也可能帶來混亂，視鄰近牌而定			失去工作、房子、健康。絕望悲傷、缺乏精神指引
6			水路旅行，或是逃避問題、逃開不利的情境，厄運降臨	
7		抉擇。來到岔路，有多種選擇，新的機會，如果情況不利暫時不做選擇		
8				
9	辛勤耕耘終獲成果，走過艱難路途終獲勝利，苦盡甘來、終得歇息	對生命充滿熱情、自由追逐生命。受到良好的照顧，有自己喜歡的嗜好	失眠。壓力導致無法入睡，因外在環境因素而心情不佳	
10			報應、騙局的受害者、抹煞個性、背後受敵、不好的結局	

小阿爾克那
宮廷牌

身分位階	權杖	聖杯	寶劍	錢幣
侍者		生寶寶、愛情、藝術課程、適合創作，或是：新點子、心靈洞見	全新的挑戰、生男孩、法律通知、帳單、受到些微侵犯、無所畏懼的態度	加薪、找到新工作、中樂透、年節獎金、獲得貸款
騎士	譁眾取寵、裝腔作勢，或是：行動前召集同盟、行動先鋒			謹慎的投資、財務出狀況、有錢但很吝嗇、進度緩慢、忍耐
王后		感情衝動的女人、具有藝術氣息或靈性、沉著、謹慎考慮、悲憫心		
國王				

筆記：

塔羅是一種寓言，代表我們生命可能走上的各種道路，同時也讓我們看到，只要一分心或失去專注力，很容易就會走上另一條岔路。並非哪一個牌組所代表的「道路」才能通往成功與幸福，而是要謹慎結合這些牌組，因為它們都代表我們的經驗。我發現……

小阿爾克那
1號王牌到10號牌

數字	權杖	聖杯	寶劍	錢幣
王牌				
2				
3				
4				
5				
6				
7				
8				
9				
10				

小阿爾克那
宮廷牌

身分位階	權杖	聖杯	寶劍	錢幣
侍者				
騎士				
王后				
國王				

筆記：

大阿爾克那
0到10

數字	解讀	逆位	註記
0 愚人			
1 魔術師			
2 女祭司			
3 女皇			
4 皇帝			
5 教皇			
6 戀人			
7 戰車			
8 力量			
9 隱士			
10 命運之輪			

大阿爾克那
11到21

數字	解讀	逆位	註記
11 正義			
12 吊人			
13 死神			
14 節制			
15 惡魔			
16 高塔			
17 星星			
18 月亮			
19 太陽			
20 審判			
21 世界			

小阿爾克那
1號王牌到10號牌

數字	權杖	聖杯	寶劍	錢幣
王牌				
2				
3				
4				
5				
6				
7				
8				
9				
10				

小阿爾克那
宮廷牌

身分位階	權杖	聖杯	寶劍	錢幣
侍者				
騎士				
王后				
國王				

筆記：

大阿爾克那
0到10

數字	解讀	逆位	註記
0 愚人			
1 魔術師			
2 女祭司			
3 女皇			
4 皇帝			
5 教皇			
6 戀人			
7 戰車			
8 力量			
9 隱士			
10 命運之輪			

大阿爾克那
11到21

數字	解讀	逆位	註記
11 正義			
12 吊人			
13 死神			
14 節制			
15 惡魔			
16 高塔			
17 星星			
18 月亮			
19 太陽			
20 審判			
21 世界			

小阿爾克那
1號王牌到10號牌

數字	權杖	聖杯	寶劍	錢幣
王牌				
2				
3				
4				
5				
6				
7				
8				
9				
10				

小阿爾克那
宮廷牌

身分位階	權杖	聖杯	寶劍	錢幣
侍者				
騎士				
王后				
國王				

筆記：

大阿爾克那
0到10

數字	解讀	逆位	註記
0 愚人			
1 魔術師			
2 女祭司			
3 女皇			
4 皇帝			
5 教皇			
6 戀人			
7 戰車			
8 力量			
9 隱士			
10 命運之輪			

大阿爾克那
11到21

數字	解讀	逆位	註記
11 正義			
12 吊人			
13 死神			
14 節制			
15 惡魔			
16 高塔			
17 星星			
18 月亮			
19 太陽			
20 審判			
21 世界			

第四篇

小阿爾克那

這裡，我們要逐一檢視跟我們日常生活各層面息息相關的 56 張小阿爾克那牌。千萬不要被「小」這個字騙了，因為正是這些日常事務構成了我們整個生命。如果可以的話，請花一點時間觀想，想像你的人生是一面由數千片小磁磚拼合而成的馬賽克牆，每一片磁磚就是你的每一天，你透過它向世界揭露你的本性面貌。每一塊磁磚上面的圖案，都是由你的思想和行動、你所熱愛的事物，以及你身邊所有一切共同刻畫出來的。隨著時間推進，這些事物也逐漸形塑出你這個人的模樣，也決定了你想要過什麼樣的生活，以及你打算為什麼樣的夢想和目標而奮鬥。

「小阿爾克那」讓我們看見，我們該如何抵達我們想去的地方。它是我們一路以來的真實樣貌，同時也是我們在人生道路上相遇並與之相處互動的人。它代表了我們人生經驗的總和，也揭露出我們對於自身人生處境的一切反應。就像蜂巢一樣，任何單一一張牌都不具備足夠的力量與美，但是當全部的紙牌聯手共同合作、彼此相輔相成，就能創造出備受讚譽的神奇金色蜂蜜。

宮廷牌搶先看……

在介紹每一個牌組之前，我們都會針對該牌組的宮廷牌，以及他們在祕儀中的地位角色，先額外提供一點趣味資訊，同時介紹封建時代的一些生活趣聞，讓大家更了解每一張宮廷牌的特點。你可以隨自己喜好，在茶餘飯後任意使用這些資料。要相信你透過研讀書本所獲得的知識，但更重要的是要信賴你自己的直覺。在你尚未聽懂你的牌對你說的話之前，不要輕易開始進行占牌。

宮廷人物趣聞

侍者：是鄉紳的侍從，而鄉紳又是騎士的私人忠實僕役。

大約在七歲左右，男孩子（通常貴族家庭出身）經常會被帶到某位鄉紳家中去當僕役，接受磨練，為將來成為騎士而做準備。他們會學習生活禮節、基本打鬥技能，但大部分時間是做差事小弟（廉價勞工）。儘管如此，所有俗世任務訓練的潛在目的，還是在於性格的養成，以便這位侍者日後長大可以成為一位「有榮譽心的人」。因此，「侍者」這張牌代表的不僅僅是一位年輕人或一名學徒，更是他所屬的牌組當中一位具備優點（以及缺點，尤其如果是逆位牌的話）的人。

以「權杖侍者」而言，他們的性格優點通常是：精力充沛、動力強大、誠實、勇敢、具備冒險精神，缺點可能是：衝動、過度狂熱（極端分子）、誇大不實，而且有大男人主義傾向。

如果是代表事件或突發狀況，以下有幾種解讀方式，你可以視整個牌陣來取決要使用其中一部分解釋或是全部，當然也可以完全不理睬這些解讀。一般規則是，「騎士」代表身體動作、移動，或是旅行，包括旅行的交通工具，比如：汽車、飛機、火車，或者發生車禍或車子故障（這只是騎士逆位牌的其中一種可能含義），而「侍者」則代表訊息的傳遞（邀請函、新聞）、參與學習、教育，或是各種儲備訓練。「國王」和「王后」則代表做出決定的人，以及／或是他們所做出的決定。

至於宮廷牌所代表的年齡層，不必受其拘泥，如果要參考的話，可以看看下方的年齡區分，每一個宮廷人物都有大概所屬的年齡層。請記住，用方向關聯牌和澄清牌就能夠幫助你確認這些人的年齡，絕對比你用猜的來得準。

國王：成年男性（或權威人物），通常 30 歲以上

王后：成年女性（或權威人物），通常 30 歲以上

騎士：青少年到成年初期，大約到 30 歲（視成熟度而定）

侍者：小孩、少年、青少年初期（通常至多到 13–15 歲）

權杖牌組

The House of Wands

權杖家族裡充滿了野心勃勃、積極主動、進取心強的人，對別人而言，他們看起來可能相當霸氣，而且競爭心非常強。權杖牌代表主動積極的能量，因此很容易成為群體當中的領導者。當你看到權杖牌出現，我們希望你把整體主題焦點放在：行動、活力、企圖心、競爭，以及侵略進取。

權杖

權杖王牌（原初基本能量火）

牌面描述：「上帝之手」從一朵雲中伸出，手裡握著一根冒著嫩芽的樹枝，周圍有看似希伯來字母 yod 字形的葉片正緩緩落下。天空似乎不怎麼平靜，背景處一條河流靜靜穿過遼闊平原，一座巨大的城堡坐落在山坡要塞頂上。這張牌的畫面是靜態的、充滿象徵符號，而且飄渺空靈。

作為權杖牌組的第一張牌，也就是「王牌 Ace」，理所當然承襲了帶有啟動性質的基本能量（cardinality），而且權杖牌組對應的是火元素，兩者結合起來，使得權杖王牌成為一張帶有爆炸性能量的牌。

作用於這張牌的主要元素

數字 —— 王牌（1 號）。動力、起始，或優先考慮之事。單數

牌組 —— 權杖。行動、冒險、活力、陽剛之氣、主導、權威力量

方向 —— 東方。總體的開端。早晨、黎明

元素 —— 火。侵略性、野心勃勃、領導權、活力能量、競爭心

傳統牌義：首先，這是一張非常「牡羊座」的牌。為什麼這樣說呢？權杖牌組等同於火元素，而數字一是任何事物之「首」。但請先停下來仔細思考一下「牡羊座」的全貌。他們真的讓人又愛又恨，如果沒有牡羊座的人、沒有牡羊的能量，幾乎不可能達到什麼偉大成就。牡羊能量的全部重點就是「從無到有」（不要跟「無即是有」的哲學概念混淆，這個哲學概念在實體世界是不存在的）。在牡羊出現之前，世界一無所有；是「零」，是虛無。牡羊能量是宇宙自我驅動的意志力，因為如此強烈，萬物由是蹦生。除了牡羊，沒有其他星座具有這等能耐（抱歉嘍天蠍人）。以無比勇氣說出「我在這裡！」，並且強力迫使自己誕生於世，通常會被視為極其野蠻，但它也是對現實世界最具「衝擊影響」的一股力量。充滿爆發力，「暴躁」、「粗魯」，甚至「令人討厭」，但這也是將「空茫」拉向「現實」的唯一方法。這張牌恰恰展現了那狂野、桀驁不馴的爆炸性能量，讓「新事物」在這世間解放、誕生。那個「新事物」是什麼？通常視其共同出現的牌而定（比如：「新」點子、行動、觀念、習慣、車子、配偶等等），不過，這張牌也是改變的催化劑。當你的牌陣當中出現這張牌的時候，不要忘了這件事。

這張牌代表著新的開端、新事業、可推算的風險，或是經過一段休息之後採取新的行動。它的能量類似於太陽落入牡羊座（春季），相當鼓舞人心而且激勵性非常強。這張牌也經常代表機會（你必須好好把握），以及需要耗費體力的行動。總而言之，這是一張非常積極正向的牌，但由於它帶有斷然、勇武的能量，因此也可能比較爭強好鬥。

傳統逆位牌義：這仍然是一張能量非常高的牌，但因為逆位，所以在從事新的冒險時可能會有衝突、爭執、阻撓，以及混亂的情況發生。權杖王牌逆位，也可能代表人生出現新的方向（比如被一群舉著乾草叉的農民趕出城外），所以，要做好因應的準備，或是必要的時候選擇離開。

個人筆記：

現在輪到你了

請注意：如果你一時還沒有想法，可以日後再寫。重點是要好好去感受這張牌，不需要急就章。

你對這張牌的解讀是什麼？這張牌在對你說什麼？

如果是逆位牌，它在對你說什麼？

如果你看到這張牌出現在「最終結果」的陣位，你會怎麼跟你的客戶解釋這張牌？

你會如何用這張牌來作為「正向肯定語小助手」？請記得，當你在練習「吸引力法則」時，每一張牌都是極具價值的助手。無論何時，當你強烈渴望某樣東西，或是發現自己想要脫離某個困境，你都可以運用塔羅牌的圖案來進行視覺顯化觀想，讓願望儘速達成。如果你有興趣深入學習，在高階塔羅的奧祕課程與手冊中，我們對此會有更深一層的介紹。

對於這張牌，有其他感受、印象，或用法想要記錄在這裡嗎？

權杖2（變動能量火）

牌面描述：一位有錢商人，站在他家大莊園的護牆上，遙望遠方海面。這是一位有遠見的人，相當有成就，而且自信滿滿，他正計畫要從事一項新的冒險。他右手捧著世界地球，左手握著一根長杖，背後還有一根長杖牢牢固定在原地。他腳下是一片肥沃土地，市民人口眾多。這張牌的畫面是動態的，而且非常務實。

這張牌是對「權杖王牌」的爆炸性創造力給出直接、積極的回應。它是帶有目的性的受控管行動。

作用於這張牌的主要元素

數字 —— 2。對原初刺激做出反應。作戰計畫、最初階段。雙數

牌組 —— 權杖。受控管的行動、冒險、精力充沛、競爭

方向 —— 南 – 西南。有遠見的想法。深夜

元素 —— 火。樂觀、企圖心、領導力、引導能量

傳統牌義：這張牌代表起點，以及經過盤算之後所從事的冒險，但它並不是像我們在王牌中看到的那種創造力火花或爆發性能量，它的能量是致力於謹慎規劃，來創造出最有利的結果。這是一張關於計畫、協調、願意付出身體行動的牌：也就是「吸引力法則」的實踐。這張牌代表著行動作為以及等待。結果要晚點才會出現。現在，只管審慎計畫和果斷行動。如果可以的話，不妨也召集盟友來支持你。

傳統逆位牌義：代表錯誤的計畫或完全缺乏計畫。事情從頭到尾都沒有按計畫去進行，開創初期即遇到困難，空有理想但沒有資源來將它付諸行動。 採取必要行動的意願可能很弱（請查看牌陣中其他相關牌來驗證）。權杖 2 逆位，也代表「麻煩的詛咒」，這種詛咒力量相當強大但卻很隱微、不易察覺，無論我們怎麼做，就是會在一些「小事情」上出錯。相當固執難解。

個人筆記：

現在輪到你了

請注意：如果你一時還沒有想法，可以日後再寫。重點是要好好去感受這張牌，不需要急就章。

你對這張牌的解讀是什麼？這張牌在對你說什麼？

如果是逆位牌，它在對你說什麼？

如果你看到這張牌出現在「最終結果」的陣位，你會怎麼跟你的客戶解釋這張牌？

你會如何用這張牌來作為「正向肯定語小助手」？請記得，當你在練習「吸引力法則」時，每一張牌都是極具價值的助手。無論何時，當你強烈渴望某樣東西，或是發現自己想要脫離某個困境，你都可以運用塔羅牌的圖案來進行視覺顯化觀想，讓願望儘速達成。如果你有興趣深入學習，在高階塔羅的奧祕課程與手冊中，我們對此會有更深一層的介紹。

對於這張牌，有其他感受、印象，或用法想要記錄在這裡嗎？

權杖3（固定能量火）

牌面描述：傍晚時分，我們在權杖 2 裡面看到的那位朋友，現在居高臨下，俯視著他的船隻正要出航。他的計畫已經有譜，現在甚至已經實際化為行動。雖然還未到慶祝的時候，但事情進行得很順利。一帆風順。

這張牌的能量屬於固定能量，因為它代表為一個重要目標進行操盤，管理正在進行的活動。它代表一種「積極的等待」，在那當中，無論是外在環境或其他人的行動，都會幫助我們更加靠近目標，不過，儘管有這些外部力量在協力運作，我們自己還是要繼續保持產能才行。

作用於這張牌的主要元素

數字 —— 3。一群人參與這個行動、團隊工作。單數
牌組 —— 權杖。行動、冒險、活力、生產力、進展
方向 —— 西北。治理、管理。下午的工作大幅進展
元素 —— 火。勇氣、雄心壯志、超凡的個人魅力、感染力與共同的熱忱

傳統牌義：這是一張代表大好運氣的牌，雖然過程難免遭遇挫折，你不妨仔細看一下這張牌的圖案，畫面中有幾艘船正要駛離港灣，代表他們是要出航去冒險，而不是（獲利之後）返回港灣。這張牌告訴我們，「事情會很順利，只管邁步向前行」。當我們因為看不見「明顯成果」而感到挫折，需要勇氣堅持下去時，經常就會抽到這張牌。放心，暗中還有其他力量正在運作著，在等待成果出現之時，我們也必須運用自己的聰明才智，好好努力才行。

傳統逆位牌義：計畫可能出現延宕。或是，在取得資源或與他人合作時遭遇困難。工作團隊當中有人可能會在初期就出手搞破壞。請確認這個團隊的成員都是可以同心協力一起工作的人，不要讓能量遭到分散。不要只是坐享其成，或是想要密切監控整個計畫的進行。不要一直抱怨工作「沒有進度」，自己付出勞力去做點什麼吧！

個人筆記：

現在輪到你了

請注意：如果你一時還沒有想法，可以日後再寫。重點是要好好去感受這張牌，不需要急就章。

你對這張牌的解讀是什麼？這張牌在對你說什麼？

如果是逆位牌，它在對你說什麼？

如果你看到這張牌出現在「最終結果」的陣位，你會怎麼跟你的客戶解釋這張牌？

你會如何用這張牌來作為「正向肯定語小助手」？請記得，當你在練習「吸引力法則」時，每一張牌都是極具價值的助手。無論何時，當你強烈渴望某樣東西，或是發現自己想要脫離某個困境，你都可以運用塔羅牌的圖案來進行視覺顯化觀想，讓願望儘速達成。如果你有興趣深入學習，在高階塔羅的奧祕課程與手冊中，我們對此會有更深一層的介紹。

對於這張牌，有其他感受、印象，或用法想要記錄在這裡嗎？

權杖4（原初固定能量火）

牌面描述：生活順心美好。慶典正在舉行，音樂、舞蹈、盛宴，無比歡樂。畫面背景中隱約可見一座城市堡壘高高聳立，描繪出一個身在繁榮時代的權勢家族。畫面前景牢牢佇立著四根長柱，長柱頂端裝飾著花環，繁花盛開、果實纍纍。兩位女士高舉花束歡樂慶祝。充滿力量與陽剛之氣的廣場，加上權杖牌組的火熱雄心，使得這張牌呈現出強而有力的能量，也象徵著最終的成功與繁榮。

作用於這張牌的主要元素

數字——4。固定、堅實、強力結合、韌性。雙數、平方
牌組——權杖。行動、冒險、活力、征服、堅忍不拔、安全堡壘與安穩的避風港
方向——西北。慷慨大方、幽默。溫暖、慵懶的午後
元素——火。主導權、自我管理、獨立自治、夏天、再生的能量

傳統牌義：這基本上算是一張帝王牌。辛勤工作終於有了成果，收穫無比豐盛，現在正是歡慶時刻。這張牌透露出朋友或同事正在舉行歡樂的派對聚會，也反映出此人財務狀況非常安穩，尤其是在長期投資規劃、認真努力工作之後得到豐盛的成果。這並不是一張代表當下行動的牌，而是象徵在大量辛勤工作之後，終於能夠休息和娛樂。也可以代表歡樂派對，或是幸福快樂的家庭生活。

傳統逆位牌義：暫時不要去數你有幾隻雞（因為牠們尚未真正孵化）。你可能會遇到薪資延遲發放，或是遺失邀請函的情形（或者更糟糕的是，你根本不在受邀名單中）。很可能家中錢財會有損失發生，或者不再享有優渥舒適的生活。等事情解決之後，最好能開始儲蓄、謹慎節流。請好好檢視一下你現在的財務狀況。

個人筆記：

現在輪到你了

請注意：如果你一時還沒有想法，可以日後再寫。重點是要好好去感受這張牌，不需要急就章。

你對這張牌的解讀是什麼？這張牌在對你說什麼？

如果是逆位牌，它在對你說什麼？

如果你看到這張牌出現在「最終結果」的陣位，你會怎麼跟你的客戶解釋這張牌？

你會如何用這張牌來作為「正向肯定語小助手」？請記得，當你在練習「吸引力法則」時，每一張牌都是極具價值的助手。無論何時，當你強烈渴望某樣東西，或是發現自己想要脫離某個困境，你都可以運用塔羅牌的圖案來進行視覺顯化觀想，讓願望儘速達成。如果你有興趣深入學習，在高階塔羅的奧祕課程與手冊中，我們對此會有更深一層的介紹。

對於這張牌，有其他感受、印象，或用法想要記錄在這裡嗎？

權杖5（基本能量火）

牌面描述：「戰鬥！戰鬥！戰鬥！戰鬥！……」你早就知道這件事必定會發生。在充斥著野心與衝動的房子裡，生活顯然過得太好。這裡有的只是滿滿的睪丸激素，滿滿的金錢與安逸享樂，人們由是迷失在自身的小帝國裡。五位年輕人，手裡全都持著棍棒，有人相互叫囂、怒目相視，有人充滿焦慮、測試著自己的權力底限，也有人等著被其他人收拾。

這張牌充斥著混亂、野心，以及過剩的能量。數字5的二元對立性，加上火元素的混合助攻，讓情況變得相當怪異複雜。

作用於這張牌的主要元素

數字 —— 5。本質上二元對立：雜亂無序與結構有序。單數

牌組 —— 權杖。行動、冒險、運動、精力充沛、競爭、決鬥、攤牌

方向 —— 東方。衝突、競爭。凌晨、黎明

元素 —— 火。侵略進取、野心勃勃、殘暴凶惡、動盪不安、能量不協調

傳統牌義：仔細觀察牌面中的打鬥者。有一個人對著另一位正在發表宣言的人採取了防衛守勢，另一個人則顯得非常緊張焦慮。畫面中心人物很擔心他手上那根棍棒到底夠不夠硬，因為他的命運全繫於它，而最後面那個人則高舉棍棒故作違抗之姿，以免自己被這場「歡樂」的戰局遺棄。每一個人都各懷主意，想著該怎麼解決眼前這個場景；當人與人之間各自不同的想法相互接觸撞擊時，牌面圖案中的打鬥場景就發生了。這張牌代表了一群瘋狂的人、一所瘋人院、一個已經演變成馬戲團般荒謬的事態情境。每一個人的自我都全力爆發，有人試圖尋求和諧，有人昂首闊步跳著屬於自己節奏的舞步。這個時候，請放輕腳步（或是不妨直接逃跑）！讓頭腦冷靜的人來贏得戰局。

傳統逆位牌義：這並不是一張那麼「正面」的牌，所以，請保持警惕。一般來說，這張牌是代表停戰，或是對於先前的爭執做出修正，但是要小心提防政治性的操作，以及有人因為先前自我受到傷害，而打算在將來找機會報復。

個人筆記：

現在輪到你了

請注意：如果你一時還沒有想法，可以日後再寫。重點是要好好去感受這張牌，不需要急就章。

你對這張牌的解讀是什麼？這張牌在對你說什麼？

如果是逆位牌，它在對你說什麼？

如果你看到這張牌出現在「最終結果」的陣位，你會怎麼跟你的客戶解釋這張牌？

你會如何用這張牌來作為「正向肯定語小助手」？請記得，當你在練習「吸引力法則」時，每一張牌都是極具價值的助手。無論何時，當你強烈渴望某樣東西，或是發現自己想要脫離某個困境，你都可以運用塔羅牌的圖案來進行視覺顯化觀想，讓願望儘速達成。如果你有興趣深入學習，在高階塔羅的奧祕課程與手冊中，我們對此會有更深一層的介紹。

對於這張牌，有其他感受、印象，或用法想要記錄在這裡嗎？

權杖6（變動能量火）

牌面描述：有人注定會打勝仗，現在他們要向世人宣告他們的勝利了。這是一張慶祝英雄勝利的牌，戰勝的一方正在舉行慶祝遊行。同樣請注意，畫面背景中的那些棍棒被舉得很高很直，充滿勝利驕傲的氣氛。騎在馬上的人以及他的馬，並沒有全副武裝身著戰服，而是穿著接受群眾歡呼的慶祝服裝。如果這張牌代表你，那麼，能率性做自己真好。

這張牌是代表對先前確實發生之事的回應，而不只是對存在於腦中的想法。它是對於偉大事蹟的一個慶祝。

作用於這張牌的主要元素

數字 —— 6。群體賦予權力朝共同體邁進、建立認同感。雙數

牌組 —— 權杖。行動、冒險、精力充沛、競爭、公眾讚譽

方向 —— 南－西南。高尚的品格。深夜

元素 —— 火。侵略進取、野心勃勃、領導權、共同熱力、亂民、暴動、煽動者

傳統牌義：遊行、嘉獎、勝利、歡慶勝利。如果這張牌是結果牌，那你可以期待有好事發生——然後可期待會有表揚勝利的公開慶祝場面。你可能有機會加薪、升官、贏得獎項、公眾人氣很旺，甚至稍微吹一下牛的事情都很快會實現。有時候，這張牌也代表一位領導者正在集結同盟、準備幹一番大事。如果是這種情況，其鄰近牌會非常清楚顯示出這個態勢。

傳統逆位牌義：啊！做了這麼多，都沒人注意到嗎？有時候你很努力工作、工作、工作，然後就有人會來竊取你的成果、你的聲譽，或是對當權者拍馬屁，把自己營造成今日英雄。也許你該給自己買個便宜的巫毒蠟燭來把小人趕走（要不就是一笑置之、繼續忍受）。有時候，這張牌也暗指徹底失敗。請先查明這張牌的真正內容，再繼續下一步。

個人筆記：

現在輪到你了

請注意：如果你一時還沒有想法，可以日後再寫。重點是要好好去感受這張牌，不需要急就章。

你對這張牌的解讀是什麼？這張牌在對你說什麼？

如果是逆位牌，它在對你說什麼？

如果你看到這張牌出現在「最終結果」的陣位，你會怎麼跟你的客戶解釋這張牌？

你會如何用這張牌來作為「正向肯定語小助手」？請記得，當你在練習「吸引力法則」時，每一張牌都是極具價值的助手。無論何時，當你強烈渴望某樣東西，或是發現自己想要脫離某個困境，你都可以運用塔羅牌的圖案來進行視覺顯化觀想，讓願望儘速達成。如果你有興趣深入學習，在高階塔羅的奧祕課程與手冊中，我們對此會有更深一層的介紹。

對於這張牌，有其他感受、印象，或用法想要記錄在這裡嗎？

權杖

權杖7（固定能量火）

牌面描述：一人站在懸崖邊、舉起長棍，一面阻遏攻擊，一面以身體攔截對方的襲擊。他的背後就是懸崖，他知道，自己已經別無選擇，除了跟對方一拚死活（或者至少也要表現出狠勁和決心，嚇嚇那群追殺他的人）。我們看到，畫面前景那些棍棒就是敵人，他們有一群人，但是目前為止沒有一個人敢趨前單獨面對這個人。

這是一張代表積極防守的牌。本質上它是固定不動的，因為它是採取守勢來抵禦迫在眉睫的攻擊。

作用於這張牌的主要元素

數字 —— 7。對某人的信念提出挑戰、做足防禦性的準備。單數

牌組 —— 權杖。身體行動、活力、競爭、決心

方向 —— 西北。勇氣、毅力。下午

元素 —— 火。挑釁、違抗、進行抵抗、重新振作

傳統牌義：《孫子兵法》有言，要克敵制勝必須居高臨下、佔據上風。這可以是一種心理謀略（以智取勝）、一種情感戰術（自身保持冷靜，而令對手情緒抓狂），也可以是實際地形戰術（佔據高地便可以朝下方敵軍丟擲石塊）。這張牌顯示出，攻擊者集結同夥朝一個居於上位，而且比他們權勢更大更高的人發動攻勢（請查看其他牌來確認這些人到底是誰）。牌面中，這位防禦者佔了居高臨下的地勢之便，而且有打贏的自信和決心。除了暗示他擁有技巧謀略，也預示了他將在這場爭執中得勝。

傳統逆位牌義：不要以為可以輕鬆取勝。事實上，依照目前的路線，根本不可能取得勝利。有的時候，最好的策略是先撤退，去找到更堅實的立基之點。在某些情況下，這張牌也暗示著弱點或偏執妄想。

個人筆記：

現在輪到你了

請注意：如果你一時還沒有想法，可以日後再寫。重點是要好好去感受這張牌，不需要急就章。

你對這張牌的解讀是什麼？這張牌在對你說什麼？

如果是逆位牌，它在對你說什麼？

如果你看到這張牌出現在「最終結果」的陣位，你會怎麼跟你的客戶解釋這張牌？

你會如何用這張牌來作為「正向肯定語小助手」？請記得，當你在練習「吸引力法則」時，每一張牌都是極具價值的助手。無論何時，當你強烈渴望某樣東西，或是發現自己想要脫離某個困境，你都可以運用塔羅牌的圖案來進行視覺顯化觀想，讓願望儘速達成。如果你有興趣深入學習，在高階塔羅的奧祕課程與手冊中，我們對此會有更深一層的介紹。

對於這張牌，有其他感受、印象，或用法想要記錄在這裡嗎？

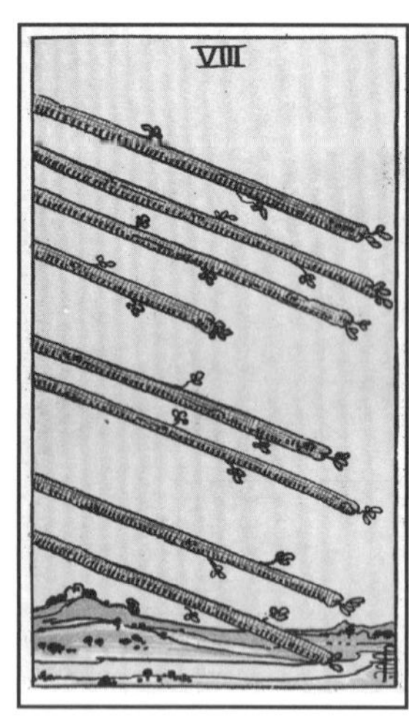

權杖8（變動能量火）

牌面描述：八根棍棒從半空中飛過。這張牌可說是有史以來最惱人的一張塔羅牌。多年來，這張牌一直都在塔羅教師和學生之間引發不少爭議和驚慌情緒。如果這張圖案讓你感到困擾，別擔心，大多數人都跟你一樣。不過，整體來說這張牌可算是一張好牌。

牌面上沒有顯示任何其他附屬之物，八根棍棒也沒有被固定住，因此幾乎所有的解析都認為這些棍棒是「在飛」。這使得這些棍棒的能量充滿了變動或無常。

作用於這張牌的主要元素

數字 —— 8。完成循環、改變的時刻、旅行、突發的變動。雙數

牌組 —— 權杖。行動、冒險、活力、競爭、重生、改變位置

方向 —— 南－西南。理想主義、熱情。深夜

元素 —— 火。變動、興奮、熱情、樂觀、令人激動的能量

傳統牌義：快速、突然爆發能量和／或行動。驚險只在一步之遙，沒有時間可以讓你休息或懶散。齊飛的棍棒暗示著這些行動來自相同的動機（看不見的因素），導致變動以及接下來可能發生的移動行進。做好準備，迎接瞬間到來的改變、移動、調適或飛翔（就是字面意思，或指物理上的）。牌面圖案中，這些平行對齊的棍杖顯示出，這個行動存在著某種劃一性，因此可料想，這應該是一個理性有序的行動，而非紛亂胡搞。整體來說這是一張還不錯的好牌。

傳統逆位牌義：停滯不前或是錯過機會。當幸運來時，因為沒做準備而無法付諸行動。取消事業計畫或假期，行動猶豫不決、反覆無常。缺乏充分考慮就莽撞行動。或者：力量分散、浪費精力。如果牌陣中同時出現任何一張寶劍牌（特別是寶劍7），那表示可能會遭遇埋伏突襲，或者代表收回行動。

個人筆記：

現在輪到你了

請注意：如果你一時還沒有想法，可以日後再寫。重點是要好好去感受這張牌，不需要急就章。

你對這張牌的解讀是什麼？這張牌在對你說什麼？

如果是逆位牌，它在對你說什麼？

如果你看到這張牌出現在「最終結果」的陣位，你會怎麼跟你的客戶解釋這張牌？

你會如何用這張牌來作為「正向肯定語小助手」？請記得，當你在練習「吸引力法則」時，每一張牌都是極具價值的助手。無論何時，當你強烈渴望某樣東西，或是發現自己想要脫離某個困境，你都可以運用塔羅牌的圖案來進行視覺顯化觀想，讓願望儘速達成。如果你有興趣深入學習，在高階塔羅的奧祕課程與手冊中，我們對此會有更深一層的介紹。

對於這張牌，有其他感受、印象，或用法想要記錄在這裡嗎？

權杖9（固定能量火）

牌面描述：一人站在眾多棍杖矗立的人工平台上，眼神警醒守望著四周情勢。此人是經驗豐富的老手，最近受到徵召前來負責守衛、抵禦衝鋒。雖然頭上裹著繃帶，他依然不容許自己以此為藉口，拋棄他的任務。他既勞累又疲憊，但依然盯緊情勢。是要節省精力以應付戰鬥，或是延長看守時間，則視當時情勢而定。

這也是一張防守牌，但是跟權杖 7 不太一樣，這張牌代表其防守職責是保護有形物資財產，而非反抗在上位的權勢者。

作用於這張牌的主要元素

數字 —— 9。點子或勞動獲得成果、等待。收集武器或工具。單數

牌組 —— 權杖。力量、耐力、活力、競爭、完全市場導向

方向 —— 西北。盡責、榮譽感、忍耐。儲藏室或穀倉。下午

元素 —— 火。決心、地盤（勢力範圍）、防守、儲備能量

傳統牌義：奉獻、值得信賴、有責任感、有貫徹執行的意願。對工作事業相當忠誠。面對挑戰有十足的忍耐力。以毅力和決心贏得勝利。內心堅強，而且信念堅定。是一位可敬的對手。這張牌也可能代表：身體或情感上的「堅固堡壘」（億萬富翁），某些值得捍衛的東西，成功捍衛屬於你的「種種」（比如你的信念、財產所有物、工作、配偶，或是任何面臨考驗的東西），不被對手奪走。面臨考驗的這個人很有骨氣。

傳統逆位牌義：性格上的弱點。狡猾詭詐的善變盟友。有人企圖逃避責任，甚至直接逃走。不敢起身去捍衛那些對自己最重視的東西，不敢為自己的需要而爭取。逃避現實。

個人筆記：

現在輪到你了

請注意：如果你一時還沒有想法，可以日後再寫。重點是要好好去感受這張牌，不需要急就章。

你對這張牌的解讀是什麼？這張牌在對你說什麼？

如果是逆位牌，它在對你說什麼？

如果你看到這張牌出現在「最終結果」的陣位，你會怎麼跟你的客戶解釋這張牌？

你會如何用這張牌來作為「正向肯定語小助手」？請記得，當你在練習「吸引力法則」時，每一張牌都是極具價值的助手。無論何時，當你強烈渴望某樣東西，或是發現自己想要脫離某個困境，你都可以運用塔羅牌的圖案來進行視覺顯化觀想，讓願望儘速達成。如果你有興趣深入學習，在高階塔羅的奧祕課程與手冊中，我們對此會有更深一層的介紹。

對於這張牌，有其他感受、印象，或用法想要記錄在這裡嗎？

權杖10（變動能量火）

牌面描述：一人彎著身子，努力抱著一大捆棍杖，負重走向遠方城鎮。他整個人看起來已經非常疲累，但似乎沒有停下來的意思，憑藉著內心的一股動力，繼續奮勇朝目標前進。他把這批棍杖扛在脖子上，顯然這是對他很重要的東西，但同時也是沉重的負擔。無論這是他的收穫成果，或是一種懲罰，對他來說這些棍杖都一樣重。

這張牌代表了在權杖牌的道路上，畢生的努力終獲實現。從1號到9號，我們的英雄們不斷精進，終於來到人生高峰，雄心壯志與競爭已經獲得獎賞。

作用於這張牌的主要元素

數字 —— 10。最終結果。重啟系統。總結。一天結束之時。雙數

牌組 —— 權杖。行動、冒險、活力、忍耐力、競爭、趨力動機

方向 —— 南－西南。過度熱心、旅行移動。深夜

元素 —— 火。積極進取、企圖心、拒絕退出、位居主導地位、精力能量充沛

傳統牌義：要小心你所許的願。這張力量強大的牌提醒我們，跟寶劍10一樣，總有一天，我們說過的話、做過的事都會報應在我們自己身上。我們所奢望的東西也會變成我們的負擔。牌面中這個人擁有「好多棍杖」，但他也必須扛著它們前往他的目的地，要不然這些棍杖都將化為烏有。成功必須付出代價，一旦你得到你渴望的東西之後，很可能你也必須去承擔它的重量。名聲、權力、財富等這些東西，很可能跟我們一開始想去追求它的時候，是完全不同的東西。在你決定投注一生精力去追求它之前，請務必弄清楚自己到底想要什麼，等到你有一天得到它，你才會心甘情願繼續承擔那些重擔。這張牌顯示的就是，一個人在某段時間當中自己選擇（或被迫）承擔的繁重勞動或情感負荷。

傳統逆位牌義：放下責任或負擔、卸下肩上的重荷，也有可能是在逃避責任（請利用方向關聯牌來進行澄清、確認）。

個人筆記：

現在輪到你了

請注意：如果你一時還沒有想法，可以日後再寫。重點是要好好去感受這張牌，不需要急就章。

你對這張牌的解讀是什麼？這張牌在對你說什麼？

如果是逆位牌，它在對你說什麼？

如果你看到這張牌出現在「最終結果」的陣位，你會怎麼跟你的客戶解釋這張牌？

你會如何用這張牌來作為「正向肯定語小助手」？請記得，當你在練習「吸引力法則」時，每一張牌都是極具價值的助手。無論何時，當你強烈渴望某樣東西，或是發現自己想要脫離某個困境，你都可以運用塔羅牌的圖案來進行視覺顯化觀想，讓願望儘速達成。如果你有興趣深入學習，在高階塔羅的奧祕課程與手冊中，我們對此會有更深一層的介紹。

對於這張牌，有其他感受、印象，或用法想要記錄在這裡嗎？

權杖侍者（弱力基本能量火）

牌面描述：一名年輕人身穿黃色宮廷外衣，正在查看他手裡握著的那根長杖。通盤檢查之後，他對於自己所看到的東西似乎相當滿意。他的姿態和穿著看起來顯得相當輕鬆，完全不像一個正在從事冒險旅程的人。從他帽子上的羽毛我們知道，他確實才剛開始要展開他的人生旅程，但他已經接受過紮實的訓練，擁有相當的經驗（至少已經有資格獲得羽毛）。雖然他的羽毛只有小小一根，像一朵小小的火焰，但還是引人注目。

這張牌的能量特質屬於基本初始能量，因為它是發動者，代表啟蒙、抵達，或是「某事物的臨界邊緣」。

作用於這張牌的主要元素

身分 —— 侍者。學徒、跟班、學生、年輕人、信使
牌組 —— 權杖。行動、冒險、活力、競爭、言詞挑戰
方向 —— 東方。一般開端、嘲諷或威脅。清晨、黎明
元素 —— 火。積極進取、雄心壯志、領導力、嶄露頭角

傳統牌義：在塔羅解讀上，侍者牌可說是「包羅萬象」。大多數時候，侍者牌是代表男嬰或是金髮的小男孩、小女孩。有時也代表火象星座（牡羊、獅子、射手）的少年或少女，或是獲知有一項新的冒險事業，或是受邀加入該項冒險，甚至是在動能性極強，或具有某種程度危險性的工作領域當學生（比如消防員、警察、運動員、軍校學生等等）。如果占卜牌陣中出現侍者牌，而且跟 1 號牌或王后牌有強烈關聯，通常代表即將懷孕生小孩。如果這張權杖侍者跟女皇牌（Empress）有關聯，那幾乎可以確定代表懷了男嬰，或者那個小孩一定是火象星座。

傳統逆位牌義：代表突然出現不好的消息、與人發生爭執、不守規矩的小孩、遭逢輕度危險（如果職業是上述那幾項）、懷孕方面的問題，或是跟小孩子相處出問題。叛逆，或是輕微反抗。有時也代表：性無能。

個人筆記：

現在輪到你了

請注意：如果你一時還沒有想法，可以日後再寫。重點是要好好去感受這張牌，不需要急就章。

你對這張牌的解讀是什麼？這張牌在對你說什麼？

如果是逆位牌，它在對你說什麼？

如果你看到這張牌出現在「最終結果」的陣位，你會怎麼跟你的客戶解釋這張牌？

你會如何用這張牌來作為「正向肯定語小助手」？請記得，當你在練習「吸引力法則」時，每一張牌都是極具價值的助手。無論何時，當你強烈渴望某樣東西，或是發現自己想要脫離某個困境，你都可以運用塔羅牌的圖案來進行視覺顯化觀想，讓願望儘速達成。如果你有興趣深入學習，在高階塔羅的奧祕課程與手冊中，我們對此會有更深一層的介紹。

對於這張牌，有其他感受、印象，或用法想要記錄在這裡嗎？

權杖騎士（強力變動能量火）

牌面描述：「冒險先生」。從牌面圖案我們看到，權杖騎士命令他的馬以後腿站立。要掌握這種精巧的動作，騎士與馬都需要經過大量的訓練，而這個動作也象徵了行動前的一種宣示。當然，這也是一種賣弄和炫耀。騎士頭盔上的羽毛象徵著熊熊燃燒的性慾能量。他始終都是「穿著閃亮盔甲、英姿勃發的騎士」，以無比的活力直接面對冒險和危難。大事即將發生。

這是一張大腦充斥著睪丸激素的牌，因而勢必需要藉由行動、冒險、娛樂來抒解。

作用於這張牌的主要元素

身分 —— 騎士。青年、戰士、大膽有勇氣、冒險、危險、大男人主義

牌組 —— 權杖。行動、冒險、活力、競爭、陽剛之氣

方向 —— 南－西南。狂熱、旅行、性關係雜亂。昨晚

元素 —— 火。積極進取、雄心壯志、領導力、精力充沛、動力、睪丸激素

傳統牌義：「沒時間解釋了！我們現在就必須前進！……好吧，很快解釋一下，但我們隨即必須採取行動！」這是一張召喚群眾持續行動的牌。迅速、果斷、冒險性高、突發性的行動（特別是公路旅行）、即興度假、好動、主動出擊、尋求冒險的年輕人、「獵人」。如果這張牌跟寶劍 6 或戰車牌成對出現，則代表會有旅行或搬家的機會。這張牌也經常用來作為指定牌，代表一位紅髮的年輕人，或是一位具有侵略性、積極進取 / 衝動性格的人，如果你需要使用指定牌的話。

傳統逆位牌義：未經深思就冒然往前衝。衝動的行為（通常是有害的），不受克制的憤怒或性慾，霸凌行為，強勢的「大男人主義」年輕男性。或者：個性唐突、粗魯無禮、計畫不周、譁眾取寵、表現出無用的滑稽動作來引人注目。需要公眾的關注和認可。

個人筆記：

現在輪到你了

請注意：如果你一時還沒有想法，可以日後再寫。重點是要好好去感受這張牌，不需要急就章。

你對這張牌的解讀是什麼？這張牌在對你說什麼？

如果是逆位牌，它在對你說什麼？

如果你看到這張牌出現在「最終結果」的陣位，你會怎麼跟你的客戶解釋這張牌？

你會如何用這張牌來作為「正向肯定語小助手」？請記得，當你在練習「吸引力法則」時，每一張牌都是極具價值的助手。無論何時，當你強烈渴望某樣東西，或是發現自己想要脫離某個困境，你都可以運用塔羅牌的圖案來進行視覺顯化觀想，讓願望儘速達成。如果你有興趣深入學習，在高階塔羅的奧祕課程與手冊中，我們對此會有更深一層的介紹。

對於這張牌，有其他感受、印象，或用法想要記錄在這裡嗎？

權杖王后（固定能量火）

牌面描述：權杖王后坐在她的寶座上，眼神凝視著某個未知的焦點，看起來興趣昂然，她的左手小心翼翼舉著一枝向日葵，右手緊握代表統治權的長杖。一隻全身髒兮兮的黑貓坐在她跟前，像一名守衛。這位王后懷抱著統治王國的熱情，不搞陰謀、也不喜歡搬弄是非。她自在地坐在王位上統理一切政事，而且渴望與大自然合一。看起來她會比較常展現她的陽剛動物面性格，而非陰柔或柔弱的一面。她堅持己見，對於自己選擇的道路非常堅定，這可以讓她把王國治理得很好。

作用於這張牌的主要元素

身分 —— 王后。母親、老闆、運動員、企業家、教練、女人
牌組 —— 權杖。行動、冒險、活力、競爭
方向 —— 西北。榮譽感、心地高貴、可靠。午後
元素 —— 火。光芒四射、溫暖、貴族氣息、領導力、活力充沛

傳統牌義：王后牌有好幾種解讀方式。為了簡單和保持一致性（還有準確性），我們強烈建議按以下方式解讀。權杖王后：牡羊、獅子，或是射手座女性。主要性格特徵是勇敢、獨斷、自信、心胸開闊、親切友善、活潑外向、喜歡冒險、誠實、坦率、意志堅決、值得信賴、工作很拚命。也可以用來描述：對自己的能力有信心、親切和氣的女人，非常愛好動物和大自然。可能是個男人婆。

傳統逆位牌義：可以代表以下這類女性：沒有耐性、嚴格苛刻、自我迷戀、不寬容、易怒、瘋癲古怪、情緒誇張、專橫跋扈、不圓滑、不溫柔、剛愎自用、殘暴專制、固執己見。

個人筆記：

現在輪到你了

請注意：如果你一時還沒有想法，可以日後再寫。重點是要好好去感受這張牌，不需要急就章。

你對這張牌的解讀是什麼？這張牌在對你說什麼？

如果是逆位牌，它在對你說什麼？

如果你看到這張牌出現在「最終結果」的陣位，你會怎麼跟你的客戶解釋這張牌？

你會如何用這張牌來作為「正向肯定語小助手」？請記得，當你在練習「吸引力法則」時，每一張牌都是極具價值的助手。無論何時，當你強烈渴望某樣東西，或是發現自己想要脫離某個困境，你都可以運用塔羅牌的圖案來進行視覺顯化觀想，讓願望儘速達成。如果你有興趣深入學習，在高階塔羅的奧祕課程與手冊中，我們對此會有更深一層的介紹。

對於這張牌，有其他感受、印象，或用法想要記錄在這裡嗎？

權杖國王（固定能量火）

牌面描述：權杖國王坐在他的寶座，身體微微向前傾，左手握著空拳，像是蓄勢待發，甚至期待他的王國當中有人會打破規則、挺身來違抗他；甚至連他的寵物蜥蜴都出現在他面前，加入待戰陣列了。此人的動作姿態很明顯表示他有職責在身，從他頭上火焰圖案的金色皇冠，到那根斜過他面前、跟他身體呈對角線的權杖看來，他隨時準備要將棍子交給左手，加入一場戰鬥。他的披肩全被撥到座椅左後方，以便萬一需要往前跳起，去攻擊某人時，可以靈活行動。

作用於這張牌的主要元素

身分 —— 國王。老闆、身負重擔者、大男人主義、教練、運動員、權威人物
牌組 —— 權杖。行動、冒險、活力、運動、軍事、選項、機會
方向 —— 西北。榮譽、心地高貴。下午三、四點
元素 —— 火。雄心壯志、勇氣、心地高貴、領導力、慷慨大方、競爭力

傳統牌義：他是「男人中的男人」，喜歡冒險、行動力強，而且有大男人主義傾向。由於性格火爆、強烈，經常容易發怒，而且因為個性非常急躁，因此不願意把寶貴時間花在心計上面。他行事直率有力、簡潔扼要，所以他的誠實坦白只是因為不善詭詐。你可以用這張牌當作指定牌，來代表一位領導人、老闆，或是任何一項具有高度危險性的職業。此外，你也可以用這張牌來代表一位火象星座（牡羊、獅子、射手）的男性、一個脾氣暴躁的男人，或是 30 歲以上的紅髮男子。

傳統逆位牌義：殘暴、粗魯、欺善怕惡、霸氣凌人的上司，暴力犯罪分子、狂妄自戀的人，基本上就是個混蛋。也可以代表一個假裝有榮譽心的人。或者，如果這張逆位牌在牌陣當中跟某張壞牌有強烈關聯，那代表有其他好人可能會遭到不幸。

個人筆記：

現在輪到你了

請注意：如果你一時還沒有想法，可以日後再寫。重點是要好好去感受這張牌，不需要急就章。

你對這張牌的解讀是什麼？這張牌在對你說什麼？

如果是逆位牌，它在對你說什麼？

如果你看到這張牌出現在「最終結果」的陣位，你會怎麼跟你的客戶解釋這張牌？

你會如何用這張牌來作為「正向肯定語小助手」？請記得，當你在練習「吸引力法則」時，每一張牌都是極具價值的助手。無論何時，當你強烈渴望某樣東西，或是發現自己想要脫離某個困境，你都可以運用塔羅牌的圖案來進行視覺顯化觀想，讓願望儘速達成。如果你有興趣深入學習，在高階塔羅的奧祕課程與手冊中，我們對此會有更深一層的介紹。

對於這張牌，有其他感受、印象，或用法想要記錄在這裡嗎？

宮廷人物趣聞

騎士並不僅僅是國王軍隊人馬的一員。他是一名野戰指揮官、男性的領導者、具有團結號召力的尖兵。因此，他需要成為英雄。可惜，英雄不是天生的；必須接受酸楚痛苦的烈火鍛鍊、犧牲奉獻的寒冰考驗，才能造就出英雄。並不是穿上團隊球衣、每年坐擁數百萬高薪、擅長某項運動，你就能成為英雄。在騎士與國王的時代，你必須走出去、追捕成群的強盜土匪，並且在戰鬥中真正「獲勝」，你才能當上英雄（要不然就只能成為一具死屍）。你必須能保護農民（一般庶民百姓），並且立下一連串確實可信且令人佩服的卓著功績，才稱得上是英雄。還有，當國王決定要去攻打其他國家時，你沒有剛好生病在家：任何時候，只要國王（或王后）一聲令下，你就會立即挺身而戰。

假設你已身經百戰，擁有無數可供人傳誦的功績，那麼你就得開始幫忙訓練眾家貴族子弟，將你的經驗傳遞給他們（詳見「侍者」）。由於你已經證明了你的品格與軍事技能都高人一等，因此國王也經常把一部分領地授與你管轄（省得他還要親自治理）。你贏得了男人的愛戴、女人的仰慕，但你必須具備各種條件才能獲得這等崇高地位：你必須是品格純正的道德楷模、信仰虔誠的人、有勇有謀的戰士、需要的時候要能發揮治理的才智、對窮苦之人心懷慈悲、對於在你領土上仗勢凌人、作威作福的惡霸能夠懲凶除惡。無論如何，這都不是一份靠想像力就可以達成的簡單工作，這也是為什麼，唯有真正受過高度專業訓練的高貴靈魂才能成為一名騎士。除此之外，你還能得到一匹好馬，這是一筆優渥的額外津貼，因為馬匹需要大量食物，需要受到良好照顧，尤其是騎士所擁有的名種好馬。並不是隨便一個人都能夠擁有馬匹，而且把馬兒照顧得很好。而且你還能擁有一位私人隨從以及一位侍者，來幫忙照料你的馬匹、盔甲、武器等等之類的東西，真的很棒。

以「聖杯騎士」而言，他的性格優勢是情感豐富，這可能是好的性格（浪漫、忠誠、友善），也可能是壞的（會跟蹤騷擾女性、酗酒、虐待），取決於問題裡面問到的那個人是誰。此外請記得，騎士牌也可以代表行動（強烈情緒狀態下的實際作為）、旅行，或是旅行的交通工具（車子、船、飛機），也可以代表年輕人。騎士牌的問題在於，他們會造成一種「性別的落差」現象，騎士牌經常代表年輕男性而不會代表年輕女性。王后牌傳統上來說就比較寬鬆，不過如果你想要用「錢幣騎士」和「聖杯騎士」來代表年輕女性，那也是可以的。

至於宮廷牌所代表的年齡層，不必受其拘泥，如果要參考的話，可以看看下方的年齡區分，每一個宮廷人物都有大概所屬的年齡層。請記住，用方向關聯牌和澄清牌就能夠幫助你確認這些人的年齡，絕對比你用猜的來得準。

國王：成年男性（或權威人物），通常 30 歲以上

王后：成年女性（或權威人物），通常 30 歲以上

騎士：青少年到成年初期，大約到 30 歲（視成熟度而定）

侍者：小孩、少年、青少年初期（通常至多到 13-15 歲）

聖杯牌組

THE HOUSE OF CUPS

聖杯家族裡充滿了感性、情感敏銳的詩人、音樂家、藝術家，在他人眼中他們有時似乎比較愛發牢騷、控制欲強、喜歡操控別人，或是比較需要別人關懷。聖杯牌代表了深層的情感表達能力，善於展現豐富的情感，但有可能有兩極化的表現：不是悲憫、就是怨恨，取決於這些人如何看待你。當你看到聖杯牌出現，我們希望你把整體主題焦點放在：情緒感受、直覺、直觀本能上（就是與「邏輯理性」相對的東西），幸福與匱乏之物（如果有明確指出）、多變的情緒，還有對於安全感、安慰、友誼，以及食物的需求。

聖杯王牌（基本能量水）

牌面描述：「上帝之手」從雲中伸出，手中捧著一座噴泉，上空有一隻白鴿正要把嘴裡叼著的聖餐薄餅浸入泉水之中。噴泉四周有許多類似希伯來字母 yod 字形的水滴，正滴落到噴泉底下那片水域之中。這幅圖案的精髓在於，它暗示著全然純淨的靈性之水正是人類一切情感（下方大片水域）的本源。

作為聖杯牌組的王牌（1 號牌），這張牌本質上就是一種初始的基本能量，或是代表大膽且強勢的領導力，而且聖杯牌組代表水元素，意謂著精神的純淨度（或匱乏），以及原始的情感。

作用於這張牌的主要元素

數字 —— 王牌（或 1 號）。本源、灌注、無盡供應、起源。單數
牌組 —— 聖杯。情緒感受力、需求、生育能力、容受力（容器）
方向 —— 北方。家庭生活、母系社會。正午、午餐
元素 —— 水。靈性、情感、信仰、靈感、純淨、本能直覺

傳統牌義：跟塔羅的其他 1 號牌一樣，代表開端、形式與目標的純粹度，以及為了實現從無到有、成功顯化夢想所需要的基本投注力。而聖杯王牌，更是這個牌組後續其他牌的能量泉源和本源。這使得它的重要性與地位完全不輸任何一張大阿爾克那牌。這張牌最簡單的解釋就是：一切新生的情緒感受；愛、希望、任何形式的「神奇療藥」、幸福感湧現、生小孩（可能是女孩）、訂婚，甚至是結婚（如果方向關聯牌中出現聖杯 2、戀人牌，或是其他明顯的徵兆牌）。更深一層的含義代表：潛在的靈魂連結、靈性的覺醒、宗教信仰上非常虔誠投入、在戰爭中致力帶來和平，或是為看似希望不大的事情帶來奇蹟。因為是王牌，所以它也是聖杯牌組的根本精神所在，無須背負任何外來影響力或實現力的負擔。因此，所有的一號牌都會令其他相似牌、方向關聯牌的影響力加大。所有的 1 號牌都是擴大機：它們會增強其相關牌和同義牌的影響力或能量，讓具有影響力的事件或環境凸顯出來。

傳統逆位牌義：抑鬱。不快樂、不舒服，帶有毀滅力的新聞（如果同時出現任何一張侍者牌或寶劍牌），失去所愛、失去信心或幸福感。與自己的靈感和希望源頭分離。如果是詢問醫療問題，牌陣中若出現負面的寶劍牌或是類似聖杯 5 這些方向關聯牌，則代表用藥過量。毒藥。

個人筆記：

現在輪到你了

請注意：如果你一時還沒有想法，可以日後再寫。重點是要好好去感受這張牌，不需要急就章。

你對這張牌的解讀是什麼？這張牌在對你說什麼？

如果是逆位牌，它在對你說什麼？

如果你看到這張牌出現在「最終結果」的陣位，你會怎麼跟你的客戶解釋這張牌？

你會如何用這張牌來作為「正向肯定語小助手」？請記得，當你在練習「吸引力法則」時，每一張牌都是極具價值的助手。無論何時，當你強烈渴望某樣東西，或是發現自己想要脫離某個困境，你都可以運用塔羅牌的圖案來進行視覺顯化觀想，讓願望儘速達成。如果你有興趣深入學習，在高階塔羅的奧祕課程與手冊中，我們對此會有更深一層的介紹。

對於這張牌，有其他感受、印象，或用法想要記錄在這裡嗎？

聖杯2（強力固定能量水）

牌面描述：請仔細看這張牌，牌面中的這兩個人其實已經合為一體。男人頭上戴著玫瑰花環，女人戴著月桂冠（傳統上這是男性使用的裝飾物），兩人正在進行一項性別交融的神聖儀式。這是靈魂的結合。他們互相交換酒杯，遠處那所寧靜小屋暗示著這兩人即將組成一個幸福的家庭，但真正代表這個結合的圖像符號，是那對充滿好奇心和欲望的孿生雙子蛇，他們對稱盤據於代表貴族身分的獅子頭像之下，而獅子頭像兩側是象徵純淨意圖的翅膀。這並非尋常的「凡人之愛」，雖然這張牌常常被降低含義層次，意指一般伴侶的平凡情愛。

作用於這張牌的主要元素

數字 —— 2。所有元素結合在一起。混合的能量、盟約。雙數
牌組 —— 聖杯。悲憫的能力、分享、忠誠、友誼
方向 —— 西南。譚崔、深度承諾。晚上
元素 —— 水。靈性、愛、信心、誘惑、化學、黏合劑

傳統牌義：一般含義——約會、相親、新戀情、訂婚（如果有其他牌給予增強的話）、求婚或承諾儀式、兩方之間的協議或議和、庭外和解，或是男人對女人提出約會邀請（他想追求她）。深層含義——譚崔結合、靈魂伴侶牌。你可以用這張牌來進行冥想，可以幫你吸引到合適的對象。反過來說，這張牌也可能代表成功簽訂商業合約（如果同時出現權杖牌）、衝突得到化解（如果同時出現寶劍牌），或者職位晉升、加薪，或是獲得貸款（如果同時出現錢幣牌）。這是一張非常好的牌，代表好運到來。此外，這張牌也是大阿爾克那「戀人牌」概念的實際體現。

傳統逆位牌義：壞事即將發生。分離；兩人分道揚鑣，或是拒絕聽對方說話。真心換絕情。藐視愛。拒絕。如果這張逆位牌跟寶劍3一起出現，那表示配偶或伴侶有不忠的行為。

個人筆記：

現在輪到你了

請注意：如果你一時還沒有想法，可以日後再寫。重點是要好好去感受這張牌，不需要急就章。

你對這張牌的解讀是什麼？這張牌在對你說什麼？

如果是逆位牌，它在對你說什麼？

如果你看到這張牌出現在「最終結果」的陣位，你會怎麼跟你的客戶解釋這張牌？

你會如何用這張牌來作為「正向肯定語小助手」？請記得，當你在練習「吸引力法則」時，每一張牌都是極具價值的助手。無論何時，當你強烈渴望某樣東西，或是發現自己想要脫離某個困境，你都可以運用塔羅牌的圖案來進行視覺顯化觀想，讓願望儘速達成。如果你有興趣深入學習，在高階塔羅的奧祕課程與手冊中，我們對此會有更深一層的介紹。

對於這張牌，有其他感受、印象，或用法想要記錄在這裡嗎？

聖杯3（變動能量水）

牌面描述：三位少女開心地跳舞慶祝豐收。她們頭上戴著鮮花水果編織成的花環，開心地高舉酒杯，手上滿滿都是花束。這張牌真是歡樂到令人超討厭的呀。閨密好友、美味佳餚、美好時光、滿到冒泡的青春活力，完全不在乎外頭世界到底發生什麼事。連天空都籠罩在一片美好宜人到令人作嘔的粉藍之中。你還能讓這張牌怎樣更歡樂呢？除了幫整張牌畫滿笑臉之外，大概別無他法了。

這張牌顯示的是，為達到寧靜與平和的狀態所做的一切努力，現在已經看到成果，在能量特質上是屬於變動能量。

作用於這張牌的主要元素

數字 —— 3。多人組成的歡樂聯盟。生育能力。正向結果。單數

牌組 —— 聖杯。理解的能力、需求、欲望、忠誠

方向 —— 西 – 西南。溝通、姊妹情誼。深夜的慶祝活動

元素 —— 水。幸福感、情感上的滿足、深厚友誼、親密關係

傳統牌義：這是一張預示懷孕的牌，尤其如果牌陣中同時出現任何一張王牌、任何一張侍者牌，或是「女皇牌」的話。這張牌也可以代表慶祝活動和派對、親密友誼，以及志同道合同伴之間的情誼。如果你抽到這張牌，可以預期會有好事發生。這張牌不是代表勝利事件本身，而是勝利的舞蹈，為慶祝勝利而跳舞。如果是生病或進行手術，那表示身體可以快速復元、完全康復。如果它是某張牌的方向關聯牌，那麼它會讓該張牌的幸福快樂程度增強三倍。

傳統逆位牌義：如果抽到這張逆位牌，你可以把牌放回去，然後另外再抽一張。很顯然你有犯了某個錯誤。如果你很固執不願意承認自己犯了錯，那請再仔細查看一下這張牌的鄰近牌和方向關聯牌。聖杯 3 逆位，顯示出可能因為離群索居、獨居、被人拋棄、計畫搞砸、希望落空、酗酒、藥物上癮、遠離社會人群、失去朋友，而導致心情非常鬱卒。如果方向關聯牌中出現比較負面的牌，也可能表示因為想要追求「更深層的親密關係」，導致過度放縱肉慾。

個人筆記：

現在輪到你了

請注意：如果你一時還沒有想法，可以日後再寫。重點是要好好去感受這張牌，不需要急就章。

你對這張牌的解讀是什麼？這張牌在對你說什麼？

如果是逆位牌，它在對你說什麼？

如果你看到這張牌出現在「最終結果」的陣位，你會怎麼跟你的客戶解釋這張牌？

你會如何用這張牌來作為「正向肯定語小助手」？請記得，當你在練習「吸引力法則」時，每一張牌都是極具價值的助手。無論何時，當你強烈渴望某樣東西，或是發現自己想要脫離某個困境，你都可以運用塔羅牌的圖案來進行視覺顯化觀想，讓願望儘速達成。如果你有興趣深入學習，在高階塔羅的奧祕課程與手冊中，我們對此會有更深一層的介紹。

對於這張牌，有其他感受、印象，或用法想要記錄在這裡嗎？

聖杯4（原初固定能量水）

牌面描述：在晴朗的日子裡，一名年輕人坐在樹蔭底下，看起來心懷不滿。他面前擺著三個杯子可供他選擇，不過看起來他似乎還嫌不夠，所以又一隻手從雲中伸出，把第四個杯子遞到他眼前，這是一個「許願杯」喔，不管他許什麼願都會實現。但他還是不肯接受，還雙手抱胸、一副輕蔑的表情。不過，也有可能他跟我們大多數人一樣，那時候他可能只是睡著了，根本不知道自己錯過了什麼好事。

這是一張百分之百固定能量的牌。就算世界停止轉動，我們這位朋友也絕對不會讓步。有些人，就是完全無法溝通的啊……

作用於這張牌的主要元素

數字——4。堅決、情感要塞、抗拒、牆壁。雙數

牌組——聖杯。消沉鬱悶、需求不滿、退縮、沉默不語

方向——西南。保密、無法「打開」。晚上

元素——水。被隱藏的事物、深思、冥想、星際旅行

傳統牌義：非常堅持、不可動搖——心懷不滿（對事情的進展）、滿腹牢騷（對人）。其實人生很難得會到這種失望的程度，但有些人就是會想盡辦法讓自己走到這步田地。這張牌代表有人堅持不願接受幫助、建議、同情、施捨，或是妥協。這已經不只是不開心了，他們根本就是在自己四周圍築起一道堅固的牆，將所有人都隔絕在外。他們完全拒絕聽別人說話、拒絕跟人互動，甚至不願承認別人所做的一切努力。這張牌的潛在含義是：別人其實已經對這個人提供了一切可能的幫助。因此，如果要解開事情的前因後果，必須從其他相關牌才能看得出來。一個人不可能毫無任何理由，或沒有任何環境因素就變成這種退縮的狀態。在你向問卜者提出建議之前，請仔細看看，到底是什麼原因造成這種情形。

傳統逆位牌義：聖杯 4 逆位，雖然不是好牌，但它可以代表一個人「即將脫殼而出」，或是擺脫鬱悶、不再逃離人群讓自己躲起來。

個人筆記：

現在輪到你了

請注意：如果你一時還沒有想法，可以日後再寫。重點是要好好去感受這張牌，不需要急就章。

你對這張牌的解讀是什麼？這張牌在對你說什麼？

如果是逆位牌，它在對你說什麼？

如果你看到這張牌出現在「最終結果」的陣位，你會怎麼跟你的客戶解釋這張牌？

你會如何用這張牌來作為「正向肯定語小助手」？請記得，當你在練習「吸引力法則」時，每一張牌都是極具價值的助手。無論何時，當你強烈渴望某樣東西，或是發現自己想要脫離某個困境，你都可以運用塔羅牌的圖案來進行視覺顯化觀想，讓願望儘速達成。如果你有興趣深入學習，在高階塔羅的奧祕課程與手冊中，我們對此會有更深一層的介紹。

對於這張牌，有其他感受、印象，或用法想要記錄在這裡嗎？

聖杯

聖杯5（變動能量水）

牌面描述：一名男子低頭默默佇立哀悼自己的命運。他的目光焦點放在眼前三個倒下的杯子（顯然是失去了某樣東西），而似乎刻意無視，或根本沒有看見他身後還有兩個杯子沒倒。他所擁有的小莊園就在不遠處，但要到達那裡必須先經過一座橋，這迫使他不得不離開眼前的悲傷場景，也因此有一部分的他也被留在原地：那些已經幻滅的計畫以及原先的期望。

這張牌一方面是對於失去之物的眷戀，同時也顯示出此人對於不幸事件的反應。因此，這張牌在本質上是不愉快的，而且在能量上是變動不穩固的。

作用於這張牌的主要元素

數字 —— 5。體制或常規遭到破壞。被迫改變。單數
牌組 —— 聖杯。極度傷心、忠心耿耿、悔恨、悲傷、痛苦
方向 —— 西－西南。犧牲、暗中的敵人。黎明之前
元素 —— 水。放棄、絕望、忍耐、贖罪、受苦（悔罪）

傳統牌義：犧牲。這是一張代表失去和哀悼的牌。而且通常是失去有形的、實體的東西（可以用方向關聯牌來找出到底失去什麼）。這張牌的潛在含義是盼望，但這是代表在完全放下之前對於所失去之物的重視。很有可能你的客戶現在對他所失去的東西仍然覺得非常感傷，他還沒準備要接受別人告訴他說「五個杯子還有兩個沒倒呀」。再過一段時間，這種失落感就會被遺忘，混亂的場面也會被收拾乾淨。那個時間點也可能就是現在。你可以溫和地給出建議：這張牌並不代表全部失去（參見寶劍10），但確實會出現相當絕望的情緒，而且需要支持和療傷。

傳統逆位牌義：走出過去的傷痛，情緒得到復原。也可能代表正在戒酒。該是忘記過去、做出積極行動的時候了。度過難關，恢復信心。以勇氣來對抗損失。就像美國海軍將領法拉格特說的：「魚雷滾一邊去吧！給我全速前進！」

個人筆記：

現在輪到你了

請注意：如果你一時還沒有想法，可以日後再寫。重點是要好好去感受這張牌，不需要急就章。

你對這張牌的解讀是什麼？這張牌在對你說什麼？

如果是逆位牌，它在對你說什麼？

如果你看到這張牌出現在「最終結果」的陣位，你會怎麼跟你的客戶解釋這張牌？

你會如何用這張牌來作為「正向肯定語小助手」？請記得，當你在練習「吸引力法則」時，每一張牌都是極具價值的助手。無論何時，當你強烈渴望某樣東西，或是發現自己想要脫離某個困境，你都可以運用塔羅牌的圖案來進行視覺顯化觀想，讓願望儘速達成。如果你有興趣深入學習，在高階塔羅的奧祕課程與手冊中，我們對此會有更深一層的介紹。

對於這張牌，有其他感受、印象，或用法想要記錄在這裡嗎？

聖杯6（基本能量水）

牌面描述：一位穿著打扮怪異的男孩，把一個裝有白色星形花朵的杯子遞給一個小女孩。旁邊有一名守衛正在巡邏。從這兩個場景看起來，世界相當平靜安詳，家園就近在咫尺，天空是晴朗的藍。你還要求什麼呢？（或許除了窗台少了一盆白色星形花朵的盆栽來增添光彩以外）

你從牌面上看到的內容，差不多就是代表這張牌的全部含義了。一個神清氣爽的日子，在一個令人感到安心愉快的地方，一切都相當順心愉快。

作用於這張牌的主要元素

數字 —— 6。分享、均衡、長久的和諧。雙數

牌組 —— 聖杯。善解人意、信賴、友誼、仁慈和善

方向 —— 北方。家庭生活、哺育、跟家族有關的事務。午後

元素 —— 水。同理心、慈祥和藹、寧靜安詳、關心

傳統牌義：很多塔羅書籍作者都對這張牌做了很多解析，但其中大部分都互相矛盾。這張牌其實很單純，就是代表行動上的付出。塔羅牌圖案很少出現小孩，這張牌是少數出現小孩子的牌之一。在這裡，小孩子就像一支電腦手寫筆，被用來描繪（或強調）有人天生就具有慷慨付出的天真本性，而且付出的同時不求回報、不使詭計，也沒有暗中的盤算。這張牌代表一種純粹的仁慈，這樣的心地在這個世界已經極為稀有。這天，你看不到任何激烈的戰鬥，也不需要贏得任何勝利，或頒發任何榮耀獎賞。也許會有朋友送你禮物，或者你就是那個送別人禮物的人。這張牌也可以代表跟老朋友重逢相聚。

傳統逆位牌義：聖杯 6 逆位，表示很期待聖杯 6 正位牌所描繪的每一件事情可以發生。或者代表處在壓力狀態，無法和體貼、善解人意的人建立深層的親密關係，交到虛偽的壞朋友，或是需要跟「自己」有更深的連結。

個人筆記：

現在輪到你了

請注意：如果你一時還沒有想法，可以日後再寫。重點是要好好去感受這張牌，不需要急就章。

你對這張牌的解讀是什麼？這張牌在對你說什麼？

如果是逆位牌，它在對你說什麼？

如果你看到這張牌出現在「最終結果」的陣位，你會怎麼跟你的客戶解釋這張牌？

你會如何用這張牌來作為「正向肯定語小助手」？請記得，當你在練習「吸引力法則」時，每一張牌都是極具價值的助手。無論何時，當你強烈渴望某樣東西，或是發現自己想要脫離某個困境，你都可以運用塔羅牌的圖案來進行視覺顯化觀想，讓願望儘速達成。如果你有興趣深入學習，在高階塔羅的奧祕課程與手冊中，我們對此會有更深一層的介紹。

對於這張牌，有其他感受、印象，或用法想要記錄在這裡嗎？

聖杯7（基本能量水）

牌面描述：一位全身罩著黑影的男子，面對眼前這麼多種選擇，顯得非常驚慌和憂慮。他面對的是生命的重大抉擇：美女（配偶）、神祕事物、知識、榮耀、權力、名聲，以及財富。每一個選擇都是一種誘惑，不過這張牌的潛在含義是：他所專注的事物將會造就他的命運（因為凡事有好必有壞，你得好壞全收）。他所面對的，並不是「到底要選擇哪一個」的問題，而是他對於自己的這個選擇會有多專注，以及要付出什麼代價？

這張牌屬於基本能量，因為它要求我們現在就做出選擇。猶豫不決的結果就是全部落空。

作用於這張牌的主要元素

數字 —— 7。命運、進化、靈性抉擇。單數

牌組 —— 聖杯。欲求、生命抉擇、潛在可能性、願望

方向 —— 北方。優柔寡斷、猶豫不決。正午

元素 —— 水。霧茫茫（實際上或心理上）、預測

傳統牌義：你眼前有很多機會與可能性。整個世界都在你的腳下（無論你知道與否），而你現在可能對眼前的選擇感到不知所措。你必須做出選擇，時間分分秒秒滴答走過。這是一張非常幸運的牌，因為你有很多選擇，但同時你也面臨抉擇與行動的壓力。深呼吸，快速做點功課，決定一下你現在最想要的是什麼，打鐵要趁熱。如果遲遲不做決定，時間一過，機會稍縱即逝。「做出選擇；但這個選擇必須是明智的。」

傳統逆位牌義：聖杯 7 逆位，代表猶豫不決，或者更糟糕的是，因為無法做出選擇，而陷在優柔寡斷的狀態中。這張逆位牌也可能意指缺乏專注的焦點，或是不知道自己要什麼，有時也代表被迫做出違反自己意願的決定。你可以使用方向關聯牌來進行澄清，看看究竟發生了什麼事。

個人筆記：

現在輪到你了

請注意：如果你一時還沒有想法，可以日後再寫。重點是要好好去感受這張牌，不需要急就章。

你對這張牌的解讀是什麼？這張牌在對你說什麼？

如果是逆位牌，它在對你說什麼？

如果你看到這張牌出現在「最終結果」的陣位，你會怎麼跟你的客戶解釋這張牌？

你會如何用這張牌來作為「正向肯定語小助手」？請記得，當你在練習「吸引力法則」時，每一張牌都是極具價值的助手。無論何時，當你強烈渴望某樣東西，或是發現自己想要脫離某個困境，你都可以運用塔羅牌的圖案來進行視覺顯化觀想，讓願望儘速達成。如果你有興趣深入學習，在高階塔羅的奧祕課程與手冊中，我們對此會有更深一層的介紹。

對於這張牌，有其他感受、印象，或用法想要記錄在這裡嗎？

聖杯8（變動能量水）

牌面描述：男子將一切事務安排妥當之後，便動身前往遠方，期待可以另謀高就，下一個地方會更好。請注意這張牌所使用的象徵符號：正確的符號應該是天空中有滿月、水面上有新月倒影，代表此人內心的情感渴望，他期待自己的生命能夠更加圓滿（滿月），同時也透露出他當前內心靈魂的空虛（新月）。

不過，他身上穿的是紅色的斗篷和靴子，這個裝扮透露出他的動機和行動的決心。他必須穿山越嶺、走向遠方，無論將來發生什麼事，都不會再回頭。這張牌是對於當前生活困境的一種回應，因此屬於變動能量。

作用於這張牌的主要元素

數字 —— 8。圓滿循環、改變的時刻。雙數

牌組 —— 聖杯。未被滿足的需求、渴求與期待、改變

方向 —— 東方 – 東南。逃離、旅行、另謀高就。黎明前

元素 —— 水。靈性需求、問卜、離群索居、退縮

傳統牌義：「我要得勝，然後光榮返鄉！」有時你會碰到一種情境，無論將來事情怎麼發展，一定都會比現在好，因此你急著想要從當下逃離。從外在各方面看起來，你可能什麼都不缺了，但是你內心卻覺得需要擺脫現在擁有的一切，讓靈魂得到洗滌。這個情況跟聖杯4不一樣，它不是像聖杯4那樣將所有人拒於門外，而是自己渴望過不同的生活，而且已經實際付諸行動。這張牌代表生活上的改變：比如搬到別的城市或國家、換新工作、開創新事業等等；這種改變是來自你內心深層的渴望，希望脫離目前的現況。你可以使用澄清牌來得到更清楚的確認。

注意：若真的要吹毛求疵一點（其實我們比較喜歡用「精準」這個詞），這張牌是代表走陸路在各地旅行，而寶劍6是坐船，權杖8是坐飛機。

傳統逆位牌義：無法離開困境。受困或狀況一團糟，需要去解決或「清理」，你才有辦法繼續往目標前進。

個人筆記：

現在輪到你了

請注意：如果你一時還沒有想法，可以日後再寫。重點是要好好去感受這張牌，不需要急就章。

你對這張牌的解讀是什麼？這張牌在對你說什麼？

如果是逆位牌，它在對你說什麼？

如果你看到這張牌出現在「最終結果」的陣位，你會怎麼跟你的客戶解釋這張牌？

你會如何用這張牌來作為「正向肯定語小助手」？請記得，當你在練習「吸引力法則」時，每一張牌都是極具價值的助手。無論何時，當你強烈渴望某樣東西，或是發現自己想要脫離某個困境，你都可以運用塔羅牌的圖案來進行視覺顯化觀想，讓願望儘速達成。如果你有興趣深入學習，在高階塔羅的奧祕課程與手冊中，我們對此會有更深一層的介紹。

對於這張牌，有其他感受、印象，或用法想要記錄在這裡嗎？

聖杯9（變動能量水）

牌面描述：一位酒足飯飽的男子，臉上洋溢滿足的神情，直挺挺坐在低矮的長板凳上，身後環繞著他收藏的九個杯子。他對未來非常有把握。其實他可以擁有更多，但他夠聰明，知道何時該離開忙碌不停的旋轉木馬，他說：「我現在身體健康、也擁有財富，我要好好享受我所擁有的一切，就此度過餘生。至於其餘那些生命誘惑和財寶，就通通留給你們吧。」他穿著一襲條紋長衫，頭上戴著時髦的紅帽（感覺自信驕傲），雙手抱胸，通身上下散發著一股得意的神情。

這張牌屬於變動能量，因為它是靠著其他行動才實現了眼前這個成果。這張牌經常會出現在結果牌的位置，或是代表目前狀態。

作用於這張牌的主要元素

數字 —— 9。希望與夢想開花結果、願望實現。單數

牌組 —— 聖杯。情感得到滿足、心滿意足、豐盛

方向 —— 東方－東南。木星在雙魚座——夢想可以成真

元素 —— 水。幸福快樂、沉迷耽溺、安心舒適、夢想

傳統牌義：這就是傳說中的「許願牌」，代表你差不多已經得到你所想要的一切，「見好就收」，然後帶著勝利返回家園。你贏了！你的願望實現了，你所熱愛的一切都已經實現（理想上這是聖杯 8 所帶來的結果），或者你對自己目前擁有的一切感到非常幸福滿足，不需要再辛苦勞碌或再冒險去追求更多。這是一張代表感官飽足愉悅的理想狀態牌，因此你可以把你的願望想清楚，用這張牌來做冥想。

傳統逆位牌義：有人可能認為「凡事樂極生悲」。如果他們的意思是，太過沉迷於美酒、佳餚、奢侈品、安逸生活，都不是什麼好事，那麼他們是對的；至少這張逆位牌的意思就是如此。要小心「過度迷戀」所帶來的負面效果，比如心情鬱悶，甚至健康出問題。聖杯 9 逆位也代表願望或夢想無法實現。

個人筆記：

現在輪到你了

請注意：如果你一時還沒有想法，可以日後再寫。重點是要好好去感受這張牌，不需要急就章。

你對這張牌的解讀是什麼？這張牌在對你說什麼？

如果是逆位牌，它在對你說什麼？

如果你看到這張牌出現在「最終結果」的陣位，你會怎麼跟你的客戶解釋這張牌？

你會如何用這張牌來作為「正向肯定語小助手」？請記得，當你在練習「吸引力法則」時，每一張牌都是極具價值的助手。無論何時，當你強烈渴望某樣東西，或是發現自己想要脫離某個困境，你都可以運用塔羅牌的圖案來進行視覺顯化觀想，讓願望儘速達成。如果你有興趣深入學習，在高階塔羅的奧祕課程與手冊中，我們對此會有更深一層的介紹。

對於這張牌，有其他感受、印象，或用法想要記錄在這裡嗎？

聖杯10（變動能量水）

牌面描述：一位男子和他的妻子，很開心地望著高掛在他們莊園別墅上空的私人專屬彩虹。看起來很像聖杯2當中那對男女後來結為夫妻，生了兩個快樂健康的孩子，現在家庭生活相當美滿。這是生命該有的模樣。美滿生活、恩愛感情，還有足夠開闊可以歡喜瞭望的土地。

這張牌是聖杯牌組之路的最終結局。它代表「從此過著幸福快樂的生活」，幾乎可算是整副塔羅牌中數一數二的好牌。

作用於這張牌的主要元素

數字 —— 10。最終結果。重啟系統。總和。雙數

牌組 —— 聖杯。圓滿、情感需求、長命百歲

方向 —— 東方－東南。木星在雙魚座——夢想可以成真

元素 —— 水。情緒上的安全感、信心、家庭、希望與夢想

傳統牌義：真的很難找到比這張牌更令人愉快的場景了。雖然牌面上並沒有出現像其他牌那樣金銀財寶奢靡的排場，也沒有讚賞鼓譟的畫面，但這張牌所呈現的永恆恩愛、健康快樂，以及真實寧靜的氛圍，卻是其他牌無法比擬的。這張牌代表了美滿的婚姻、幸福快樂而且經濟穩定的家庭，以及好友情誼。

跟聖杯 9 不一樣，這個「結局」比較不是感官取向的，也比較沒有個體沉迷的現象，而是以群體為中心，呈現出較大範圍的幸福基礎，以及更為長久、更經得起考驗的幸福。

傳統逆位牌義：夢想破碎、對於幸福的虛妄幻想、家庭崩解、失去安全庇護或房屋所有權、婚姻破碎、家庭功能喪失。

個人筆記：

現在輪到你了

請注意：如果你一時還沒有想法，可以日後再寫。重點是要好好去感受這張牌，不需要急就章。

你對這張牌的解讀是什麼？這張牌在對你說什麼？

如果是逆位牌，它在對你說什麼？

如果你看到這張牌出現在「最終結果」的陣位，你會怎麼跟你的客戶解釋這張牌？

你會如何用這張牌來作為「正向肯定語小助手」？請記得，當你在練習「吸引力法則」時，每一張牌都是極具價值的助手。無論何時，當你強烈渴望某樣東西，或是發現自己想要脫離某個困境，你都可以運用塔羅牌的圖案來進行視覺顯化觀想，讓願望儘速達成。如果你有興趣深入學習，在高階塔羅的奧祕課程與手冊中，我們對此會有更深一層的介紹。

對於這張牌，有其他感受、印象，或用法想要記錄在這裡嗎？

聖杯侍者（弱力基本能量水）

牌面描述：一位格調優雅的年輕男子，身上穿著藍色與粉色為主色調的衣服，手上捧著一個非常貴重的杯子，擺出一種充滿詩意的姿勢；他好像在跟杯中的那隻魚對話，看起來很平常，但很有智慧。這種輕鬆又一派認真的神態，不禁讓人相信他跟這位身上滿是鱗片的朋友似乎熟識已久，這幅景象也象徵著，此人能夠接受偶然出現在他腦中的創意聲音，因為它們能為他帶來有趣的生活建議。

這張牌的能量屬於基本能量，同時也代表偶然乍現的創意靈感和心靈覺知。

作用於這張牌的主要元素

身分 —— 侍者。學徒、跟班、學生、年輕人、信使

牌組 —— 聖杯。創造力、心靈覺知、藝術天賦

方向 —— 北方。感情豐富、靈感。正午。輕便午餐

元素 —— 水。出生時的體重、想像力、潛意識

傳統牌義：請記得，侍者牌在塔羅解讀上具有多重含義，如果牌陣中同時出現其他代表懷孕的牌，或是問卜者問到有關懷孕的問題，那麼這張聖杯侍者可能就是代表會生女嬰，或是巨蟹座、天蠍座、雙魚座的男寶寶或女寶寶。除此之外，聖杯侍者的一般含義還包括：通靈感應、藝術創作的靈感、音樂上的天賦（或學習），甚至可以代表有藝術天分的小孩。聖杯侍者也經常暗示著該次占卜會有「好消息」。由於侍者牌在占牌上有各種不同解讀的可能性，因此最好先從它周圍的牌開始讀起，先收集足夠的資料，再確定這張牌適合哪一種解釋。

傳統逆位牌義：缺乏創意靈感、沮喪、焦慮、腦袋當中出現聲音（不是好的那種）、自閉症傾向、出生時體重偏輕、不快樂的小孩（如果代表過去的話）。也可代表：藥物過量、酗酒，或者只是單純的消化不良。這就是為什麼你需要透過方向關聯牌來做進一步的確認，或是利用「揭牌」的技巧來做澄清，確認這張牌的真正內容之後，再給出建議。

個人筆記：

現在輪到你了

請注意：如果你一時還沒有想法，可以日後再寫。重點是要好好去感受這張牌，不需要急就章。

你對這張牌的解讀是什麼？這張牌在對你說什麼？

如果是逆位牌，它在對你說什麼？

如果你看到這張牌出現在「最終結果」的陣位，你會怎麼跟你的客戶解釋這張牌？

你會如何用這張牌來作為「正向肯定語小助手」？請記得，當你在練習「吸引力法則」時，每一張牌都是極具價值的助手。無論何時，當你強烈渴望某樣東西，或是發現自己想要脫離某個困境，你都可以運用塔羅牌的圖案來進行視覺顯化觀想，讓願望儘速達成。如果你有興趣深入學習，在高階塔羅的奧祕課程與手冊中，我們對此會有更深一層的介紹。

對於這張牌，有其他感受、印象，或用法想要記錄在這裡嗎？

聖杯騎士（固定能量水）

牌面描述：聖杯騎士今天不急於往前衝了。他不疾不徐地來到一條大河岸邊，這條河將一片廣大沙漠分為兩半，騎士無視白日炎熱高溫，依然穿戴著厚重盔甲，緩步艱辛前行。他緊緊拉住馬轡，使得這匹馬幾乎沒辦法抬起頭來。他的馬兒好像不是很開心，因為牠把耳朵放得很平，後腿還往上抬了一大步*，頭部不斷晃動。但是騎士根本不管牠，他只專心顧著他手上的杯子，不讓杯裡的東西灑出來。
他的固執個性讓他的決心更加堅定。

作用於這張牌的主要元素

身分 —— 騎士。年輕、保護者、騎士精神、自律
牌組 —— 聖杯。追求、責任心、胸懷壯志、耐心
方向 —— 西南。執著、一心投入事業。晚間
元素 —— 水。內心動盪、深層情感、謹慎、執著

傳統牌義：這張牌代表一位有辦法全心專注於眼前任務的年輕男子。牌面上，這位騎士全神貫注，致力於控制自己的衝動和情緒，不讓自己失控。這張牌也可以代表某些「不善於表達情緒」或態度非常謹慎的男人（跟魯莽的寶劍騎士以及性情火爆的權杖騎士比起來），或是意指具有高於平均智力而且擁有音樂或藝術天分的人。這張牌也可以代表以慎重的態度慢慢進入一段感情關係。

傳統逆位牌義：固執、嫉妒心強的男人，一個受情緒掌控的人。通常不太可靠，而且不怎麼誠實。如果你對這個男人的性格有所疑惑，請提高警覺、小心應對。

*馬兒通常都是用三隻腳走路（前進時會有三個馬蹄接觸地面）。這位騎士很努力克制自己的生物衝動，雖然他的身體拚命想要反抗這個自制力。

個人筆記：

現在輪到你了

請注意：如果你一時還沒有想法，可以日後再寫。重點是要好好去感受這張牌，不需要急就章。

你對這張牌的解讀是什麼？這張牌在對你說什麼？

如果是逆位牌，它在對你說什麼？

如果你看到這張牌出現在「最終結果」的陣位，你會怎麼跟你的客戶解釋這張牌？

你會如何用這張牌來作為「正向肯定語小助手」？請記得，當你在練習「吸引力法則」時，每一張牌都是極具價值的助手。無論何時，當你強烈渴望某樣東西，或是發現自己想要脫離某個困境，你都可以運用塔羅牌的圖案來進行視覺顯化觀想，讓願望儘速達成。如果你有興趣深入學習，在高階塔羅的奧祕課程與手冊中，我們對此會有更深一層的介紹。

對於這張牌，有其他感受、印象，或用法想要記錄在這裡嗎？

聖杯王后（變動能量水）

牌面描述：一位金髮女子坐在海邊的寶座上，專心盯著她手上那座具有東方風格、把手直直朝上的華麗杯樽，左右把手上還裝飾著一對立姿天使，翅膀呈拱形、高高展開在他們的頭頂上方。聖杯王后手上的這個杯子，遠比整副塔羅牌中出現的任何一個杯子都還要複雜精細，這說明了她內心的情感亦同樣複雜。此刻，她正專心審視自己，完全陷在自我反省的內心世界中。

她的外在性格多變而且消極，因為她更多時候是活在自己的心靈世界裡，而不是活在有形的實體世界中。

作用於這張牌的主要元素

身分 —— 王后。母親、藝術家、作家、設計師、女人

牌組 —— 聖杯。理解力、需求、欲求、忠誠

方向 —— 東方 – 東南。通靈能力、敏感、空靈、想像力豐富

元素 —— 水。靈性、情感、信心、靈感、預視

傳統牌義：這張牌代表一位對感情相當敏感的女人，通常具有某種程度的心靈感應力，或是很強的創造力天分，比如藝術、音樂，或是設計。她的主要特徵就是具有豐富的想像力，對於他人的需求和欲望有敏銳的感受力，能夠關心別人，而且很喜歡動物或大自然。在占星學上，這張牌通常代表巨蟹座、天蠍座，或是雙魚座的女性。

傳統逆位牌義：聖杯王后逆位，代表一個情緒失控的女人。此外，她的神智狀態也令人質疑。可能有藥物濫用或酗酒的習慣。也可能嫉妒心強、不可靠、不誠實，而且可能會對自己或身邊的人做出危險動作。跟這樣的人接觸，要多加小心。

個人筆記：

現在輪到你了

請注意：如果你一時還沒有想法，可以日後再寫。重點是要好好去感受這張牌，不需要急就章。

你對這張牌的解讀是什麼？這張牌在對你說什麼？

如果是逆位牌，它在對你說什麼？

如果你看到這張牌出現在「最終結果」的陣位，你會怎麼跟你的客戶解釋這張牌？

你會如何用這張牌來作為「正向肯定語小助手」？請記得，當你在練習「吸引力法則」時，每一張牌都是極具價值的助手。無論何時，當你強烈渴望某樣東西，或是發現自己想要脫離某個困境，你都可以運用塔羅牌的圖案來進行視覺顯化觀想，讓願望儘速達成。如果你有興趣深入學習，在高階塔羅的奧祕課程與手冊中，我們對此會有更深一層的介紹。

對於這張牌，有其他感受、印象，或用法想要記錄在這裡嗎？

聖杯

聖杯國王（基本能量水）

牌面描述：我們發現，聖杯國王的寶座跟他的王后不一樣，並不是在海岸邊，而是在離岸很遠的海面上。海面顯然非常不平靜，因為國王身後的船隻像玩具一樣顛簸搖晃，但是國王的長袍卻沒有沾上半滴海水。背景中有一隻魚躍出海面，但國王的目光卻是望向遠方，而且他坐的角度非常明顯靠近寶座邊緣，一隻腳往前踩，像是隨時準備有所行動。

這個男人的靈魂，就像圍繞在他寶座四周的海水一樣，熱情湧動又不安。

作用於這張牌的主要元素

身分 —— 國王。牧師、藝術家、作家、廚師、漁夫、水手
牌組 —— 聖杯。通靈能力、信仰虔誠、忠誠、已婚男士、和藹可親
方向 —— 北方。努力工作的人、支持者、創造力豐富。正午
元素 —— 水。靈性、情感深度、占有慾、安全感

傳統牌義：請注意此人的身體姿態，這是了解他的主要關鍵。他的眼神背後隱藏的熊熊怒火，像是要激起一場情緒風暴，如同他身後的那隻魚，覺得整片大海都容不下牠。此人躁動不安，情緒非常激動。但他是一位品格極優、能夠給予他人支持鼓勵的人。非常有創意，而且也有很高的靈性或藝術天賦。他的內心深處燃燒著熊熊熱情，無論是否有表現出來，這就是他的根本性格。在占星學上，這張牌通常代表巨蟹座、天蠍座，或是雙魚座的男人。

傳統逆位牌義：聖杯國王逆位，是善變的惡魔。他的話不值得信任，因為他的心意（和忠誠度）會隨著情緒起伏而改變。有酗酒和濫用藥物的傾向，而且常常情緒不穩。要跟這個人認真交往之前，請務必先調查清楚，確定他在性格上有什麼缺陷，以及是否會影響到你。

杯王反向是易變的惡魔。當他的思想（和忠誠）隨著他的情感潮流而變化時，他的話不值得信任。潛在的酗酒和吸毒癮，也常常讓他情緒不穩定。與這個男人進行認真的交往之前，請確保您已經進行了一些調查研究，以確定他的性格缺陷的程度以及它們如何影響你。

個人筆記：

現在輪到你了

請注意：如果你一時還沒有想法，可以日後再寫。重點是要好好去感受這張牌，不需要急就章。

你對這張牌的解讀是什麼？這張牌在對你說什麼？

如果是逆位牌，它在對你說什麼？

如果你看到這張牌出現在「最終結果」的陣位，你會怎麼跟你的客戶解釋這張牌？

你會如何用這張牌來作為「正向肯定語小助手」？請記得，當你在練習「吸引力法則」時，每一張牌都是極具價值的助手。無論何時，當你強烈渴望某樣東西，或是發現自己想要脫離某個困境，你都可以運用塔羅牌的圖案來進行視覺顯化觀想，讓願望儘速達成。如果你有興趣深入學習，在高階塔羅的奧祕課程與手冊中，我們對此會有更深一層的介紹。

對於這張牌，有其他感受、印象，或用法想要記錄在這裡嗎？

宮廷人物趣聞

王后這個身分跟宮廷家族中的其他角色很不一樣，非常有趣。她既是一國之君（領袖），同時又是國王的妻子，除非她沒有結婚（比如伊麗莎白女王一世，她可說是歷史上最棒的女王之一）。不過，大多數女王都有結婚生子。這意謂著，她不僅身兼人妻和人母，而且還要擔負起作為整個國家的妻子和母親這樣的角色。她可能不需要從事耕田和擠牛奶等這類工作，但實際上她不僅是一位母親，有其需要履行的職責，而且還必須是身負統治權的君主，同時又是社會名媛（如果妳身為女王，所有的外國要員一定都會想要來跟妳交朋友——尤其如果妳又長得「很辣」的話）。

這是一個相當複雜的社會身分，需要一位複雜（且通常具有高度智慧）的女人才能勝任。哦，當然啦，歷史上也不乏一些不得民心和怠忽職守的王后，但她們的重要性絕對不會高於王國裡的無名女英雄，她們默默在一旁「協助」她們的皇帝和國王（但是國王總是佔走了大部分的歷史光彩）。因為這些因素，又更增添了王后牌的複雜性。王后牌（無論哪個牌組）必定是指一位女性、上司、具有某種性格特質的女性（或者如果是逆位牌的話，則是代表一位缺乏上述可取特質的女性），以及 / 或是某個年齡範圍的女性。如果在占牌當中無法確認這張王后牌是指誰，則必須用澄清牌來解開。在大多數情況下，牌陣中的王后牌一定是指擁有（或不具有）該牌組之性格特質的女性。

以「寶劍王后」這張牌來說，她們的性格優點是：果斷，有很強的內在力量和個人威望，聰明有智慧、有責任感，而且思慮清晰。如果是逆位牌的話，則代表性格上的弱點，比如：攻擊性較強、會惡意傷人、殘酷無情、狡猾、脾氣暴躁、自私、粗魯無禮。

至於宮廷牌所代表的年齡層，不必受其拘泥，如果要參考的話，可以看看下方的年齡區分，每一個宮廷人物都有大概所屬的年齡層。請記住，用方向關聯牌和澄清牌就能夠幫助你確認這些人的年齡，絕對比你用猜的來得準。

國王：成年男性（或權威人物），通常 30 歲以上

王后：成年女性（或權威人物），通常 30 歲以上

騎士：青少年到成年初期，大約到 30 歲（視成熟度而定）

侍者：小孩、少年、青少年初期（通常至多到 13–15 歲）

寶劍牌組

THE HOUSE OF SWORDS

寶劍家族裡充滿了雄心勃勃、跋扈專橫，以及 / 或是會行使詐騙手段的人，他們以帶給他人痛苦為樂。這個家族裡面大多數成員都很腐敗而且不道德，剩下的那群則專門帶給別人痛苦。在表象含義上，這個牌組呈現的是社會當中最無知的平民百姓的悲慘面貌。不過，這個牌組也屬於風元素，這個元素本質上跟暴力和背叛行為完全無關。至於這個牌組的含義，是使用原始設計的表象牌義，同時允許「就實際需要」進行雙重解讀。

寶劍王牌（基本能量風）

牌面描述：「上帝之手」從雲中伸出，手中舉著一把正立的結實短劍，劍尖處覆著一頂代表統治權的金色皇冠，皇冠上披著一條棕櫚葉和一條橄欖枝。寶劍下方是一片蒼涼荒蕪的土地，尖銳鋸齒狀的山丘彷彿帶著憤怒刺向冷漠的天空。六道yod字形的火焰圖案在劍柄上方舞動，顯示出正義英勇的決斷力。

這張牌一貫承繼了王牌（或牌組第一張牌）的固有初始能量，而寶劍王牌則是代表暴力、欺瞞、擊敗、變動，以及其相反——也就是風元素能量。

作用於這張牌的主要元素

數字 —— 王牌（或1號）。無人可及、狂熱、專制、靠武力建立威權。單數

牌組 —— 寶劍。激烈、果斷、支配、意志力、勇氣

方向 —— 西方。領導力、凝聚點、正義、平衡、純淨。日落時分

元素 —— 風。變動、不可預測、迅捷、敏銳的理解力、機智幽默

傳統牌義：這張牌預告，藉由侵略行動，宰制了對手的一切攻擊，成功掃除阻礙，取得霸主地位。整副塔羅牌中，大概很難再找到其他任何一張牌的圖案比這張更像男性陰莖，或者更帶有陽具崇拜的形上學意涵。上帝本人在這裡號令：陽剛實力高於一切。這張牌代表了一個新秩序、新力量、新領袖的誕生，通常這個新勢力是通過武力或意志力量而崛起的。這張牌也預示了征服行動即將展開、戰帖已經下達、睪丸激素勃發、義行即將發動。此外，這張牌也進一步透露出，因為宗教信仰的熱忱而顯得無畏無懼。這張牌代表著你擁有非常強大的力量。如果是作為「結果牌」，表示你絕對會獲得勝利。

傳統逆位牌義：很多專業塔羅師都認為，寶劍王牌逆位代表真正的死亡。因為它代表尖銳、瞬間的暴力和攻擊，通常伴隨著強大的憤怒。在採用這個牌義解釋之前，請務必利用方向關聯牌先做澄清和確認。

個人筆記：

現在輪到你了

請注意：如果你一時還沒有想法，可以日後再寫。重點是要好好去感受這張牌，不需要急就章。

你對這張牌的解讀是什麼？這張牌在對你說什麼？

如果是逆位牌，它在對你說什麼？

如果你看到這張牌出現在「最終結果」的陣位，你會怎麼跟你的客戶解釋這張牌？

你會如何用這張牌來作為「正向肯定語小助手」？請記得，當你在練習「吸引力法則」時，每一張牌都是極具價值的助手。無論何時，當你強烈渴望某樣東西，或是發現自己想要脫離某個困境，你都可以運用塔羅牌的圖案來進行視覺顯化觀想，讓願望儘速達成。如果你有興趣深入學習，在高階塔羅的奧祕課程與手冊中，我們對此會有更深一層的介紹。

對於這張牌，有其他感受、印象，或用法想要記錄在這裡嗎？

寶劍2（固定能量風）

牌面描述：一名女子獨自坐在海邊的石頭板凳上，蒙著眼睛，兩隻手各執一把長劍，交叉高舉過肩。這幅景象不禁讓人聯想到正義女神。其實，這名女子是在看守她身後那片豐饒、生機勃勃的海洋。蒙著眼睛，是代表無論誰來進犯她都不會放過，不會受偏見影響。天空中的新月，則更深一層描繪出女性所受到的束縛，以及內在所壓抑的強烈情感。

這是一張代表高度防衛的牌，本質上屬於固定能量。

作用於這張牌的主要元素

數字 —— 2。敵對的力量、意識形態歧異、優柔寡斷。雙數
牌組 —— 寶劍。防衛、意志的力量、受到約束、十字路口
方向 —— 東南。違抗、剛愎自用、反對使用武力。深夜
元素 —— 風。狂風、言語苛刻、情緒低落

傳統牌義：這不是代表輸贏。這張牌顯示的表面平衡，其實是暗示著雙方處在一種對峙狀態，沒有採取任何有意義的行動。也就是陷入僵局。沒有某種程度的妥協，事情就不可能有所進展，也不會有真正長久的和平，更不可能達成任何有效的改變。一切都停滯不前。此外，事情所涉及的各方人馬都採取高度防衛姿態，不願意（或是沒辦法）放下防衛，以免暴露自己的情緒或想法，因此根本無法打破這個僵局。這張牌預示了勞資糾紛或談判破裂。對藝術或文學創作者來說，代表創造力或寫作受阻。

傳統逆位牌義：表示寶劍已經入鞘，雙手得以空出來相互握手、達成協議（按照古老儀式，談判雙方必須互相檢查對方的手，確認無持有任何尖銳物品）。雙方已經達成和解，可以繼續往前走了。這是一種「創造性的死亡」，新的想法瞬間出現而且立即生效，使得事情能夠起死回生。寶劍 2 逆位也代表研究有所突破，關鍵難題得到解決。或是古老的祕密被人發現、揭露出來。

個人筆記：

現在輪到你了

請注意：如果你一時還沒有想法，可以日後再寫。重點是要好好去感受這張牌，不需要急就章。

你對這張牌的解讀是什麼？這張牌在對你說什麼？

如果是逆位牌，它在對你說什麼？

如果你看到這張牌出現在「最終結果」的陣位，你會怎麼跟你的客戶解釋這張牌？

你會如何用這張牌來作為「正向肯定語小助手」？請記得，當你在練習「吸引力法則」時，每一張牌都是極具價值的助手。無論何時，當你強烈渴望某樣東西，或是發現自己想要脫離某個困境，你都可以運用塔羅牌的圖案來進行視覺顯化觀想，讓願望儘速達成。如果你有興趣深入學習，在高階塔羅的奧祕課程與手冊中，我們對此會有更深一層的介紹。

對於這張牌，有其他感受、印象，或用法想要記錄在這裡嗎？

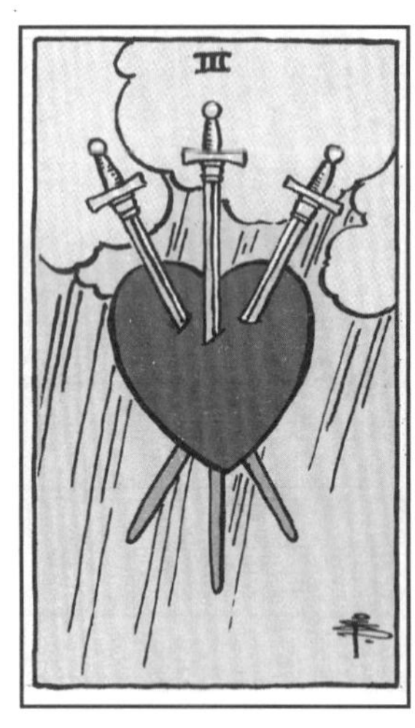

寶劍3（基本能量風）

牌面描述：一顆健康、正在跳動的紅色心臟，充滿了對生命的熱情以及對一切人事物的熱愛，現在卻被劍深深地刺傷了，而且不止一次，而是刺了三次（三這個數字代表重複，意指某件事已經徹底完成，而且一切任務圓滿：比如「一舉三得」）。

而且還正在下雨。

對於無防衛能力的無辜者而言，這種攻擊在本質上相當具關鍵性（具決定性且強大有力），而且受到這個牌組本身能量特質的影響，使得攻擊的強度更大。

作用於這張牌的主要元素

數字——3。有多人參與其中、三角關係。單數

牌組——寶劍。野蠻的攻擊、情緒壓迫

方向——西方。感情私通、婚外情。日落時分

元素——風。易變、誇張、鄙視、反覆無常

傳統牌義：唉唷喂！

情感方面：心碎、絕望、鬱悶、沮喪、被非常親近的人背叛、拋棄、嫉妒、不忠。「三角戀情」。

就字面意義來說：毀謗、中傷、公然侮辱、訴訟、違約、對親近的人嚴厲批評、拒絕、叛國、褻瀆。

身體方面：心臟病、中風、血液方面的疾病。現在應該馬上去看醫生。

傳統逆位牌義：手術後迅速恢復健康，長久的創傷得到修復，心痛欲絕之後情緒得到療癒，因權威人士下令而獲得賠償。

個人筆記：

現在輪到你了

請注意：如果你一時還沒有想法，可以日後再寫。重點是要好好去感受這張牌，不需要急就章。

你對這張牌的解讀是什麼？這張牌在對你說什麼？

如果是逆位牌，它在對你說什麼？

如果你看到這張牌出現在「最終結果」的陣位，你會怎麼跟你的客戶解釋這張牌？

你會如何用這張牌來作為「正向肯定語小助手」？請記得，當你在練習「吸引力法則」時，每一張牌都是極具價值的助手。無論何時，當你強烈渴望某樣東西，或是發現自己想要脫離某個困境，你都可以運用塔羅牌的圖案來進行視覺顯化觀想，讓願望儘速達成。如果你有興趣深入學習，在高階塔羅的奧祕課程與手冊中，我們對此會有更深一層的介紹。

對於這張牌，有其他感受、印象，或用法想要記錄在這裡嗎？

寶劍4（固定能量風）

牌面描述：一間小教堂，成為一位英勇騎士的最終休眠之所，大概是因為騎士的家族債台高築而被人追殺。他的石棺蓋上刻著他本人的石雕像，石棺側面刻著他個人專用的寶劍，好讓他可以帶到來世，繼續效忠服務他。石棺正上方牆壁上掛著三把劍，旁邊牆面高處有一面鑲嵌彩繪玻璃窗，日落時分，夕陽穿過玻璃窗在他的紀念碑上灑下光芒。這是極少數戰士才能獲得的崇高榮耀。任何人想要得到相同待遇，不可能不需要付出努力與代價。

作用於這張牌的主要元素

數字 —— 4。休息、體制結構、石匠、榮譽。雙數
牌組 —— 寶劍。英勇、戰士、戰事紀念碑、雕像、創傷得到復元
方向 —— 東南。公開場合、為人群服務。深夜
元素 —— 風。靜止不動、靜默、停滯、頌辭與銘文

傳統牌義：這張牌並不是死亡牌（塔羅的死亡牌已經太多了，沒必要再多一張）。這張牌象徵與固定能量相關、但又有所不同的一種概念。大多數時候它是代表長時間努力付出之後的一種休息狀態：退休，或是終於讓某件事情進入停歇狀態。也可能代表手術之後的休養。另外一種含義是代表：很晚才被贈與遺產、紀念碑，以及榮譽表揚。如果牌陣中出現數張方向關聯牌，那麼這張牌也可以代表遺產繼承。如果是指具體的地點，則代表殯儀館、教堂地下室墓穴，以及太平間。有時也代表真正的葬禮。

傳統逆位牌義：恥辱、不名譽之事。有人想要把過去的一些事情挖出來，不斷去刺探和窺探過去的醜事。不承認某人所做的努力和事蹟。

個人筆記：

現在輪到你了

請注意：如果你一時還沒有想法，可以日後再寫。重點是要好好去感受這張牌，不需要急就章。

你對這張牌的解讀是什麼？這張牌在對你說什麼？

如果是逆位牌，它在對你說什麼？

如果你看到這張牌出現在「最終結果」的陣位，你會怎麼跟你的客戶解釋這張牌？

你會如何用這張牌來作為「正向肯定語小助手」？請記得，當你在練習「吸引力法則」時，每一張牌都是極具價值的助手。無論何時，當你強烈渴望某樣東西，或是發現自己想要脫離某個困境，你都可以運用塔羅牌的圖案來進行視覺顯化觀想，讓願望儘速達成。如果你有興趣深入學習，在高階塔羅的奧祕課程與手冊中，我們對此會有更深一層的介紹。

對於這張牌，有其他感受、印象，或用法想要記錄在這裡嗎？

寶劍5（基本能量風）

牌面描述：一位紅髮年輕人，轉頭看著被他擊敗的敵人，咧嘴露出奸詐的笑容。他的左手握著兩把剛剛才取得的劍，另外還有兩把劍散亂地掉在他面前。這個人似乎是個惡霸，不過除了恐嚇、毆打他人令對方屈服之外，並沒有發生什麼更嚴重的事。他是用他的意志力令對方屈服，使得所有人的命運因此改變。

這種霸凌行為具有關鍵性的影響作用，雖然因為對手已經投降、而讓這個欺凌行為暫時停止。

作用於這張牌的主要元素

數字 —— 5。混亂失序、警惕、計畫中斷。單數

牌組 —— 寶劍。暴力、恐嚇、壓迫、優越感

方向 —— 西方。透過別人來證明自己。傍晚

元素 —— 風。改變方向、言詞挑戰、威脅

傳統牌義：被一位惡霸公然恐嚇。某人因為內心需要證明自己的存在價值，而對別人發動身體、精神，或是口頭上的攻擊，以此取得優越感。他是透過實際的技能來進行恐嚇，也有可能只是放空話或擺出姿態讓對方害怕。重點是這個恐嚇確實有效。你可以運用「揭牌」技巧以及找出方向關聯牌，來確認這個恐嚇的內容到底是什麼。請注意，惡霸上方高空處吹過的強風，並沒有影響到那些被擊敗的人。怒火吹動天空的雲朵，滿足了這位惡霸的自我，卻沒有安慰或鼓舞到那些已經放棄希望的人們。這張牌也顯示出群眾的懦弱（畏懼於一位獨裁者或「強勢領導者」）。

傳統逆位牌義：不再屈服，從壓迫中解放。有人勇於站出來對抗虛假的權威，因而化解衝突。很有可能這是集體團隊努力的結果，而非單一個人所成。

個人筆記：

現在輪到你了

請注意：如果你一時還沒有想法，可以日後再寫。重點是要好好去感受這張牌，不需要急就章。

你對這張牌的解讀是什麼？這張牌在對你說什麼？

如果是逆位牌，它在對你說什麼？

如果你看到這張牌出現在「最終結果」的陣位，你會怎麼跟你的客戶解釋這張牌？

你會如何用這張牌來作為「正向肯定語小助手」？請記得，當你在練習「吸引力法則」時，每一張牌都是極具價值的助手。無論何時，當你強烈渴望某樣東西，或是發現自己想要脫離某個困境，你都可以運用塔羅牌的圖案來進行視覺顯化觀想，讓願望儘速達成。如果你有興趣深入學習，在高階塔羅的奧祕課程與手冊中，我們對此會有更深一層的介紹。

對於這張牌，有其他感受、印象，或用法想要記錄在這裡嗎？

寶劍6（變動能量風）

牌面描述：一位船夫撐著槳，駕船渡過一片短程水域，船上載著一名婦女和她的孩子，準備前往遠方海岸。船身右邊波濤洶湧，但左邊水域一路延伸到目的地，卻是平靜無波。船上的六把劍，以及那位彎著身子的蒙面婦女，跟船夫身上的鮮明衣著形成強烈對比，暗示著這名婦女有可能是為了擺脫壓迫而乘船離開。不禁讓人聯想到希臘神話中的那位冥界船夫卡戎（Charon），他負責運送死者的靈魂渡過冥河，進入黑帝斯（Hades）掌管的冥界，在那片土地上，一切終將得到安息，遠離混亂，進入和諧之境。

作用於這張牌的主要元素

數字——6。從混亂中創造秩序。雙數

牌組——寶劍。撤退、尋求同盟、重組

方向——北－東北。短途旅行、臨時決定出遊。將近中午時分

元素——風。變更計畫、失蹤、逃跑

傳統牌義：水路旅行。可能代表搬家，也可能是度假，但是基於寶劍牌組的本質之故，這張牌更常意指逃離或是分離（比如離開有家暴行為的配偶），或者離開貧窮或其他惡劣環境，搬到比較安全的地方。這張牌跟聖杯 8 有點類似，唯一不同的是（先不論是走水路或陸路離開），寶劍 6 中的婦人是拋下某些東西之後匆促離開，而聖杯 8 中的男子是將一切安排妥當之後才離開他所居住的城鎮。你可以看到，牌面中這位婦人甚至連好好收拾行李的時間都沒有。而母親單獨帶著小孩，也暗示著她是離開她的配偶。

特別說明：「相吸與相斥法則」，其中有一半是「相斥法則」。而這張牌當中的船夫所展現的，就是「相斥法則」的行動能量（他是船長——代表頭腦、意志、奇蹟魔法的運作等等。如果想要取得更多這方面的資訊，請諮詢你所在當地的神祕學院，或是在我們招生時提出申請），以其豐富經驗，將船駛離湍急海面，進入平緩的水域，平安到達目的地。從動機上來說，這是一種「離開」，儘管這個法則的另一半（所謂的「吸引力法則」）是「趨近」（這裡我們也看到了聖杯 7 的隱含牌義）。

傳統逆位牌義：旅行或逃離行動受到延遲。無法擺脫目前情境。被迫忍受當前的環境，或是從系統內部進行改變而不是逃離。無論什麼原因，很可能會回到先前的絕望狀態。

＊（經驗談）當你開始進行「相吸相斥法則」的練習，你一定會發現，透過簡單的視覺觀想，快速顯化願望的能力變強了。當你透過觀想去經驗某件事情，它都會跟一個更大的力量產生共振，形成一種拉力或推力，而不需要在實體世界真實去經歷那件事。如果你能好好開發你的想像力和觀想技巧，你就能一再得到「真實經驗」的利益，而不會有實體刺激的負擔。如果需要這方面的資訊，可以請教你的老師。

個人筆記：（如果你需要比較大的空間，請寫在你個人的日記上）

現在輪到你了

請注意：如果你一時還沒有想法，可以日後再寫。重點是要好好去感受這張牌，不需要急就章。

你對這張牌的解讀是什麼？這張牌在對你說什麼？

____

____

____

如果是逆位牌，它在對你說什麼？

____

____

____

如果你看到這張牌出現在「最終結果」的陣位，你會怎麼跟你的客戶解釋這張牌？

____

____

____

你會如何用這張牌來作為「正向肯定語小助手」？請記得，當你在練習「吸引力法則」時，每一張牌都是極具價值的助手。無論何時，當你強烈渴望某樣東西，或是發現自己想要脫離某個困境，你都可以運用塔羅牌的圖案來進行視覺顯化觀想，讓願望儘速達成。如果你有興趣深入學習，在高階塔羅的奧祕課程與手冊中，我們對此會有更深一層的介紹。

____

____

____

對於這張牌，有其他感受、印象，或用法想要記錄在這裡嗎？

____

____

____

寶劍7（基本能量風）

牌面描述：一名竊賊躡手躡腳走出部隊營帳，雙手抱著從敵方軍械庫偷來的劍，這個動作大大降低了他的族人受到傷害的程度。情況看起來相當驚險，但是牌面背景中那幾位戰士似乎都沒發現到他。看來今天他是走運了。

請注意：克勞利（Aleister Crowley）在他所設計的托特塔羅牌中，為這張牌下的標題是「徒勞無功」（Futility），使得這張牌的主角從小偷轉換為背景當中的戰士部隊，同時也改變了這張牌的含義，把主動做出行為的人變成了行為的作用對象。

作用於這張牌的主要元素

數字 —— 7。好運到、改變命運。單數

牌組 —— 寶劍。詭計騙局、危險職業、驕傲

方向 —— 西方。被動攻擊、誤導。傍晚

元素 —— 風。適應環境、聰明的點子、衝動

傳統牌義：這張牌最簡單的解釋就是，有一位小偷進到你的營帳中。這個人是你誤交的朋友，會中傷你、對你耍陰謀詭計，完完全全就是一名竊賊，從頭到尾都在欺騙你。這是這張牌的一般解讀。更深一層的解讀則是指，利用一些聰明的手段來規避會帶給人痛苦的現狀，或是，使用壓迫者本身的語言或裝備來反抗他們的壓迫，然後將它擺脫。不管是哪一種情況，這張牌幾乎都直接涉及到欺瞞、陰謀策略，或是操縱等問題。請檢查牌陣當中出現的其他方向關聯牌，跟你客戶的問題仔細對照一下，以確認這張牌的真正含義。通常答案都會很明顯。

傳統逆位牌義：被偷走的貨物或是「被借走」的物品重新物歸原主、陰謀與詭計被揭穿、「壞人被逮到」。或是與此完全相反的含義：毫無根據的指控和疑神疑鬼。

個人筆記：

現在輪到你了

請注意：如果你一時還沒有想法，可以日後再寫。重點是要好好去感受這張牌，不需要急就章。

你對這張牌的解讀是什麼？這張牌在對你說什麼？

如果是逆位牌，它在對你說什麼？

如果你看到這張牌出現在「最終結果」的陣位，你會怎麼跟你的客戶解釋這張牌？

你會如何用這張牌來作為「正向肯定語小助手」？請記得，當你在練習「吸引力法則」時，每一張牌都是極具價值的助手。無論何時，當你強烈渴望某樣東西，或是發現自己想要脫離某個困境，你都可以運用塔羅牌的圖案來進行視覺顯化觀想，讓願望儘速達成。如果你有興趣深入學習，在高階塔羅的奧祕課程與手冊中，我們對此會有更深一層的介紹。

對於這張牌，有其他感受、印象，或用法想要記錄在這裡嗎？

寶劍8（固定能量風）

牌面描述：一名年輕女子蒙著眼睛、身體遭到綑綁，站在一片單調無奇的平原上。她的四周圍著八把劍，強風不斷向她吹襲。背景當中，岩石峭壁高處聳立著一座城堡，看起來主人頗有權勢，很可能就是壓迫這名女子的人。女子無法逃脫，因為她眼睛緊緊被蒙住，看不見前方的道路，不知該往哪裡走。她無法拆下蒙眼的布條，因為她的手也被綁住了。因此，就算她只往前走幾小步，都可能會掉入現在腳下的那片泥淖中。

這張牌的能量是停滯不前的。被固定、無法動彈。

作用於這張牌的主要元素

數字——8。禁制的結構體系、監牢、堅硬的牆壁、缺乏進展。雙數

牌組——寶劍。限縮、監禁、束縛、隔離、不作為

方向——東南。抵抗統治菁英。深夜

元素——風。強風、靜默時刻、生命反思的時刻、感官知覺的剝奪

傳統牌義：這張牌明白顯示出一種深陷困境的狀態。受到監禁、情感閉鎖、創造力窒息、被看不見的力量扣為人質（多半是指庸碌的工作、少有可行的改善方法、困在不幸的婚姻中等等）。不過，這張牌背後隱藏的訊息是：所有的這些限制，不過就是當前時刻將你圍困其中的一堵石牆罷了。要擺脫這種監禁狀態，必須先把一部分的石塊搬走。你只要選定幾塊關鍵性的石頭，將它們拿掉，整座牆很快、也很容易就會自己崩塌。你不需要自己用手一塊一塊把它們搬走。這張牌是要喚醒你，仔細去檢視自己目前的生活，是不是有哪些事情集體帶來的危害更勝於個別存在的危險，儘速將這些事情清除。

傳統逆位牌義：從受困的狀態中逃脫或釋放出來、獲得自由的機會已經到來、重返社會。

個人筆記：

現在輪到你了

請注意：如果你一時還沒有想法，可以日後再寫。重點是要好好去感受這張牌，不需要急就章。

你對這張牌的解讀是什麼？這張牌在對你說什麼？

如果是逆位牌，它在對你說什麼？

如果你看到這張牌出現在「最終結果」的陣位，你會怎麼跟你的客戶解釋這張牌？

你會如何用這張牌來作為「正向肯定語小助手」？請記得，當你在練習「吸引力法則」時，每一張牌都是極具價值的助手。無論何時，當你強烈渴望某樣東西，或是發現自己想要脫離某個困境，你都可以運用塔羅牌的圖案來進行視覺顯化觀想，讓願望儘速達成。如果你有興趣深入學習，在高階塔羅的奧祕課程與手冊中，我們對此會有更深一層的介紹。

對於這張牌，有其他感受、印象，或用法想要記錄在這裡嗎？

寶劍9（變動能量風）

牌面描述：一人半夜從惡夢中驚醒，起身坐在床上，卻發現自己的床鋪滿是暴力與血腥。他身上蓋的那張毛毯，上面繪有玫瑰和黃道十二宮符號相互交織的圖案。九把劍如同織布紋路般交錯相疊在他頭頂上方，但是跟「達摩克里斯之劍」不一樣，這些劍的劍尖並沒有直立指向他。木頭床架有一部分露出來，可以看到上面有一幅木雕，森林中有一個人，手中拿著一把劍，似乎正在攻擊另一個人。這張牌代表對於過去事件的反應，或預示情況會更加惡化，因此這張牌的能量是變動的。

作用於這張牌的主要元素

數字 —— 9。最高點、潛意識的飽和點、巨大恐懼。單數
牌組 —— 寶劍。情緒痛苦、恐懼、憂慮、暗中的威脅、惡夢、懊悔
方向 —— 北方 – 東北。過度分析、焦慮。深夜
元素 —— 風。不確定性、呼吸困難、報喪、失眠

傳統牌義：有些事情似乎超出你的控制範圍，因而感到焦慮、擔心，導致惡夢連連和失眠，或是因為身體出了狀況無法入睡。對過去的事或還沒發生的事情感到壓力極大、絕望（請跟客戶的問題比對），心情非常痛苦，甚至疑神疑鬼。有些擔憂可能是毫無根據的。你必須針對牌陣內容加以分類，以找出你的客戶所擔憂的事情是不是真有其事。這張牌代表情緒已經達到飽和點，而且這些情緒並非沒有來由。找出造成問題的根本原因，然後尋求解決之道。有時候，這張牌也可能代表你的床或睡眠空間不舒適。

傳統逆位牌義：情緒宣洩。釋放過去的痛苦，然後繼續往前走。釋放身體的緊張感。你一直承受極大的壓力，而現在造成壓力的原因已經消除。現在該要忘記過去，重新創造新的美好回憶。

個人筆記：

現在輪到你了

請注意：如果你一時還沒有想法，可以日後再寫。重點是要好好去感受這張牌，不需要急就章。

你對這張牌的解讀是什麼？這張牌在對你說什麼？

如果是逆位牌，它在對你說什麼？

如果你看到這張牌出現在「最終結果」的陣位，你會怎麼跟你的客戶解釋這張牌？

你會如何用這張牌來作為「正向肯定語小助手」？請記得，當你在練習「吸引力法則」時，每一張牌都是極具價值的助手。無論何時，當你強烈渴望某樣東西，或是發現自己想要脫離某個困境，你都可以運用塔羅牌的圖案來進行視覺顯化觀想，讓願望儘速達成。如果你有興趣深入學習，在高階塔羅的奧祕課程與手冊中，我們對此會有更深一層的介紹。

對於這張牌，有其他感受、印象，或用法想要記錄在這裡嗎？

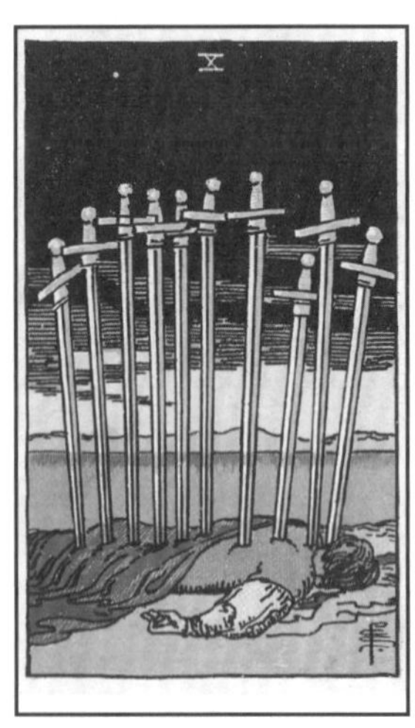

寶劍10（基本能量風）

牌面描述：烏雲密布的漆黑天空之下，透露不出一絲陽光和幸福感，一個人倒臥在血泊之中，背部從上到下插著十把劍。看來似乎是他之前做了什麼事情，導致現在這個結果。不過，攻擊者也不太妙；因為此人留下了一個線索，透露出凶手的身分。

這個人顯然出了什麼事。那件事力道很大，發生得非常突然，而且足以徹底改變這個人的生命。因此毫無疑問，這張牌的能量是屬於基本、關鍵性的。

作用於這張牌的主要元素

數字 —— 10。結局和演變。重啟系統。最終結果。雙數

牌組 —— 寶劍。暴力、欺騙、憤怒、背叛、暗中的敵人、傷害

方向 —— 西方。復仇、幫派正義、報復。傍晚

元素 —— 風。變動、狂風暴雨、消除積怨、垂死掙扎、人格詆毀

傳統牌義：倚言而生、倚劍而死。這是導致一個人走向毀滅的原因。在極少數情況下，這張牌也代表對一位無辜之人的襲擊；不過，一個曾經起誓要以劍來維護公平正義的生命，最終死於劍下，也算是求仁得仁。這張牌並不是在對一個人的行為做出裁判。它顯示一件事情最終可能發生的結果，如果此人先前沒有做出相應的行為，也不可能會出現這張牌的結局。如果實際上還沒有走到這一步（遭致果報），那麼這張牌就是代表類似「千刀萬剮」或「不得好死」的詛咒。就像俗話說的，人只要一走霉運，一件再小的事都可能讓你惹禍上身。如果是這種情況，那實際上你受到的傷害並不會像前者那種情況那麼大，真正會帶來全面性傷害的，是有人沒完沒了拚命往你要害扎針，把你搞到怒火狂燒，最終讓你自己做出對自身和未來無法估量的傷害，尤其是對方拚命對你發暗箭，而你竟完全不知情。

補充牌義：徹底的背叛、財務崩盤、背信忘義、被眾人擊倒。可能是身體上的，也可能是情緒上的，可以指事件，也可以指人（比如說，突然倉促終結一份契約、一段感情，或是一樁生意）。最後，這張牌也可能代表慢性背痛或背部手術。

傳統逆位牌義：躲過子彈。危險近在咫尺，你可以感受到它的風尾威力。不可思議的歷劫重生（肉體上、財務上等等）、復活。

個人筆記：

現在輪到你了

請注意：如果你一時還沒有想法，可以日後再寫。重點是要好好去感受這張牌，不需要急就章。

你對這張牌的解讀是什麼？這張牌在對你說什麼？

如果是逆位牌，它在對你說什麼？

如果你看到這張牌出現在「最終結果」的陣位，你會怎麼跟你的客戶解釋這張牌？

你會如何用這張牌來作為「正向肯定語小助手」？請記得，當你在練習「吸引力法則」時，每一張牌都是極具價值的助手。無論何時，當你強烈渴望某樣東西，或是發現自己想要脫離某個困境，你都可以運用塔羅牌的圖案來進行視覺顯化觀想，讓願望儘速達成。如果你有興趣深入學習，在高階塔羅的奧祕課程與手冊中，我們對此會有更深一層的介紹。

對於這張牌，有其他感受、印象，或用法想要記錄在這裡嗎？

寶劍侍者（弱力基本能量風）

牌面描述：在一個起風的日子，一位年輕鄉紳站在一小塊高地上練習舞劍。他目光逆著風，無懼於任何人的挑戰與攻擊。他的姿態相當輕鬆，顯然已經受過多年訓練，精通劍術，此刻他準備迎戰下一場決鬥的假想敵。他衣著相當輕盈，頭髮整個往後紮起。他已經為這一天的對決做好準備。

這張牌的能量是主動的、關鍵性的，但是力量並不強大。因為他仍在「磨練中」。

作用於這張牌的主要元素

身分 —— 侍者。學徒、助手、學生、年輕人、信使
牌組 —— 寶劍。處於戒備狀態、言語虐待、壞消息
方向 —— 西方。爭辯、武斷、魔鬼代言人。傍晚
元素 —— 風。思想交流、重要新聞、緊急消息

傳統牌義：這張牌如果是代表一個人，那就是一位少年或少女，或是一名學生，此人可能擁有寶劍牌組的特質（魯莽、招搖、防衛心強、易怒、有潛在暴力傾向），也可能有風元素的特性（聰明、好學、[超級]活潑、犀利幽默）。如果這張牌代表一個訊息，可以預期那個內容會非常尖銳、犀利，讓人不開心或是完全不屑一顧。如果這張牌是代表一種狀況或存在狀態，那表示它是站在道德上的制高點，對一件事情做出激烈爭辯，以一種上對下的教導態度在說話或說教。它不是「口水戰」，而是一種充滿活力的交流（除非方向關聯牌中出現較為負面的牌）。

傳統逆位牌義：自以為是、輕蔑的態度、溝通不良、因為用詞不當而起爭論、不耐煩、降職、不理性、屁孩。

個人筆記：

現在輪到你了

請注意：如果你一時還沒有想法，可以日後再寫。重點是要好好去感受這張牌，不需要急就章。

你對這張牌的解讀是什麼？這張牌在對你說什麼？

如果是逆位牌，它在對你說什麼？

如果你看到這張牌出現在「最終結果」的陣位，你會怎麼跟你的客戶解釋這張牌？

你會如何用這張牌來作為「正向肯定語小助手」？請記得，當你在練習「吸引力法則」時，每一張牌都是極具價值的助手。無論何時，當你強烈渴望某樣東西，或是發現自己想要脫離某個困境，你都可以運用塔羅牌的圖案來進行視覺顯化觀想，讓願望儘速達成。如果你有興趣深入學習，在高階塔羅的奧祕課程與手冊中，我們對此會有更深一層的介紹。

對於這張牌，有其他感受、印象，或用法想要記錄在這裡嗎？

寶劍騎士（終極基本能量風）

牌面描述：一名年輕人用力踩著馬鐙，催促他的馬兒疾速穿越崎嶇地形。這匹受過訓練的馬露出驚恐的神情，全神貫注於坐在他頂上的這個人的命令，而無視前方有何危險。這位短視的騎士完全不在乎這些，因為他的憤怒已經到達頂點，一心一意只想報仇。他身上那件英勇的紅色披風以及義憤填膺的頭盔羽毛，透露出他迫不及待想要看見正義在當下實現（大開殺戒）。連天空都充滿憤怒。

這可能是整副塔羅牌當中怒氣最重的一張牌。它充滿了青春的浮躁、睪丸激素，還有激情。這張牌帶有基本、關鍵的影響力能量。

作用於這張牌的主要元素

身分 —— 騎士。年輕人、英勇戰士、激情、大膽、睪丸激素急促分泌

牌組 —— 寶劍。侵略進取、疾速匆忙、無所畏懼、意志力

方向 —— 西方。挑戰、責任感、榮譽心、軍事準則。日落時分

元素 —— 風。強風、颶風、龍捲風。猛禽

傳統牌義：勢不可當。年輕的大男人主義者：主動積極、果斷，有時甚至相當霸道。無所畏懼。是天生的領導者，或者環境時勢造就的領袖。無論是哪一種情況，此人對於這個角色都帶有相當的主動性。這顯示出此人經常迅速主動出擊，而且也經常迅速離去。即便如此，這個人還是相當有魅力，經常能夠吸引人來靠近他，就像蒼蠅追逐甜食花蜜。如果這張牌是代表一種個性或人格特徵，那表示此人在面臨危險時，或是有人以暴力強迫他人服從其信念時，能夠展現極大的勇氣。無論那是言詞上的論戰或是實體事件。此外，這張牌也代表不顧一切，奮勇以行動去解救他人。

傳統逆位牌義：以上所描述的那些特徵的負向面——霸凌、暴虐、易怒、招搖、火力強大的人、煽動者、大嘴巴、沒有耐性、缺乏遠見、宗教狂熱、政治狂熱分子。

個人筆記：

現在輪到你了

請注意：如果你一時還沒有想法，可以日後再寫。重點是要好好去感受這張牌，不需要急就章。

你對這張牌的解讀是什麼？這張牌在對你說什麼？

如果是逆位牌，它在對你說什麼？

如果你看到這張牌出現在「最終結果」的陣位，你會怎麼跟你的客戶解釋這張牌？

你會如何用這張牌來作為「正向肯定語小助手」？請記得，當你在練習「吸引力法則」時，每一張牌都是極具價值的助手。無論何時，當你強烈渴望某樣東西，或是發現自己想要脫離某個困境，你都可以運用塔羅牌的圖案來進行視覺顯化觀想，讓願望儘速達成。如果你有興趣深入學習，在高階塔羅的奧祕課程與手冊中，我們對此會有更深一層的介紹。

對於這張牌，有其他感受、印象，或用法想要記錄在這裡嗎？

寶劍王后（固定能量風）

牌面描述：寶劍王后坐在石雕寶座上，右手舉著她的寶劍，準備行動，左手召喚她的一名侍從走向前來接受「審判」。她今天很不開心。

這位女士，只要有什麼事情出現在她面前，吸引到她的注意力，她就會馬上去處理。一旦對某件事情心意已決，她會表現得相當果斷、堅定、絲毫不受動搖。

作用於這張牌的主要元素

身分 —— 王后。母親、法官、老師、護士、女警、行政人員、女人

牌組 —— 寶劍。限縮、監禁、女性施虐狂、冰雪皇后

方向 —— 東南。反對傳統統治菁英。女性政客。深夜

元素 —— 風。暴風雨、精神思維活動力很強、不受情緒左右

傳統牌義：這是一位個性果斷的女人，不了解她個性，或是不願接受她嚴肅作風的人，經常會把她當成敵人。她的意志非常堅定，而且非常堅持自己的判斷，會為自己那些討人厭的行為找藉口，即使對方只是對她的判斷提出疑問，而不是質疑她的動機。她非常聰明、能力很強，而且不太會被自己的情緒或怒氣所左右。她代表了一種概念：真正有權力的人通常躲在王位後面，因為她並非一直都是「官方的」掌權者，那個職位花太多時間在「交際」，根本沒有實際上在管理政務。

補充牌義：如果把重點放在「風元素」上，這張牌可能是代表一位雙子座、天秤座或水瓶座的女人，一位醫師、護士、行政人員、決策人員，或是任一類型的女性權威人物、政治家、國君、女酋長、建築師、設計師、工程師（等等）——這些角色本質上都不是「冷漠無情」或「無血無淚」的人。不要忘記，寶劍牌組的每一張牌都具「雙重解讀功能」，可以用元素含義來解讀，也可以用牌組含義來解釋。如果有牌義上的疑問，只要使用澄清牌就可以馬上得到解答。

傳統逆位牌義：邪惡、卑鄙、自私自利的女人。暴虐性格的上司、腐敗的政客，或是嚴厲的母親形象人物。黑寡婦，或是蛇蠍美人。冷漠無情、批判心強、苛刻、心胸狹隘。也可能意指一個本來不錯的女人後來整個人垮了。如果需要進一步確認這張牌的內容，請善用「揭牌」的動作。

個人筆記：

現在輪到你了

請注意：如果你一時還沒有想法，可以日後再寫。重點是要好好去感受這張牌，不需要急就章。

你對這張牌的解讀是什麼？這張牌在對你說什麼？

如果是逆位牌，它在對你說什麼？

如果你看到這張牌出現在「最終結果」的陣位，你會怎麼跟你的客戶解釋這張牌？

你會如何用這張牌來作為「正向肯定語小助手」？請記得，當你在練習「吸引力法則」時，每一張牌都是極具價值的助手。無論何時，當你強烈渴望某樣東西，或是發現自己想要脫離某個困境，你都可以運用塔羅牌的圖案來進行視覺顯化觀想，讓願望儘速達成。如果你有興趣深入學習，在高階塔羅的奧祕課程與手冊中，我們對此會有更深一層的介紹。

對於這張牌，有其他感受、印象，或用法想要記錄在這裡嗎？

寶劍國王（固定能量風）

牌面描述：寶劍國王正面直視著我們。他是整副塔羅牌中唯一做出這個動作的人，他在挑戰我們、審視我們。其他國王的目光都是專注於他們王國的重要事務上，只有這個人一直盯著我們看，好像我們也是他王國的子民一樣。他把寶劍鬆鬆地握在手中，而且角度有點偏斜，顯示出他不像他的妻子那般緊張不安。他好整以暇地等我們先出手，才會有所行動。

這張牌的能量屬於固定能量，堅定毫不猶豫，但與騎士不同，國王在採取行動之前會先以智慧去觀察判斷。

作用於這張牌的主要元素

身分 —— 國王。老闆、霸主、大男人、醫生、警察、法官
牌組 —— 寶劍。權勢集團和被認可的權威、老大
方向 —— 東南。政治人物與公僕。深夜
元素 —— 風。思路清晰、正義、依法行事、判斷

傳統牌義：強有力的領袖或權威人物，比如警務人員、律師、法官、商人、軍官、企業主管，或是一位嚴厲的父親。也可以代表高智力的專業人士，比如醫生、教授、科學家、作家。個性通常帶有保守的一面：明智而審慎、積極進取、野心勃勃、拘謹內斂、不信任未經檢驗的想法或人物。以占星學來說，這張牌代表雙子座、天秤座或水瓶座，因為這三個星座都是風向星座。

傳統逆位牌義：一位有耐性但是個性殘忍、精於心計的男人。犯罪策劃者或頭目。鐵掌暴君、獨裁者。

個人筆記：

現在輪到你了

請注意：如果你一時還沒有想法，可以日後再寫。重點是要好好去感受這張牌，不需要急就章。

你對這張牌的解讀是什麼？這張牌在對你說什麼？

如果是逆位牌，它在對你說什麼？

如果你看到這張牌出現在「最終結果」的陣位，你會怎麼跟你的客戶解釋這張牌？

你會如何用這張牌來作為「正向肯定語小助手」？請記得，當你在練習「吸引力法則」時，每一張牌都是極具價值的助手。無論何時，當你強烈渴望某樣東西，或是發現自己想要脫離某個困境，你都可以運用塔羅牌的圖案來進行視覺顯化觀想，讓願望儘速達成。如果你有興趣深入學習，在高階塔羅的奧祕課程與手冊中，我們對此會有更深一層的介紹。

對於這張牌，有其他感受、印象，或用法想要記錄在這裡嗎？

宮廷人物趣聞

國王這個角色其實比「老闆」還要複雜多樣，雖然當今世上大體已不存在國王這個角色，而且從很多方面來看，這都是我們的社會之所以不再進步的原因。當今時代，有太多領導者（包括企業、政府，甚至家庭中的領導角色）都只喜歡享受權力，卻不願意承擔對等的責任。在古老的君主制時代，國王與土地是一體的。甚至人民所推選出來的官員亦是如此：這裡我們並不是要爭論與生俱來的神聖特權問題。一國之君（總統或國王）的真實精神在於：他或她（如果王后是實際掌權人的話）與土地以及土地上的人民是一體的。這兩個要素的結合與連結，就是鍊金術法則「如在其上、如在其下」的核心要義。如果國王與國家不是「一體」（也就是：統治者對身為國家核心靈魂的「人民」之需求視而不見），而且企圖讓他的國家（或他負責管理的事業、家庭、宗教信眾，或是任何「組織」）變成一種大規模的支持機制，用來支撐他的一己之私與奢華享受，那麼，這個國家便不再偉大。

我們不難看見，太多自命為「皇帝」者崛起之後又迅速墮落，他們在迷戀於自我的權利當中，犧牲了整個企業組織，而那些被虐待的人也不願再為他盡力賣命。因此，當人們說到「國王」（或王后）這兩個字，總是帶了那麼點酸味。能夠認知到自己的職責乃在保護和造福其國土（或家庭、事業、組織等等），因而受人信賴的「可敬國王」（或王后）實在太過稀有了。這實在很可惜，不僅對國王是如此，對一整個國家（和其人民）都是憾事。因為一個好的國王可以培養出一整個國家的英雄。

至於我們這位自鳴得意的朋友——錢幣國王，則是一個謎。如果我們從他所代表的土元素去看，那麼他應該是很有耐心、堅強、可靠、富有，而且是一位很優秀的管理者。但如果從牌面圖案去檢視他坐擁的萬貫財富，那我們就會開始遲疑，心想：「你到底是一位好國王呢？……還是壞國王呢？」他的強項我們上面已經提過了，當然還兼具占星學土象星座的優點：果斷、有絕佳的理財概念、溫情、性感（適度）、智慧等等。如果是逆位牌的話，那他就是一個志得意滿、自以為是、霸氣、超級保守的偽君子，會用金錢買票，為的是藉此賺到更多的錢，同時懲罰敢於違抗他的人（以此為樂）。因此，如果占牌中出現這張牌，很要緊的是要先趕快弄清楚，究竟他是屬於哪一種。

至於宮廷牌所代表的年齡層，不必受其拘泥，如果要參考的話，可以看看下方的年齡區分，每一個宮廷人物都有大概所屬的年齡層。請記住，用方向關聯牌和澄清牌就能夠幫助你確認這些人的年齡，絕對比你用猜的來得準。

國王：成年男性（或權威人物），通常 30 歲以上

王后：成年女性（或權威人物），通常 30 歲以上

騎士：青少年到成年初期，大約到 30 歲（視成熟度而定）

侍者：小孩、少年、青少年初期（通常至多到 13-15 歲）

錢幣牌組

THE HOUSE OF COINS

錢幣家族裡都是一些愛錢的人。有的會慷慨布施，有的就很吝嗇小氣，不過他們全都很務實，由於金錢能夠幫他們實現現世願望，因此他們對於金錢的力量相當尊敬。「錢幣」的能量不像「寶劍」、「權杖」或是「聖杯」的變動性那麼強，因此可能有點慢才會「產生效果」，不過，基本能量（cardinal）錢幣牌的作用速度則比蛇的行動還要迅速，同時亦像石頭堡壘那般穩固、屹立不搖。因此，錢幣牌組的影響力往往比其他牌組還要來得持久。

請注意：

雖然我們在這裡避免去討論任何具有高度爭議的塔羅牌義（因為這本書基本上是要讓你輕鬆學會塔羅，而不涉及太多進階的塔羅哲學概念），不過，還是有必要糾正過去一百多年來讓很多塔羅學人感到困惑的一個不當用詞。在教導這個牌組的時候，我們用的是「錢幣 Coins」而不是「五角星 Pentacles」，理由其實很簡單。最剛開始這個牌組的名稱就是「金幣」（Gold），而且這個牌組每一張牌的圓盤圖案中間多出來的那個五角星符號，純粹是某位畫家後來錦上添花做出的不必要裝飾，是抄襲其他人的圖案而來的，而且後來艾利斯特·克勞利（Aleister Crowle）在「改進」偉特牌的設計時，就將五角星圖案完全摒棄了。錢幣當中多的那個五角星看起來很漂亮，但它不僅混淆了錢幣牌組的含義，還讓全世界塔羅學習者感到困惑，因為他們很想知道那個星星圖案的背後到底藏了什麼祕密，結果造成了學習上的中斷。許多原本優秀的學生都在這裡踢到鐵板，產生了不必要的困擾。你可以隨自己喜歡用任何名稱去稱呼這個牌組，但是這個牌組代表的就是「財富」，而不是「異教信仰」。你不可能單單用一個「小阿爾克那牌組」來涵蓋一整個宗教，而且錢幣王牌的那個錢幣，跟任何宗教符號幾乎都不相容也相互矛盾，若硬要說它代表異教信仰，只會使這張牌變得失去作用而且難以理解。

因此，雖然錢幣中間的五角星是有趣的裝飾，但它純粹是畫家後來加上去的符號而已，不需要過度解讀。有些新繪的塔羅套牌會把五角星圖案全部拿掉，單純用金幣來代表這個牌組，畢竟，這個牌組的重點就是金錢，以及你能用金錢辦到的所有事情。一個代表財富的牌組，硬被說成是代表異教信仰，它產生的麻煩是，這些紙牌圖案原本具有的明確目的完全不見了，整個牌組每一張牌的含義也全都變了，所有與金錢有關的問題完全得不到解答。

錢幣

錢幣王牌（基本能量土）

牌面描述：「上帝之手」從雲中伸出，這次是捧著一枚大金幣。暫時略過圖中的五角星符號，主要的塔羅象徵是在金色和錢幣的部分。在錢幣當中多加一個五角星符號，並不會改變它的塔羅象徵意義，也不代表基督教的「神」是異教徒。牌面下方是一座青蔥鬱鬱的豪華庭園，跟其他牌組的王牌形成對比，更加強化了土元素的豐饒特質與大自然原始力量。

跟其他牌組的王牌一樣，這張牌的能量也屬於基本能量（cardinal）。它向我們展現了世間一切財富和世俗力量的基礎所在。

作用於這張牌的主要元素

數字 —— 王牌（或 1 號）。根源、基礎、原初生育力。單數

牌組 —— 錢幣。財富、豐盛、生長、原始素材

方向 —— 南方。領導力、養生之道、收購、克洛諾斯神。午夜

元素 —— 土。穩固、實力、可靠、責任、養分

傳統牌義：這張牌象徵著公司或事業會開始步入好運。「如果你做『這件事』，你就能賺到錢。」這件事可以是買樂透、跟有錢人結婚、取得大學學位、開創新事業，或從事某項工作。這張牌預示，你將會得到一筆錢，但如果想確實知道這筆錢從哪裡來，以及是怎麼得到的，則可能需要進一步釐清問題，或是檢視跟這張牌相關的方向關聯牌才能得知。以事件發生的時間點來說，王牌通常是代表「臨近、即將發生」，如果有例外的話，會很明顯呈現在牌陣中；當然，如果你對塔羅占牌非常熟練，而且所提出的問題也很精確的話，你也可以利用「方向關聯牌」來確認事件發生的精確時間範圍。

傳統逆位牌義：遲發薪水、錯失機會、沒有得到「大幅度加薪」、不在遺產繼承名單中、警告你不要從事投機勾當或賭博，該開始存錢了。

個人筆記：

現在輪到你了

請注意：如果你一時還沒有想法，可以日後再寫。重點是要好好去感受這張牌，不需要急就章。

你對這張牌的解讀是什麼？這張牌在對你說什麼？

如果是逆位牌，它在對你說什麼？

如果你看到這張牌出現在「最終結果」的陣位，你會怎麼跟你的客戶解釋這張牌？

你會如何用這張牌來作為「正向肯定語小助手」？請記得，當你在練習「吸引力法則」時，每一張牌都是極具價值的助手。無論何時，當你強烈渴望某樣東西，或是發現自己想要脫離某個困境，你都可以運用塔羅牌的圖案來進行視覺顯化觀想，讓願望儘速達成。如果你有興趣深入學習，在高階塔羅的奧祕課程與手冊中，我們對此會有更深一層的介紹。

對於這張牌，有其他感受、印象，或用法想要記錄在這裡嗎？

錢幣2（變動能量土）

牌面描述：一名男子左右手各拿著一個錢幣在表演雜耍，背景當中有一艘船在波濤洶湧的海面顛簸航行。從這名男子的衣著和輕盈舞步看來，他應該是某類職業的專業人士；而且他的表情看起來沒有過份憂慮、只是略帶嚴肅，似乎盡力想要讓自己保持完美平衡。他用一條帶子將兩個錢幣套在一起，讓人聯想到 8 字型的無限符號，顯示出他正藉由不斷調整與分析，努力維持平衡。

這張牌強烈暗示，此人的情緒和身體皆處於失衡狀態，本質上是屬於變動能量。

作用於這張牌的主要元素

數字 —— 2。選項、可能性、區別需求和欲望的不同。雙數

牌組 —— 錢幣。預算、財務責任、風險和賭博

方向 —— 西 – 西北。靈活彈性、適應性、會計學。下午

元素 —— 土。小地震、流沙、泥土、糞肥、陰鬱黑暗、沼澤、醜聞

傳統牌義：要真正了解這張牌，只要把牌稍稍向右轉（順時針方向），讓牌面中的船隻處在「水平狀態」即可。現在你可以想像，這艘船穩穩地在海上航行，而整個地球就在此人的腳下轉動，這個人正在跳舞、表演雜耍，努力讓他的兩個錢幣不要從那條緞帶當中掉出來。這張牌的核心含義，可以代表好幾種不同的情況：比較好的情況是，雖然面臨經濟上的不穩定，如同面對波濤洶湧的大海，依然可以藉由精明的會計與金流手段，讓財務周轉自如。稍微差的情況是，它經常代表一個人面臨財務危機、左支右絀，得借用這項預算來彌補那項支出，才能勉強讓收支保持平衡。最壞的情況是，它是一項嚴重警告，表示某人目前的財務狀況非常危險，有可能面臨破產無力償債、賭博輸錢，甚至遇到詐騙的情況。

傳統逆位牌義：財務狀況一團亂、超支、因為沒有規劃而導致財務混亂、不穩定、神經衰弱、軟骨症、想要承擔過多義務、發生人身意外。

個人筆記：

現在輪到你了

請注意：如果你一時還沒有想法，可以日後再寫。重點是要好好去感受這張牌，不需要急就章。

你對這張牌的解讀是什麼？這張牌在對你說什麼？

如果是逆位牌，它在對你說什麼？

如果你看到這張牌出現在「最終結果」的陣位，你會怎麼跟你的客戶解釋這張牌？

你會如何用這張牌來作為「正向肯定語小助手」？請記得，當你在練習「吸引力法則」時，每一張牌都是極具價值的助手。無論何時，當你強烈渴望某樣東西，或是發現自己想要脫離某個困境，你都可以運用塔羅牌的圖案來進行視覺顯化觀想，讓願望儘速達成。如果你有興趣深入學習，在高階塔羅的奧祕課程與手冊中，我們對此會有更深一層的介紹。

對於這張牌，有其他感受、印象，或用法想要記錄在這裡嗎？

錢幣3（基本能量土）

牌面描述：一名石匠師傅接到當地一所修道院的委託，正在幫院內一扇拱門進行修飾工程。一名男修道士和一位官員打斷他的工作，因為他們對於拱門「應該」長什麼樣子，似乎有其藝術上的見解。他們可能單純是對這項工程有疑問，或者只是前來關心。從牌面圖案看來，這位師傅被迫停下手上的工作來回答他們的問題，而那些問題只要在白天花幾個工作時數就可以輕鬆解決，因為他晚上是不工作的，或者，也有可能他們是來讚賞他的工藝技術。

無論這張牌是代表專精技能的大師還是批評者，它都屬於基本能量（cardinal）。

作用於這張牌的主要元素

數字——3。額外的投入、「三人不歡」、結構分析。單數

牌組——錢幣。停工、品質管控、表揚、客戶、轉介

方向——南方。公司行政主管、管理階層、結構、細節。午夜

元素——土。精通技能、合約與發包、自力更生

傳統牌義：這是一張代表大師的牌；無論是大師級藝術家、劍術家、魔術師、石匠，或是其他任何職業，這張牌都顯示此人擁有絕佳的技術與成就。不妨跟代表學徒的「錢幣8」比較一下。這張牌可以代表大師本人、他的傑出作品、他的工作室，甚至也可代表來訪的客戶。同樣的，它也可以代表對於藝術家的批評，或是對於一項作品的評論、對員工的評量、品質評估，甚至是工作職位晉升或加薪。以上這些事情在本質上都是正向的。請檢視這張牌鄰近的相關牌以及問題的性質，來確認這張牌的實際內容和作用。有時候，這張牌也可以代表你會得到意想不到的幫助，在你贏得你的「血汗股權」之後（比如：你成功造就一股風潮，讓人們想要跟風，這也未必是一件壞事）。

傳統逆位牌義：逆位牌的基本解牌原則也相同，只是它們是屬於負面狀況。比如：老闆或客戶對你的工作不滿意而有所抱怨，有人要插手管閒事、干涉你的事務，或是嘮叨挑剔又管東管西以致造成重大損害，甚至是不承認你所付出的努力。或是相反的情況：產品做工低劣、粗製濫造。

個人筆記：

現在輪到你了

請注意：如果你一時還沒有想法，可以日後再寫。重點是要好好去感受這張牌，不需要急就章。

你對這張牌的解讀是什麼？這張牌在對你說什麼？

如果是逆位牌，它在對你說什麼？

如果你看到這張牌出現在「最終結果」的陣位，你會怎麼跟你的客戶解釋這張牌？

你會如何用這張牌來作為「正向肯定語小助手」？請記得，當你在練習「吸引力法則」時，每一張牌都是極具價值的助手。無論何時，當你強烈渴望某樣東西，或是發現自己想要脫離某個困境，你都可以運用塔羅牌的圖案來進行視覺顯化觀想，讓願望儘速達成。如果你有興趣深入學習，在高階塔羅的奧祕課程與手冊中，我們對此會有更深一層的介紹。

對於這張牌，有其他感受、印象，或用法想要記錄在這裡嗎？

錢幣4（固定能量土）

牌面描述：繁華大都市的正中央，一位商業霸主坐在一張造型單調的石砌寶座上。此人真的非常小氣，他的王座甚至沒有半點裝飾，除了椅子的最基本構造：一張平面。他的雙手呈上下抱球的「無限循環」姿勢，將一枚金幣緊緊抱在胸前，然後兩隻腳各踩住一枚金幣，以免在他自吹自擂炫耀財富的同時有錢幣溜走，不僅如此，他還把另外一枚金幣鑲在他自己設計的皇冠，戴在頭頂上。這個男人似乎很需要去展示自己的卑微，如同他也需要展示自己的財富和「權勢」。此人的能量狀態跟他的身體姿勢一樣，是固定不動的。請注意，這是整副偉特塔羅當中唯一一張出現大城市場景的牌。

作用於這張牌的主要元素

數字 —— 4。牆壁、玻璃天花板、限制框框、穩固、獨佔。雙數
牌組 —— 錢幣。削減預算、儲蓄、銀行保險庫、信貸員、生意人、貪婪
方向 —— 東北。冷漠無情的老闆、暴君、房東、白領賊。早晨
元素 —— 土。貪汙、囤積以及囤積物品的人、保守派

傳統牌義：流動的貨幣，效用最大。創造巨大財富的最佳方法就是，絕對不要讓金錢停止流動。整個過程你必須讓大量資金不停轉移、流通，一路叮叮噹噹響，就像你建造一座小水池，讓你的金錢在裡面循環流動，之後才流出去到別的地方，而且流出的速度要比流入還慢，才算完美。坐擁萬貫家財，卻不懂得怎麼花錢（食物、衣裝、奢侈品或是必需品），並不算真正的富有。那是地獄。這張牌讓我們看到，金錢已經完全堵塞不流動了。這個人把他擁有的少量財富囤積起來，因此無法再獲得更多。這張牌顯示出，有資源受到過分控制，幾乎到完全被鎖在密閉盒子的地步。這張牌在告訴你：「這段時間，暫時沒有錢可以用了。」就是這樣。

傳統逆位牌義：代表吝嗇的老闆或房東，或者有人大剌剌把大量金飾佩戴在身上、公開炫耀自己的地位或財富，以此來恫嚇和壓迫他人。貪得無厭的人、封建企業王國的霸主以及他們的政治附庸、獨裁者。

個人筆記：

現在輪到你了

請注意：如果你一時還沒有想法，可以日後再寫。重點是要好好去感受這張牌，不需要急就章。

你對這張牌的解讀是什麼？這張牌在對你說什麼？

如果是逆位牌，它在對你說什麼？

如果你看到這張牌出現在「最終結果」的陣位，你會怎麼跟你的客戶解釋這張牌？

你會如何用這張牌來作為「正向肯定語小助手」？請記得，當你在練習「吸引力法則」時，每一張牌都是極具價值的助手。無論何時，當你強烈渴望某樣東西，或是發現自己想要脫離某個困境，你都可以運用塔羅牌的圖案來進行視覺顯化觀想，讓願望儘速達成。如果你有興趣深入學習，在高階塔羅的奧祕課程與手冊中，我們對此會有更深一層的介紹。

對於這張牌，有其他感受、印象，或用法想要記錄在這裡嗎？

錢幣

錢幣5（變動能量土）

牌面描述：在積雪高達一英尺厚的暴風雪夜晚，一座有著堡壘般高聳石牆的教堂外面，一位貧苦的婦人和一位痲瘋病人（請注意他脖子上的鈴鐺）正奮力蹣跚前行，與此同時，教堂雄偉扶壁上的彩繪玻璃窗正發出明亮光芒，似乎在向世人宣告，在這座「上帝之家」裡面，一切都舒適安好。可是，沒有任何人出來招呼他們，也沒有一扇門打開迎接他們入內感受宗教的溫暖與慈悲。宗教組織正在日漸敗壞，因為他們口中宣稱要服務被壓迫者，實際上卻是犧牲這群人的利益來成就自己的財富。社會的互助團結就是這樣被毀壞的。

作用於這張牌的主要元素

數字 —— 5。本質的二元對立性；混亂與結構、謊言與勾心鬥角。單數
牌組 —— 錢幣。企業精神、賤賣宗教、敗壞、假神
方向 —— 西－西北。疾病、無力清償債務、絕望。午後
元素 —— 土。健康問題、無家可歸、驅逐遷離、缺乏機會或能力

傳統牌義：這是社會極為悲慘的一面。這張牌點出了任何一個社會都可能存在的貧困、無依、人民缺乏健康與健康保險等問題。也象徵在悲劇發生之後沒有能力負擔生活費用。它顯示的是肉體和情緒上的雙重絕境，以及社會上大部分人的看法——認為窮人都是懶惰蟲，活該遭到這種報應。這張牌反映的不僅僅是單純的缺錢，還揭露出人們缺乏同情心、拒絕幫助有需要的人，無論這些人的苦難是自己造成的，還是因為別人的暴虐之行導致他們犧牲受害。總而言之，這張牌就是一張失落和絕望的牌。如果占牌當中出現這張牌，請仔細查看方向關聯牌，確認造成此情況的原因，然後找出解決或預防之道。

傳統逆位牌義：近乎完全失去靈魂的唯物主義者。犧牲長久的幸福以及善行美德，來獲取財富。假神或是假的精神導師、邪教。

個人筆記：

現在輪到你了

請注意：如果你一時還沒有想法，可以日後再寫。重點是要好好去感受這張牌，不需要急就章。

你對這張牌的解讀是什麼？這張牌在對你說什麼？

如果是逆位牌，它在對你說什麼？

如果你看到這張牌出現在「最終結果」的陣位，你會怎麼跟你的客戶解釋這張牌？

你會如何用這張牌來作為「正向肯定語小助手」？請記得，當你在練習「吸引力法則」時，每一張牌都是極具價值的助手。無論何時，當你強烈渴望某樣東西，或是發現自己想要脫離某個困境，你都可以運用塔羅牌的圖案來進行視覺顯化觀想，讓願望儘速達成。如果你有興趣深入學習，在高階塔羅的奧祕課程與手冊中，我們對此會有更深一層的介紹。

對於這張牌，有其他感受、印象，或用法想要記錄在這裡嗎？

錢幣6（基本能量土）

牌面描述：一名男子左手拿著天秤（或者可能象徵帶點陰險詭詐），同時右手將救濟金發放給兩位目前暫時無法自力謀生的男人。此人全身上下都是紅色：紅色帽子代表行動果斷，紅色長袍代表目標明確，紅色衣領代表對宗教的虔誠，紅色緊身褲代表他所付出的努力，紅色腰帶代表自律。他身上那件紅色長袍，因為太過常穿已經磨損到近乎破爛，而裡面的上衣就像他的動機那般潔白純淨。他獨力行事，不需要世人的讚揚和認可，亦毋須任何廟堂或政府頒給他榮耀。

他是自己的權威主宰，因此擁有根本的自主權。

作用於這張牌的主要元素

數字 —— 6。共享、平衡、付出與接受、均衡狀態、社會責任。雙數

牌組 —— 錢幣。慈悲善行、社區投資、公共政策、福利、貸款

方向 —— 南方。決策能力、獎助學金、樂透彩。午夜

元素 —— 土。次要機會、平衡的思維、業力果報、謹慎的決定

傳統牌義：這張牌描繪的是一位心地善良的好人和一位真正的社會公民的模樣。此人對社會的貢獻，已經超過他的勞動力，或他們的基因（後代子嗣），以及他們為公眾利益所繳納的稅。他們積極採取行動，去幫助有需要的人，為社會大眾建造公共藝術和花園，做社區清潔，以及任何可以讓他們所身處的社會更加舒適的善行。這張牌也可以代表慈善行為，或是無私的付出，停下腳步來幫助別人，或是相互致贈禮物。

傳統逆位牌義：自私自利與自戀。只在乎自身利益的人們或行為，他們拒絕關心別人的需求，除非直接牽涉到他們自身的利益，通常都要先收錢才肯提供服務。因此，這張逆位牌也可以代表詐騙行為，或是敲詐勒索。若牌陣當中出現這張逆位牌，請務必查看方向關聯牌，確認你的客戶是不是有受壓迫或被欺騙的情形。

個人筆記：

現在輪到你了

請注意：如果你一時還沒有想法，可以日後再寫。重點是要好好去感受這張牌，不需要急就章。

你對這張牌的解讀是什麼？這張牌在對你說什麼？

如果是逆位牌，它在對你說什麼？

如果你看到這張牌出現在「最終結果」的陣位，你會怎麼跟你的客戶解釋這張牌？

你會如何用這張牌來作為「正向肯定語小助手」？請記得，當你在練習「吸引力法則」時，每一張牌都是極具價值的助手。無論何時，當你強烈渴望某樣東西，或是發現自己想要脫離某個困境，你都可以運用塔羅牌的圖案來進行視覺顯化觀想，讓願望儘速達成。如果你有興趣深入學習，在高階塔羅的奧祕課程與手冊中，我們對此會有更深一層的介紹。

對於這張牌，有其他感受、印象，或用法想要記錄在這裡嗎？

錢幣7（變動能量土）

牌面描述：一名年輕人靠在鋤頭上，意志消沉，低頭望著他親手栽種出來的作物。今年可說是大豐收呀。壯大、飽滿、茂密的葉片顯示出底下的根莖非常健康，亮澄澄的金色圓盤成簇集生，但面對這些豐碩的成果，他並不覺得滿意，似乎他的人生夢想是成為一位雜技演員，而不是一位農夫，即使這個農夫坐擁金幣、非常有錢。這張牌可以證明，即使金錢真的從樹上長出來，有些人還是寧願這棵樹長出的是草莓。

這張牌代表結果，或是先前的工作成果，因此，這張牌屬於變動能量。

作用於這張牌的主要元素

數字——7。實現、休息、回顧、報償與成果。單數

牌組——錢幣。大豐收、對成果有所質疑、高度期望

方向——西－西北。失望、分析、卑躬屈膝的勞動者。午後

元素——土。生育力、意外懷孕、優柔寡斷、緩慢或穩定的成長

傳統牌義：無論你的處境對他人來說有多好、多舒適、多愉快，它就是不適合你。你的心思並不在你的工作上。這張牌代表一項本來就很無聊的工作，或者一開始原本光澤熠熠的工作日漸變得黯淡無趣。你發現，現在自己的心思很容易就飄到遠方，做著冒險的白日夢，導致眼前工作品質下降。該是改變的時候了。離開巢穴，出去冒險吧！看看外面的世界，品嘗一下不同的樂趣。這個地方已經沒有什麼值得你留戀的了。

傳統逆位牌義：這張逆位牌顯示，你正錯失一些重要的東西——你擁有某樣非常寶貴的東西，如果你讓它就這樣死去或離開，日後你一定會深深懷念。在你決定忽略你所擁有的東西之前，你應該花點時間，仔細而慎重地想清楚下一步該怎麼走。

個人筆記：

現在輪到你了

請注意：如果你一時還沒有想法，可以日後再寫。重點是要好好去感受這張牌，不需要急就章。

你對這張牌的解讀是什麼？這張牌在對你說什麼？

如果是逆位牌，它在對你說什麼？

如果你看到這張牌出現在「最終結果」的陣位，你會怎麼跟你的客戶解釋這張牌？

你會如何用這張牌來作為「正向肯定語小助手」？請記得，當你在練習「吸引力法則」時，每一張牌都是極具價值的助手。無論何時，當你強烈渴望某樣東西，或是發現自己想要脫離某個困境，你都可以運用塔羅牌的圖案來進行視覺顯化觀想，讓願望儘速達成。如果你有興趣深入學習，在高階塔羅的奧祕課程與手冊中，我們對此會有更深一層的介紹。

對於這張牌，有其他感受、印象，或用法想要記錄在這裡嗎？

錢幣8（固定能量土）

牌面描述：一名年輕人小心翼翼地將一面大五角星敲打成金幣。他似乎很享受他的工作，但他的重點是放在將手頭這項任務做到完全精確。右邊牆上掛著幾枚他已經完成的錢幣，其他還有幾枚散落在旁邊的地面上。他穿著受訓學徒所穿的工作圍裙，表示他的手藝技巧尚在基礎階段。他將工作場所保持得相當整潔，好讓自己工作時不致分心受到干擾。

他的工作內容相當規律而且不斷重複，因此這是一張固定能量的牌。

作用於這張牌的主要元素

數字 —— 8。例行事項、不斷重複、苦行贖罪、練習、訓練。雙數

牌組 —— 錢幣。低階工作、學徒、工匠、建造。鑄幣廠

方向 —— 東北。就業保障、財務部門的工作、工廠。上午

元素 —— 土。經濟成長（整體社會）、手工藝品、小本生意

傳統牌義：工作、工作、工作。這張牌可以代表很多事情。乍看之下，它是代表一名學徒或一位技術水準足堪受僱的人，但此人尚未到達藝術家或大師的程度，還不足以自己開店營業。因此這張牌是代表一份單純領薪水的受僱工作，即使那項工作做了二十年。此外，這張牌也可以意指工匠或是手工藝師，此人專精於某種服務或某項製造技術。如果是這種情形，那麼這張牌就是代表一位實體藝術家、一名真正的工匠、一位對於實體物具有專精技術的人（比如：建築師、汽車機械師、工程技師等等）。最後，學徒從另一面來說就是正在學習的人，因此這張牌也可以代表一名職業學校的學生，或是參加「成人教育」來增進自身能力的人。請查看方向關聯牌來確認這張牌的真正含義。

傳統逆位牌義：懶惰、懈怠、在學校上課不專心、工作不專心、工作遲到、不可靠、失業。

個人筆記：

現在輪到你了

請注意：如果你一時還沒有想法，可以日後再寫。重點是要好好去感受這張牌，不需要急就章。

你對這張牌的解讀是什麼？這張牌在對你說什麼？

如果是逆位牌，它在對你說什麼？

如果你看到這張牌出現在「最終結果」的陣位，你會怎麼跟你的客戶解釋這張牌？

你會如何用這張牌來作為「正向肯定語小助手」？請記得，當你在練習「吸引力法則」時，每一張牌都是極具價值的助手。無論何時，當你強烈渴望某樣東西，或是發現自己想要脫離某個困境，你都可以運用塔羅牌的圖案來進行視覺顯化觀想，讓願望儘速達成。如果你有興趣深入學習，在高階塔羅的奧祕課程與手冊中，我們對此會有更深一層的介紹。

對於這張牌，有其他感受、印象，或用法想要記錄在這裡嗎？

錢幣

錢幣9（固定能量土）

牌面描述：一位衣著講究的女人，在她家的葡萄園裡閒逛，她的四周圍都是飽滿多汁的葡萄與果物，多到不可勝數的財富，還有她的寵物獵鷹。現在的她一無所求。財富對她而言不過就是理所當然，她無法想像還能用什麼別種方式活在世上，因此，她不會把寶貴的時間浪費在幻想那些不可能達成，或是毫無意義的事情上。她有自己熱愛的對象（獵鷹），還有一大片豐盛的葡萄果園，讓所有認識她的人都欣羨不已。這樣的人生，還有什麼缺憾？還有什麼好奢求的？

很顯然，她的生活方式是安逸頹廢的，而且固定不變。

作用於這張牌的主要元素

數字 —— 9。達成目標、退休、不可能達成的夢想。單數

牌組 —— 錢幣。財務獨立、情婦（情夫）、農場或葡萄園

方向 —— 東北。奢華、性感、自然本性、熱情、美麗。上午

元素 —— 土。白手起家的人、驚世驕雄、房地產、富裕生活、享樂主義

傳統牌義：這是一位被包養的情婦。當然，任何性別、任何年齡層的人，只要他們是那種飽食終日無所事事的富人，或是對自己所擁有的財富、熱愛的事物，以及安逸生活感到滿足的人，都適用這張牌。這是一張非常好的牌，代表物質成就上已經達到可以安逸享樂的地步。不過，這張牌並不單單指金錢無缺，而是意指能夠享受你生命中所熱愛的事物，有閒情逸致可以去追求自己的夢想，不需要跟其他大多數土元素的人一樣，忍受繁重乏味的日常生活，無論那些人有錢與否。這是一種永遠都在放假的生活形態，無論你是何種身分地位。

傳統逆位牌義：錢幣 9 逆位，代表錯失享樂的機會。「永遠都在工作，沒有玩樂……」，結果導致一生庸碌工作，或許可以讓人變得有錢有勢，但這樣做到底是為了什麼？

個人筆記：

現在輪到你了

請注意：如果你一時還沒有想法，可以日後再寫。重點是要好好去感受這張牌，不需要急就章。

你對這張牌的解讀是什麼？這張牌在對你說什麼？

如果是逆位牌，它在對你說什麼？

如果你看到這張牌出現在「最終結果」的陣位，你會怎麼跟你的客戶解釋這張牌？

你會如何用這張牌來作為「正向肯定語小助手」？請記得，當你在練習「吸引力法則」時，每一張牌都是極具價值的助手。無論何時，當你強烈渴望某樣東西，或是發現自己想要脫離某個困境，你都可以運用塔羅牌的圖案來進行視覺顯化觀想，讓願望儘速達成。如果你有興趣深入學習，在高階塔羅的奧祕課程與手冊中，我們對此會有更深一層的介紹。

對於這張牌，有其他感受、印象，或用法想要記錄在這裡嗎？

錢幣10（基本能量土）

牌面描述：在一座大村莊中，一位老人悠閒坐在他家的花園裡休息，身邊陪伴著兩隻灰色靈緹犬，一個頑皮的小女孩抓著其中一隻狗狗的尾巴。小女孩的母親開心地跟一位年輕男子在聊天，這名男子手持長矛站在一座大石頭拱門底下，石拱門上裝飾著刻有權勢家族紋章的盾牌，還有一幅精細織工的城堡山景掛毯。這張牌呈現的是安逸、快樂、輕鬆的生活景象。

這張牌代表了一個數代富裕的世家，而且權勢非常穩固，是一個勢力強盛的大豪門世家。而且，這是一個擁有基本能量（cardinal）的家族。

作用於這張牌的主要元素

數字——10。最終結果、系統重啟、總結。總體市場主導地位。雙數

牌組——錢幣。富裕世家、權勢家族、王朝、卡美洛王國

方向——南方。權威、自治權、影響力、統治階級、高階主管。午夜

元素——土。豐裕、生於富裕家庭、退休生活、繼承遺產、公司企業

傳統牌義：祖產、富裕世家。這是一張家族遺產牌。這張牌並不是指贏得樂透彩，或是工作表現出色。這張牌代表的是大多數人一輩子連見都沒見過的財富與權勢，更不用說擁有了。這張牌中的人物所展現出來對於財富與權勢上的輕鬆與自在，源於他們本身就生長在富裕世家，或是對於財富權勢已經非常習慣，就像是他們的第二層皮那般自然。因此，這張牌最能反映人們在投注一生時間與精力之後，終於享受到穩健的退休金和退休生活。如果是指一個地點或實體，這張牌就是代表一個有權有勢的家族（企業、政治世家或是皇室）、一間博物館、為你的事業出資的富人，或是一所大型豪華住宅。如果是作為結果牌，可能是獲得一筆銀行貸款，或是重大計畫的金融行動。如果你想要輕鬆一點來解這張牌，那它也可以代表「搬回家與父母同住」，只要牌陣中的其他方向關聯牌也支持這個解釋的話。

傳統逆位牌義：喪失經濟上的穩定，強大權勢家族的沒落，（家族或企業）內部成員搞內鬥，以致造成帝國面臨分崩離析的危險。為了面子問題而做出超乎自己能力的事情，致使此人根基受到動搖。

個人筆記：

現在輪到你了

請注意：如果你一時還沒有想法，可以日後再寫。重點是要好好去感受這張牌，不需要急就章。

你對這張牌的解讀是什麼？這張牌在對你說什麼？

如果是逆位牌，它在對你說什麼？

如果你看到這張牌出現在「最終結果」的陣位，你會怎麼跟你的客戶解釋這張牌？

你會如何用這張牌來作為「正向肯定語小助手」？請記得，當你在練習「吸引力法則」時，每一張牌都是極具價值的助手。無論何時，當你強烈渴望某樣東西，或是發現自己想要脫離某個困境，你都可以運用塔羅牌的圖案來進行視覺顯化觀想，讓願望儘速達成。如果你有興趣深入學習，在高階塔羅的奧祕課程與手冊中，我們對此會有更深一層的介紹。

對於這張牌，有其他感受、印象，或用法想要記錄在這裡嗎？

錢幣侍者（弱力基本能量土）

牌面描述：一位年輕鄉紳站在一片鬱鬱蔥蔥的綠草地上，眺望著他辛苦工作的田地。這片土地土壤肥沃而且潮濕，如果細心照料的話，絕對有辦法世世代代都長出各種不同的作物。從各個方面來看，那都是實際行動的歷程與結果。牌面圖案中，這位鄉紳代表了這個區域最新一代的地主，負責管理轄區內的所有土地，從他那充滿詩意的站姿，以及帶著無比崇高之敬意凝視手上那枚金幣的神情，都看得出他對於他的人生相當專注入迷。他對於外在事業的崇敬，在他內心創造出一種精神共鳴，而這共鳴有一天將會轉化為他對這片土地的辛勤付出。

作用於這張牌的主要元素

身分 —— 侍者。學徒、助手、學生、年輕人、信使
牌組 —— 錢幣。合約、職位晉升、加薪、新工作、財務計畫
方向 —— 南方。教育學費、貸款、助學金（等）、省吃儉用、能夠控制預算。午夜
元素 —— 土。財務上的好消息、小額預算或利潤、儲備金

傳統牌義：侍者牌在解牌上本來就具有多重含義。如果代表某個人，它可以指一位土象星座（金牛、處女、摩羯）的年輕男孩或女孩。也可以代表一個非常愛錢又奢侈成性的人。如果是代表一條訊息，那這個訊息會跟小筆金錢有關，比如加薪、紅利獎金、禮物，或是被退回的款項等等。不過，它也可以代表研究學習（或是經濟、會計、銀行或各種金融科學方面）的行為，甚至代表學費，因為侍者可以代表正在學習貿易知識的學生。請把這張牌跟客戶所提出的問題做個比對，並且仔細查看牌陣中出現的方向關聯牌，以確認這張侍者牌在這裡究竟代表什麼意思，因為所有的侍者牌都有很多種解釋，必須依賴其他牌來給予意義上的澄清。

傳統逆位牌義：表示財務上（稍微）有不好的消息，或者收入或存款有小額損失。一個花錢如流水、不懂得對賺錢的辛苦心懷感激的人。工作沒有拿到報酬。

個人筆記：

現在輪到你了

請注意：如果你一時還沒有想法，可以日後再寫。重點是要好好去感受這張牌，不需要急就章。

你對這張牌的解讀是什麼？這張牌在對你說什麼？

如果是逆位牌，它在對你說什麼？

如果你看到這張牌出現在「最終結果」的陣位，你會怎麼跟你的客戶解釋這張牌？

你會如何用這張牌來作為「正向肯定語小助手」？請記得，當你在練習「吸引力法則」時，每一張牌都是極具價值的助手。無論何時，當你強烈渴望某樣東西，或是發現自己想要脫離某個困境，你都可以運用塔羅牌的圖案來進行視覺顯化觀想，讓願望儘速達成。如果你有興趣深入學習，在高階塔羅的奧祕課程與手冊中，我們對此會有更深一層的介紹。

對於這張牌，有其他感受、印象，或用法想要記錄在這裡嗎？

錢幣騎士（強力固定能量土）

牌面描述：一名年輕騎士安然坐在他的駿馬上，眉頭微皺看著遠方某個目標物。他用左手緊緊勒住馬韁，好讓他的坐騎固定在原地不動。他的右手舉著一枚金幣，像是以輕蔑的態度在向人展示他的財產。他在傳達一個強烈訊息：他準備要長途跋涉，為自己的目標而奮戰，但是他把馬韁緊緊拉住，拒絕往前跨出一步，他要求他的觀眾依照他開出的條件自己靠過來。他手上舉著的那枚錢幣，更增強了這種強烈克制自我感情、「要就要，不要就拉倒」的態度（有錢能使鬼推磨）。

作用於這張牌的主要元素

身分 —— 騎士。年輕人、戰士、勇敢、管理者、保護者、下令者
牌組 —— 錢幣。金援或協助、商務旅行、信貸員
方向 —— 東北。可靠、實用、肉體之樂、普通常識。上午
元素 —— 土。毅力、耐心、等待、野心、責任、榮譽、韌性

傳統牌義：跟其他騎士不一樣，錢幣騎士的睪丸激素並沒有驅迫他立即展開行動，而是令他產生一種自鳴得意、虛張聲勢的高傲態度，迫使別人服從他的意志，去做出他覺得開心或可接受的事情。他的自信乃源於他所擁有的財產、他與生俱來的頑固性格，以及願意耐心等待他喜歡的外在狀況出現。這張牌展現的是人們的一種固執個性，或是拒絕讓步與妥協，這兩種性格都是所有偉大領袖所具備的特點，但也是許多社會弊病的主因。這張牌代表的就是無可妥協。當你看到這張牌出現，那表示這張牌所代表的人物正在跟你說：「過來拿啊，我看你敢不敢！」這句話底下隱藏的微妙變化是，事情一定會照他們的意思發展，而且只會以他們希望的方式發生。

傳統逆位牌義：完全缺乏自制能力、弱點、沒辦法自力更生、用金錢和資源做傻事。

個人筆記：

現在輪到你了

請注意：如果你一時還沒有想法，可以日後再寫。重點是要好好去感受這張牌，不需要急就章。

你對這張牌的解讀是什麼？這張牌在對你說什麼？

如果是逆位牌，它在對你說什麼？

如果你看到這張牌出現在「最終結果」的陣位，你會怎麼跟你的客戶解釋這張牌？

你會如何用這張牌來作為「正向肯定語小助手」？請記得，當你在練習「吸引力法則」時，每一張牌都是極具價值的助手。無論何時，當你強烈渴望某樣東西，或是發現自己想要脫離某個困境，你都可以運用塔羅牌的圖案來進行視覺顯化觀想，讓願望儘速達成。如果你有興趣深入學習，在高階塔羅的奧祕課程與手冊中，我們對此會有更深一層的介紹。

對於這張牌，有其他感受、印象，或用法想要記錄在這裡嗎？

錢幣王后（固定能量土）

牌面描述：我們的王后輕鬆自在地坐在她那張雕工精細的寶座上，俯視著手上那枚奇大無比的金色錢幣，開心地感受著這枚金幣的重量。她的四面八方環繞著鬱鬱蔥蔥的鮮花與藤蔓；生命力在她周圍熱情綻放，連她身邊的那隻兔子（象徵子宮的生育能力與她的土地）也開心地到處蹦蹦跳跳。不過，她似乎無視於這一切，只沉浸於她手上的那枚錢幣，與它深深交融，幾乎把整個世界都拋諸腦後。此刻，她全神貫注，以高度敏銳的感受力品嘗著這個美好的境界。她非常平靜安詳，她周遭的世界也因此處在一片和諧之中。

作用於這張牌的主要元素

身分 —— 王后。母親、上司、養育者、女性實業家、公眾人物、女人
牌組 —— 錢幣。有錢的女人、經理、金融家、婦女、唯物主義者
方向 —— 東北。情緒穩定、友善、占有慾。早上
元素 —— 土。五朔節、生育力、苗圃（植物）、苗圃（兒童）、女傭

傳統牌義：根據民間傳說，國王和他的國土是一體的。對王后來說也是一樣。牌面中的這位女士，絕不可能像有錢人家的王子那樣恃寵而驕。她是大地與生育力本體的化身。這張牌在占星上可以代表金牛座、處女座、摩羯座，或是代表一位極有耐性與共感能力的女性、一個能與大自然交融的女人、花店店員或農夫、倡導動物權利的社會運動家、熱情、善體人意、具有母性的權威人物，護士、醫生、老師，或是三十歲以上的有錢女性。

傳統逆位牌義：錢幣王后逆位如果代表一個人的性格特徵，那就是：自私自利的女人、個性急躁而且苛刻、優越感很強；鄙視他人，特別是被她認定為次等人的那些人。毫無羞恥心的唯物主義者。惡老闆。淘金者。另外，如果是代表一種結果或事件，那就是：喪失社會或經濟地位、失去人心（失寵）、女性健康問題（現在最好去看醫生）、被丈夫遺棄、生活失去穩定性、生活翻天覆地一團亂。

個人筆記：

現在輪到你了

請注意：如果你一時還沒有想法，可以日後再寫。重點是要好好去感受這張牌，不需要急就章。

你對這張牌的解讀是什麼？這張牌在對你說什麼？

如果是逆位牌，它在對你說什麼？

如果你看到這張牌出現在「最終結果」的陣位，你會怎麼跟你的客戶解釋這張牌？

你會如何用這張牌來作為「正向肯定語小助手」？請記得，當你在練習「吸引力法則」時，每一張牌都是極具價值的助手。無論何時，當你強烈渴望某樣東西，或是發現自己想要脫離某個困境，你都可以運用塔羅牌的圖案來進行視覺顯化觀想，讓願望儘速達成。如果你有興趣深入學習，在高階塔羅的奧祕課程與手冊中，我們對此會有更深一層的介紹。

對於這張牌，有其他感受、印象，或用法想要記錄在這裡嗎？

錢幣國王（強力基本能量土）

牌面描述：「當國王真是太棒了！」錢幣國王的自鳴得意，只能被製造出自鳴得意的這個人超越。確實，唯一能勝過一個年輕、英俊、又富有的男人，就是既要年輕、英俊、富有，又要擁有統理權。你面前的這個男人，毫無疑問是家財萬貫；不僅如此，他還懂得賺錢之道，而且知道如何用金錢來得到他想要的東西。這張牌讓我們看到，財富和權勢或許不是生命中的一切，但是從一個懂得如何享受這兩樣東西、同時又能夠藉由它們來貫徹自我意志的人眼中看來，無疑具有非同小可的作用。

作用於這張牌的主要元素

身分 —— 國王。老闆、霸主、大男人主義者、房東、企業大亨、實業家

牌組 —— 錢幣。影響重要職位人事任命的人、投資者、公司高階主管、銀行家、顧問

方向 —— 南方。給予光明的人、保守、傳統。午夜

元素 —— 土。個性謹慎、可預測、有耐心、穩定、財政責任

傳統牌義：代表一位有錢的男人。也可代表：擁有權勢、名聲、權威、自信，或個性頑固的男性，特別是職業上跟土地或房地產有關的男人。在占星學上，這張牌代表金牛座、處女座、摩羯座。這張牌也經常代表公司裡面的高階主管、生意人、出資者、帝王或是直接參與財政或投資計畫的男性。如果是代表結果牌，那就是：不僅僅能在生意上獲得成功，而且擁有利基市場的絕對優勢。或是一位經驗豐富、希望看到你功成名就的男性睿智顧問。這個時候，你需要多花點耐心來處理財務問題。這張牌也代表公司正在輪動運轉，但是那輪子非常巨大，移動起來速度非常緩慢，因為尚有大量資源和人力問題需要上軌道。

傳統逆位牌義：一位奢侈浪費、見識狹隘、自大的男人。「小男人」症候群。脾氣暴躁、頑固、粗魯、優越感很強、個性暴虐、惡霸白痴。另外也可代表：失去權勢、地位、金錢、健康。

個人筆記：

現在輪到你了

請注意：如果你一時還沒有想法，可以日後再寫。重點是要好好去感受這張牌，不需要急就章。

你對這張牌的解讀是什麼？這張牌在對你說什麼？

如果是逆位牌，它在對你說什麼？

如果你看到這張牌出現在「最終結果」的陣位，你會怎麼跟你的客戶解釋這張牌？

你會如何用這張牌來作為「正向肯定語小助手」？請記得，當你在練習「吸引力法則」時，每一張牌都是極具價值的助手。無論何時，當你強烈渴望某樣東西，或是發現自己想要脫離某個困境，你都可以運用塔羅牌的圖案來進行視覺顯化觀想，讓願望儘速達成。如果你有興趣深入學習，在高階塔羅的奧祕課程與手冊中，我們對此會有更深一層的介紹。

對於這張牌，有其他感受、印象，或用法想要記錄在這裡嗎？

第五篇

大阿爾克那

最後，我們要來檢視最著名的「大阿爾克那」牌，這 22 張牌，是用來處理超過一般凡人所能控制、屬於「日常生活」範圍之外那些層面的事情。我們之所以把大阿爾克那保留到最後才談，是因為這些圖像畫面都是靜態的，而且有點像「刻意擺出的姿勢」。裡頭很少有動作，反而較多是印象式概念的運作。這些牌從古至今一直都令人望之生畏，因為它們所呈現的概念，即使經過好幾世紀依然難以被大眾徹底掌握。這裡有一個很簡單的方法，可以讓你避開那個陷阱：你只要記得，所有的「大」阿爾克那牌都極其依賴「小」阿爾克那來幫它們下定義、描繪形狀，以及做出澄清，這樣就行了。

大阿爾克那牌會告訴你整體通盤的概念、一些強大的影響力量、機構單位（比如：醫院、政府機關）、對問卜者具有深遠影響的「重大」事件、最該優先考量的事情，以及事情的前因後果（因果路徑）；但是它們通常無法告訴你實際方法或細節。這就是為什麼大、小阿爾克那牌必須緊密通力合作，同時也是為什麼我們要你一開始先熟悉、熟練小阿爾克那牌的原因。請把「大」阿爾克那視為僅僅是「小」阿爾克那的延伸，目的是為了要幫你的客戶做占牌。

若將來有一天你決定要報名任何一所進階神祕學校，你勢必會學到各式各樣的塔羅深奧知識；但是就目前來說，你要知道，光是以你從牌面看到的內容來解讀，也沒有遺漏任何在解牌上所需的資訊。請帶著愉快的心情，好好跟你手上的塔羅牌培養感情、建立連結，讓自己成為一位絕頂優秀的占卜者。日後再看心情，慢慢去煩惱那些「額外的資訊」吧。

0 愚人 The Fool

† 牌面描述：

一位衣著華麗的年輕人，穿越阻礙來到他人生的巔峰。他身上幾乎沒什麼包袱，陽光耀眼普照，他手上撚著的那朵玫瑰芳香仍在。他站在「世界之巔」，沉浸於他自身的喜樂冥思當中。他的下一步可能也是他人生的最後一步，抑或他已經精通了在空中行走的能力也說不定。無論結局是哪一種，他都不在乎；他只是單純跟他當下的心思談戀愛，無暇理會那些瑣碎小事。他已經找到人生的極致之樂。就算身邊那隻毛茸茸的小白狗開心對他吠叫，也無法令他離開那寧靜之境。

† 奧義解析：

愚人已經跳脫了被正負數字概念限定的「現實框框」。塔羅將人們對宇宙存在的理解限定在 21 個已經寫死的階段框架中。愚人對這一切一笑置之。這張牌的根本精髓，也就是「人性」的根本精髓。這張牌強調我們每一個人內在的佛性種子、創造力火花、無拘無束的自由喜悅，因為我們擺脫了小阿爾克那（食物、睡眠、金錢、性、愛等等）的局限。這張牌當中的我們，已經不再沉迷於這些事物，因為這張牌意謂著我們內在對於這些事物的需求都已經得到滿足，或是已經不在乎。這是一種絕對自由的選擇，我們選擇根據「當下」來採取回應和行動。

† 傳統牌義：

這件事非常有趣，真正面臨混亂時刻，你才擁有最真實的自由。當下你可能不那麼認為，但當你失去一切，你反而得到更多。沒有一堆奢侈物的負擔或是（自己加諸在身上的）責任束縛，你反而可以隨心所欲，想去哪裡就去哪裡。不妨花點時間想想這件事。這就是為什麼代表混亂的符號「混沌之星」會有八個箭頭。而愚人這張牌代表的就是那種自由。你不需要「失去一切」才能找到自己內在的這種自由。你只需要兩個腳跟連續碰三下……呃，深吸一口氣，然後說「__________！」（隨便一個你喜歡的詞），願望就會實現 *。你覺得生命充滿喜悅，因為你追求的是你自己認為重要的東西，而不是老闆認為重要，或是基於父母的期望，或者朋友認為你應該要有什麼樣的表現。注意看愚人的神情，他始終處於平靜安心的狀態，無論接下來他會發生什麼事。而你也能跟他一樣，當你不再去在乎別人希望你怎麼做的時候（而且對方也會很開心喔）。

這張牌可以代表你正在享受人生的新起點，無論是新事業、擺脫限制得到自由，或是找到新的生命方向。這是一張屬於你個人的「獲釋出獄、重獲自由牌」。當你看到這張牌出現，你等同看到了眼前有無數機會，以及內在自然湧現的勇氣，你會勇敢去追求你認為最重要的事情。無論接下來發生什麼事，對你來說都不是那麼重要。這張牌的形上學奧祕之一就是，它其實是一張許願牌。未來有無限可能（他還沒有跨步掉下懸崖喔）。環境始終都是一種結果，它是人們先設定好一個想要的情況，然後讓那個情況發生而已。事實上，別人只是一副冷漠聳聳肩，跟著附和他們的看法。當這張牌出現，表示這時候你該帶著信心大膽跨步向前、展翼飛翔（而且要瘋狂拍打翅膀）！把這張牌拿起來，在整副塔羅牌中選一個位置，把這張牌放進去——那就是你要去的地方。那就是這張牌真正的力量所在。

†傳統逆位牌義：

因為想太多、分析太多而導致誤會以及心生恐懼。對未知之事感到害怕。自我設限，迫使一個人待在他們為自己創造出來的監獄當中。無法果斷地採取行動。請檢視方向關聯牌，看看是誰，以及是什麼事情造成（或增強）這個限制。用「揭牌」來找出解除限制的方法。猶豫不決幾乎就是代表失去機會。還有：如果這個愚人在中途踏步，一邊想要爬上懸崖、一邊又想往下走，那他很大機率一定會從懸崖上掉下去。千萬別那樣做。

＊譯注：綠野仙蹤裡面的情節。

現在輪到你了

請注意：如果你一時還沒有想法，可以日後再寫。重點是要好好去感受這張牌，不需要急就章。

你對這張牌的解讀是什麼？這張牌在對你說什麼？

如果是逆位牌，它在對你說什麼？

如果你看到這張牌出現在「最終結果」的陣位，你會怎麼跟你的客戶解釋這張牌？

你會如何用這張牌來作為「正向肯定語小助手」？

對於這張牌，有其他感受、印象，或用法想要記錄在這裡嗎？

I 魔術師 The Magician

† 牌面描述：

一位精通某項技能的專業人士，右手舉著一枝雙頭蠟燭，一頭高高指天，一頭指向地底（這個動作具有多種含義，但在塔羅牌教本中，最常見的解釋是鍊金術「如在其上、如在其下」的宇宙觀，代表此人所擁有的力量以及這張牌的用法；若想了解更多資訊，請詢問你的塔羅老師，或是參加塔羅進階神祕學校課程）。他的工具全部擺在他面前的那張工作檯上，代表著世俗一切努力的總和，他的四周圍環繞著各式各樣的鮮花藤蔓和植物，提醒著我們，此人與大自然是一體的。他的腰上繫著一條象徵「自給自足」與無窮再生能力的蛇腰帶，他的頭上有一個無限符號的光環，身上穿著代表純潔動機的白色長袍，額上綁著代表純潔思想的白色頭帶，身上披著由行動與目標化身而成的紅色斗篷。

† 奧義解析：

我們的這位魔術師朋友，代表了人類成就的重要瑰寶：人類的意志力量。「我是！」（I AM!）一句簡單的話語，卻如此深刻有力，這全是因為說話者的大能力所致。作為（所謂）「具有主宰力」的生命形態，人類一直樂於以無比的膽量和技能，去塑造和操控我們所居住的星球，以及這顆星球上的所有生物。這種技能，在所有已知的靈長類動物中，是只有「智人」這個物種才具備的，而它正是人類之所以能夠掌控一切「存在」（意識生命）的力量所在。已經有各式各樣的書籍和祕密教本，針對這個力量的不同層次以及其象徵意義，給予仔細分類和解析，這裡我們就不再贅述。如果你現在要使用這個力量，你必須知道，這不是一種可以像玩具一般拿來隨便耍玩的力量。它是「相吸相斥法則」（Laws of Attraction and Repulsion）的根源基礎所在，也是一項能夠使「因果業力法則」力量完全發揮出來的工具。而此刻，你內在就擁有這份力量。進階訓練或許可以幫助你更清楚了解它，然而，你內在本具的這個力量，就是你之所以存在的原因，也是你實現生命夢想的依恃之力。請深入冥想來體會這件事。

† 傳統牌義：

這張牌跟「權杖王牌」有很多共同之處。它是一種行動，也是一種力量，能夠讓事物「從無到有」顯化為真（所謂的「從無到有」其實是一種很深的誤解，這裡我們為了教學之便姑且這樣使用）。這是一張帶有目的性的創造與破壞的牌，不是上帝隨機的作為或環境因素無意間使然。這張牌代表著一種承諾奉獻的行動。你可以把這張牌跟一張小阿爾克那牌放在一起，看看什麼叫做「下定決心並採取行動」。這張牌也代表著一個人擁有自我管理的自主力量，同時能夠受人信賴將責任交付給他。你在這張牌上不會看到半點猶豫。這張牌不是指行動本身，而是指行動背後的那個驅使力量，或是讓行動能夠堅定遵循某個既定路線的那個命令。當你看到這張牌出現，你等同看到了決定、啟動（行動的開端）、力量的爆發（不管這張牌指涉什麼事情）、果斷行動的意志和信心，以及善用手頭資源的能力。這是一張超級陽剛的牌。它代表著與行動相結合的主動決斷力，完全不是膽小或懦弱者會抽到的牌。如果這張牌代表「人」，那就是代表一位具有這種個性的人（無論男性或女性）。這張牌無關乎性別。如果是代表「建議」，那就請大膽放手去做；立即付諸行動、做出決定，帶著滿滿的自信，好好運用你手上現有的資源，不要再抱怨或拖延。這張牌不會提供你任何藉口，也不容許你有任何藉口。這不是一種因為身分地位而產生的外在權威（比如皇帝牌、教皇牌等等）。它是每個人內在與生俱來固有的力量，而且必須加以利用才會啟動。任何一個人，若想要朝既定目標前進或解決問題，都必須藉此管道來獲得能量。

† 傳統逆位牌義：

代表一位技術不精的勞工。優柔寡斷的人或行動。意志力薄弱。犧牲卻沒有得到回報。懦弱行為。魔術師逆位代表一位未經培訓或是尚未完成訓練的「專家」，你也可以稱他為「假先知」。笨蛋（不是指「愚人牌」）給的差勁建議。它是一種對於謹慎耐心學習與練習某種智慧與知識的冒瀆和詛咒。它揭露出品質低劣的做工，甚至因為怠惰而引來批評。這張逆位牌會讓人產生一種不安的心情，因為它代表的不僅僅是缺乏潛力或缺少努力，而是故意去貶低學習一項技能之過程所需要的耐力與堅持不懈的意志。

現在輪到你了

請注意：如果你一時還沒有想法，可以日後再寫。重點是要好好去感受這張牌，不需要急就章。

你對這張牌的解讀是什麼？這張牌在對你說什麼？

如果是逆位牌，它在對你說什麼？

如果你看到這張牌出現在「最終結果」的陣位，你會怎麼跟你的客戶解釋這張牌？

你會如何用這張牌來作為「正向肯定語小助手」？

對於這張牌，有其他感受、印象，或用法想要記錄在這裡嗎？

Ⅱ 女祭司 The High Priestess

† 牌面描述：

石榴。我們的神祕女士坐在一張造型簡單的寶座上，這個寶座看起來不過是一個石塊，左右兩側各有一根柱子，撐起一張繪有石榴圖案的織毯，剛好就在她的正後方，將一片屬於她領地的海域遮住。有人認為她頭上戴的是三相女神（triple goddess）的皇冠。實際上，那是一顆珍珠（詳見下文），如同她腳邊的月亮所暗示的，在她似水的長髮之中泳動。等邊十字架標誌著她的純潔，就像她的白色外衣 / 長袍一樣。她膝上的那部猶太教聖典《托拉》（Torah）顯示出，她是一位學習奧祕靈性知識的人，而不是一般「凡夫俗女」，也進一步暗示著，她是一個具有豐富知識的人，一座智慧寶庫。

† 奧義解析：

首先是石榴。石榴經常出現在古老文化的神話故事中，因為種類數量繁多，因此你可以只選擇你自己想要相信的即可。話說回來，最適用於塔羅女祭司牌的神話人物就是普西芬妮（Persephone），她是地母神狄米特（Demeter）和宙斯（Zeus）的女兒，有時是冥界之神黑帝斯（Hades）的妻子，而且一直都是傳說中的「冥界王后」。因為這個緣故，更強化了人們認為女祭司牌具有超越潛意識之力的這個看法，再加上她背後的那片大海，以及她腳邊那枚代表直覺力的新月，以及代表光明與黑暗的成對石柱。至於她頭頂上的皇冠，你可以依自己的喜好來解釋，但是必須考慮到，珍珠其實是海洋中最珍貴和稀有的一種寶石。只有極少數的牡蠣能夠「吞下」一粒沙子，而且製造出珍珠來作為回報（當然這裡不談現代人工養殖技術），這真的非常罕見。也有人認為珍珠是代表內在洞見與純潔，跟月亮一樣。除了這些相關的面向之外，女祭司這張牌最重要的含義就是代表「二重性」（二元並存）。

當一個刺激出現又消退，會產生一個正弦波（sine wave），先出現一個「正」半周，然後是「負」半周。我們可以將它視為一種兩極性，最常見的是男性 / 女性、白天 / 夜晚、好 / 壞、上 / 下、天堂 / 地獄、右 / 左、上帝 / 魔鬼等等這類的兩極對立。她代表了心理學上的「二元對立論」（「非此即彼」的現象，在雙邊對稱的生命形式當中可說相當普遍）。如果魔術師代表的是將自身意志向外施壓給外部世界，那麼女祭司就是創造力的接受器官。她就是「想像力」本身，不能只因為意志的作用比較明顯，就低估她的力量。女祭司在整個創作過程中佔有一半的分量，因為她是通往以太穹蒼的門戶。她和魔術師，沒有誰比誰更重要，或更有力量的問題。在意識交合的譚崔境界中，他們是密不可分的一支團隊，此等境界，甚至連擅長魔法施術的人都無法真正掌握，實際渴望擁有這種能力的人，更是少之又少。

† 傳統牌義：

直覺、想像力、夢想、創意火花或靈感。她藉由傾聽而非行動來理解新發生的情勢。她與神交流、祈禱、知道何時該尋求指導並且實際這樣做。魔術師是代表積極主動向外溝通的精神力量，女祭司則既能被動接收訊息，又能主動尋求協助的精神力量。魔術師的力量是直接的，女祭司的力量則是隱晦的。女祭司負責「發掘或揭露」，魔術師則負責「在那個地方直接採取行動」。每一個人身上都擁有女祭司的能力。它們一直都存在於我們的潛意識中，並且與我們稱之為「神」的那些事物直接相關。這張牌告訴我們應該要反思、安靜聆聽、憑直覺去行事、尋求專家的智慧與協助（「更高的精神層面」與「物理層面」兩者皆然）。將這張牌跟一張小阿爾克那擺在一起，看看她在暗示你什麼。

† 傳統逆位牌義：

代表精神狀態或身體狀況的混亂失衡、酗酒和藥物濫用 / 過量、性格偏執與迷信。幻想破滅（尤其是同時出現寶劍 6、錢幣 7 等這些牌）、精神力量虛弱、判斷力模糊、偽靈性修行者（請檢視方向關聯牌）、精神變態、狂熱主義和極端分子、不願自己做研究或做功課尋找答案、綁架誘拐、被埋藏的寶藏、腐壞的石榴。

現在輪到你了

請注意：如果你一時還沒有想法，可以日後再寫。重點是要好好去感受這張牌，不需要急就章。

你對這張牌的解讀是什麼？這張牌在對你說什麼？

如果是逆位牌，它在對你說什麼？

如果你看到這張牌出現在「最終結果」的陣位，你會怎麼跟你的客戶解釋這張牌？

你會如何用這張牌來作為「正向肯定語小助手」？

對於這張牌，有其他感受、印象，或用法想要記錄在這裡嗎？

Ⅲ女皇 The Empress

†牌面描述：

這位氣質非凡的仙女輕鬆地坐在鋪著軟墊的寶座上。你想得沒錯，這就是「大自然母親」的模樣。這張牌的女神象徵非常清楚明顯，從繪有金星符號的寶座（上面還放著超級舒適的抱枕），到牌面前方滿地成熟的小麥（與普西芬妮的媽媽——大地之母狄米特有關；參見女祭司牌），還有她頭上的星星冠冕、衣服上的石榴……她一現身即為萬物帶來生命。長滿綠葉與果物的樹木生機蓬勃，流水淙淙自在奔流，陽光耀眼明亮。出於禮貌的緣故，我們會暫時忽略一個不太合理的地方：因為她將「寶座」設置在一根石柱上，致使她的雙腳離開了地面。請你也暫時忽略這點。並非所有的塔羅牌圖案在象徵符號上都是絕對正確的。

†奧義解析：

媽媽（又名媽咪、母親、「麻～」，一個把我們養育長大而且偶爾會責罵我們的人、給與我們生命的人、無論如何她都愛你勝過愛其他人）。是的，就是她。這張牌代表的就是每一個人的媽媽，雖然帶點仙氣，但你可以從她身上看到每一個媽媽的影子。這張牌不是單純指女皇（權力）或王后（身分地位）。它代表的是一種近乎黏糊糊的無條件的愛，令我們的靈魂得到滋養，在最寒冷的夜晚給與我們溫暖，陪我們度過人生最艱難的時刻。這張牌是塔羅中的膠水角色。因此，也是塔羅的情感支柱與支持系統。她既是孕育胎兒的子宮，同時又是嬰兒出生之後的照顧者——這對很多人來說是遙遠的記憶，對她而言卻非如此。千萬不要惹這個女人生氣。

†傳統牌義：

懷孕。「恭喜！」也可以代表跟母親有關的事情，如果有出現相關聯的小阿爾克那牌的話。你可以將它視為一個跟「母性」概念有關的能量和情況，而非任何一個人，除了極少數情況之外。你可以用「揭牌」技巧，從方向關聯牌來找出這個擁有母性能量的人是誰。如果是當作動詞，這張牌代表對人付出同理心、關懷、實際的撫養行為，以及負起照顧之責。這很容易讓人聯想到一種兼具關懷照顧與愛心的新興行業，比如說「照顧流浪動物」。這張牌強調的是，在這類行為背後的那個人的真誠照顧與關懷之心。如果是代表一個人的品格質地，那就是代表人類最高超、珍貴的品行：真正的悲憫心、善解人意、通情達理、美好（指內在，有時候也指內外兼具）。如果代表某個情境，那就是愉快的家庭生活，極為平靜的時光。有點類似文藝復興時期，由於黑暗時代的壓抑結束，各種藝術與奢華生活應運而生、蓬勃發展，各種創意、自由思想、自由表達風氣百花齊放。從任何一方面來說，這都是一張好牌。它不是開始（除非是懷孕），也不是結束。它是一種存在狀態，或是某個期間的事態，在這段時間當中，食物、友誼都非常充足，情緒和身體方面也有安全保障。

附加說明：某些（所謂的）「專家」都害怕討論諸如出生（懷孕）或死亡這類的問題，好像如果不去討論生活中的這些重要部分，他們就可以因此永遠躲避掉這些問題。不過我們的看法比較務實一點：一定會有客戶來問這類問題。如果你不回答這些問題，你的信譽可能會受損，而且可能會傷害到他們。如果你從牌陣中看到任何東西，請儘量用你覺得禮貌的方式說出來。你可以用迂迴的方式來說，必要的時候，不妨使用「有此可能性」，或「如果你可以考慮這件事，也許會比較好」這類修辭來表達你的看法。但是，千萬不要認為只要你拒絕去看真實的情況，就可以永遠立於不死之地。塔羅牌不是「政治正確」。人生必然會發生的三件事，「死亡」（以 13 號牌為代表）與「出生」（很多牌都可代表）就佔了兩個。假如你懷疑某件事情「很嚴重、很危急」，請務必在你說出之前進行核實確認；但是，若已經確定會有麻煩，那就該說出來讓對方去避免掉麻煩。塔羅讓我們看到事情的可能性，而有時候它代表的就是「可能」而已。不要害怕那些「看不見的幽靈」。

† 傳統逆位牌義：

缺乏支持。疏遠、情感絕望、無情、不安全感、不穩定。「令人不悅」的女人。錯用忠誠，或缺乏道德感。通姦或離婚（請利用方向關聯牌來確認）。環境被破壞。流產（在說出這件事之前務必先確認）。

現在輪到你了

請注意：如果你一時還沒有想法，可以日後再寫。重點是要好好去感受這張牌，不需要急就章。

你對這張牌的解讀是什麼？這張牌在對你說什麼？

如果是逆位牌，它在對你說什麼？

如果你看到這張牌出現在「最終結果」的陣位，你會怎麼跟你的客戶解釋這張牌？

你會如何用這張牌來作為「正向肯定語小助手」？

對於這張牌，有其他感受、印象，或用法想要記錄在這裡嗎？

IV皇帝 The Emperor

† 牌面描述：

快答！皇帝牌和惡魔牌有什麼共同點？（提示：他們都是對於權威人物的暗諷，而且你很可能為這兩種人工作過唷）好的，所以這個傢伙並不「討人喜歡」，但他是「老闆」。他坐在刻有牡羊符號（指星座，不是指神）的石頭寶座上。他是塔羅牌中的大家長。他的統治權比小阿爾克那牌的四位國王都要高，因為所有封建「帝國」的皇帝都是大霸主，而不僅僅是某特定轄區的國王。這是一個有行動力的人：鮮紅色的長袍，酒紅色的披肩，身穿鎧甲坐在寶座上，保持警覺的姿勢，隨時準備應付突發狀況。

† 奧義解析：

大家長。如果女皇牌是代表塔羅的主要母性能量和女家長，那麼皇帝牌就是代表父親、祖父、法官、陪審團、行刑者。此人擁有無上的權威。包括國王牌、王后牌，以及皇帝牌在內的這些塔羅牌提醒了我們，塔羅是遠古時代的產物，在那個時代裡，國王和王后統治著某個地區的所有子民，表面上假借「保護」之名，實際上是行「專橫跋扈」之實。時至今日，某些跨國企業依然延續著這種專制和富豪的作風，公司內部的高階主管取代了封建國王的位置，只是運作變得比較透明而已。這些「統治」系統之所以能夠繼續生存，是因為這個體制依然有運作的空間。作為「一般市民大眾」，人們還是喜歡有一個人來當他們的頭頭，有一個人可以讓他們來贊成或反對，有一個人可以來負責做決策，因為在一般狀況下根本很少人會想要去做那些決定。當事情失敗的時候，能夠有一個人來讓他們責怪。如此一來，這種退回到政治新石器時代的返祖現象便永遠不可能退流行。我們還是需要有一個人來告訴我們該做什麼，然後當對方這樣做的時候，我們就可以來責怪他。

† 傳統牌義：

政府。男性權威人物：老闆、法官、行政主管、決策者、父親、紅衣主教（神父）。這是一張與判決或命令有關的牌（比如：法律訴訟、簽發違規停車告發單、傳票、與「上級」開會等等），也代表那個命令或判決背後的人物或權力機構（例如：國稅局）。換句話說，這張牌代表的是：你被告知要做什麼行為，以及通知你要去做這件事的那個人物。乍看之下這似乎很刻薄，但也正因為它就位居體制結構上的支配地位，使得這張牌所代表的這個人物或權力機構，可以在你遭到壓迫或虐待時，幫你一吐怨氣。

如果這張牌是代表一個人的性格質地，那表示這個人擁有很強的領導能力、意志堅定、具有善用邏輯思維與命令決策的能力。這個人不容易被情緒煽動，也不會輕易相信那些灑狗血的情節。或是一位優秀的管理者、品行良好值得信賴的人。如果是代表一項行動，那可能是發布法令，或是給出明智的建議。皇帝牌也意謂著靠時間累積而出的經驗；如果這張牌有其他方向關聯牌來支持的話，也可能代表從那個經驗當中生出的智慧。

† 傳統逆位牌義：

暴君、獨裁者、腐敗的公職人員、坐領高薪的上司。此外，也代表對一件事情過度監督、管東管西、濫用權力和權威。

現在輪到你了

請注意：如果你一時還沒有想法，可以日後再寫。重點是要好好去感受這張牌，不需要急就章。

你對這張牌的解讀是什麼？這張牌在對你說什麼？

如果是逆位牌，它在對你說什麼？

如果你看到這張牌出現在「最終結果」的陣位，你會怎麼跟你的客戶解釋這張牌？

你會如何用這張牌來作為「正向肯定語小助手」？

對於這張牌，有其他感受、印象，或用法想要記錄在這裡嗎？

V 教皇 The Hierophant

†牌面描述：

教皇 hierophant 這個字源自古希臘，跟我們最喜歡的那對母女（狄米特 Demeter 與普西芬妮 Persephone —— 還有什麼事情她們做不到的嗎？）的故事，以及引導人們進入神聖信仰的大祭司（包括女性和男性）有關。如果你想要聽長一點的版本，那可能必須參加高階神祕學校課程，這裡我們只簡單說明：「教皇牌」已經被人「基督教化」了（很多塔羅牌的概念也是），它反映的是塔羅誕生時代人們的普遍信仰。這張牌是用一位祭司來代表一個像皇帝那樣的權威人物，而不是代表帶領人們進入聖境的精神導師。它是以宗教來代表一個國家（政府體制），而不是哲學上的一種途徑。這無關乎正確與否。這張牌的含義原本就是如此。

†奧義解析：

聖職人員產生的原始背景是，當一個部落群體大多數的成員正在為集體共同利益勞碌奔忙時，部分極少數人仍晝夜不停地在冥想、研讀、研究、沉思、質問、辯論，並將他們的發現分享給這個群體的其他人，以此來利益他們的生命。把一生精力都投注在追尋生命的意義與奧祕、神蹟，以及深層哲學，表面上聽起來好像很好玩，但無論在肉體上或精神上，這都是非常費力費心的事情。從事研究的學生，燒腦到近乎神智崩潰，這就是他們日常生活的絕大部分真相。身在這個位置，不可能過奢華的生活，而是藉由學習、維護和分享這個部落群體（村鎮、家族、家庭、小村落、社區……）的集體智慧，成為整體社會的一分子。

隨著時代演進，加上宗教逐漸結構化並受到嚴密控管，這群「博學多聞」的人也跟著變成跟所有的政府一樣秩序化。「良善想法」（比如：不要偷你鄰居的東西）成了社會的「律法」，儘管這些確實是對社會有好處，但宗教從此成為社會治理的基礎結構，也因此，宗教進一步成了治理機構的本體。這使得精神導師（祭司）轉身變成了霸主（祭司）、法官（也是祭司），以及行刑者（詳見詞彙表：女巫之槌 [Malleus Maleficarum]、宗教裁判所 [the Inquisition]、焚燒巫師時代 [The Burning Times]、十字軍東征 [The Crusades] 等條目）。這意謂著什麼？表示這張牌曾經代表的舊有概念，早在這張牌誕生之前就已被改變了，雖然它還是沿用舊名稱，而且某些神祕學派至今仍設法在擁護這張牌的神聖教導象徵。這使得這張牌帶有雙重意義，同時在解釋上具變動性（取決於一個人對於「被組織化的宗教」之看法）。我們在這裡講解這段歷史，是為了提醒塔羅學人，當涉及精神靈性層面時，體制結構能承擔重任（好的一面），也能將人囚禁（壞的一面）。「不要隨意論斷（這張牌），免得被論斷」（諸如此類）。當你看到這張牌出現，請先深呼吸，然後仔細檢視所有內容。

† 傳統牌義：

代表正統觀念——「按白紙黑字」行事，而且絕對依教奉行。嚴格的規律生活。道德和教條。社會保守主義、唯命是從、制度主義、遵循傳統。被權威機構中的某一個人（或是被公認的權威人士）說教告誡。

或是身分反過來指：教授、講師、傳教士（男性或女性）、諮商輔導員，或是接受合格專家提供的建議。高等教育（必須同時有方向關聯牌來支持）。

† 傳統逆位牌義：

毫無質疑地遵循傳統。嚴格遵守原始經典的原教旨主義者。規則製造者、官僚主義、傳教、威嚇、逐出教會。

現在輪到你了

請注意：如果你一時還沒有想法，可以日後再寫。重點是要好好去感受這張牌，不需要急就章。

你對這張牌的解讀是什麼？這張牌在對你說什麼？

如果是逆位牌，它在對你說什麼？

如果你看到這張牌出現在「最終結果」的陣位，你會怎麼跟你的客戶解釋這張牌？

你會如何用這張牌來作為「正向肯定語小助手」？

對於這張牌，有其他感受、印象，或用法想要記錄在這裡嗎？

VI 戀人 The Lovers

†牌面描述：

這裡我們看到的是典型的「亞當和夏娃」。（顯然他們兩人都是金髮——誰真的知道？）暫且不管這張牌所代表的神祕奧義；直接來說它就是來自聖經故事：著火的灌木叢（雖然偉特稱它為「生命樹」）、蛇、善惡知識樹、那位「長得很像拉斐爾」的傢伙，以及遠方背景中那座平淡無奇的山脈，還有山下那片海（「陰莖和聖杯」）。真的……你能夠畫得出比潘蜜拉女士更厲害、更明顯的象徵嗎？

純粹好玩……不妨把這張牌跟惡魔牌擺在一起做個對照。簡直就像一個是「之前」、一個是「之後」。 愛即是痛。

†奧義解析：

數世紀以來，無數藝術家不斷創作新的塔羅牌圖案，以致你會發現，原本極為單純但強有力的一張牌，含義開始變得複雜起來。這張牌中的天使，有些塔羅套牌將他換成了邱比特，有的則是變成神職人員。有些套牌是畫了一個男人站在兩個女人之間，來代表情慾或家庭的交戰選擇。這其實是先認定愛就是淫蕩情慾，進而採取清教式的壓抑，認為人應該要維持純友誼、要犧牲、忍受痛苦、超凡入聖。用一種有問題的價值觀來置換大阿爾克那非常重要的一張牌的概念，帶來的問題是：它把目前我們從塔羅當中看到、最重要最強大的一股人性力量整個拿掉了；如此一來，使得塔羅作為一種奧義學習工具的價值大大被降低了（而且也把占卜的樂趣整個剝奪了）。還有，當你的客戶張大眼睛、滿心期待看著你給他解答，而你卻告訴他：「這張牌不代表你的真實想法，是代表你的選擇！」他一定會怒火衝天，往你身上砸東西！我們強烈建議你，當你看到這張牌出現，你就是看到「愛」。這個原始力量，是人類生命最偉大的奧祕之一，而且永遠都會是如此，無論科學進展到什麼地步。無論你是不是認為愛會讓人情緒大起大落、令世界天翻地覆，正是因為「愛」，我們才會發明金錢這種東西（而且有助於地球轉動）。這張牌並不是單純代表「選擇」而已；它是代表「伴侶關係」。它要說的是，關於親密關係的形成，以及每一次你的男朋友或丈夫離你遠去，你的心就被撕成碎片。它談的是，因為理想志向的結合與分享，才讓個人主義的世界變成群體主義的世界。如果沒有這種黏答答，而且經常帶點苦澀的情感，我們的世界便不可能有偉大的紀念碑，也不可能出現偉大的藝術作品，更不可能驅策我們去改善我們所居住的世界。這張牌代表的永遠都是把「一」變成「多」，以及將多融合為一。這正是高階魔法的祕密。

† 傳統牌義：

夥伴關係、形成親密關係、愛情、婚姻、靈魂伴侶、深長的友誼。當你在占牌時看到這張牌出現，請把它視為一種抽象概念，然後仔細檢視它跟其他牌有什麼樣緊密的關聯。有時，它是代表一個事件，但更常見的情況是，你會需要一張或多張小阿爾克那牌來協助你澄清這張牌真正的內容。這張牌的能量非常巨大，而且範圍非常廣，最好能利用幾張澄清牌來解釋它真正的含義。當你在幫客戶占牌時，只要出現這張牌，不管它是在什麼陣位，通常客戶第一件事情一定是直接指著這張牌，問你說它代表什麼意思。在他們充滿期待的神情背後，他們真正想問的是：「什麼時候會出現？」這張牌其實代表了每一個人所追求的命運。最重要的是，我們渴望被人仰慕、喜愛、崇拜、關心、照顧，而且最終能被一個我們非常重視，而且想要跟他進一步發生親密關係的人所接納。這張牌經常代表成功的事業夥伴關係，或是組成一個支持團體，但由於這張牌圖案畫面力道實在太強了，就算你眼前這位問卜者是一位情感克制的人，他內心希望被一個人接納、獨佔的痴迷渴望，還是會被拉扯出來。

† 傳統逆位牌義：

痛苦。非常痛苦。事實是，非常非常痛苦……所以，這不是一張好牌。可能代表（各種形式的）分離：離婚、終止契約、假情假意的朋友、失業；也就是，生命與快樂的一個來源被拿走了。再次提醒，請藉助其他牌來澄清事情的狀態和原因。

現在輪到你了

請注意：如果你一時還沒有想法，可以日後再寫。重點是要好好去感受這張牌，不需要急就章。

你對這張牌的解讀是什麼？這張牌在對你說什麼？

如果是逆位牌，它在對你說什麼？

如果你看到這張牌出現在「最終結果」的陣位，你會怎麼跟你的客戶解釋這張牌？

你會如何用這張牌來作為「正向肯定語小助手」？

對於這張牌，有其他感受、印象，或用法想要記錄在這裡嗎？

Ⅶ戰車 The Chariot

†牌面描述：

好的，請先做一次深長、緩慢的深呼吸……武士們駕著車到處去放送他們的「正義」（思想），對當今世界大多數地方而言，都是一個艱澀難懂的概念，就跟戰車這東西一樣。牌面中的這個人，不是皇室貴族、不是軍隊英雄，也不是有錢的商人。他是典型的「武士」，而且跟他的石頭戰車（信仰、堅毅、堅決、力量）「是一體的」，毫無疑問，它描繪的是神話傳說中的神獸，因此強化了他的「正當性」。如果暫時忽略一個事實：這張牌當中出現的十幾種宗教符號，其實是來自相互矛盾的宗教信仰，此人簡直是神聖不可侵犯。他本身就是「法律」，同時也是執行法律仲裁的人。他不會失敗（也不可能失敗），因為有（十幾個）「神」在背後支持他。

†奧義解析：

（參見上圖）依據不同的塔羅套牌，這張牌可能是一位皇帝或王子「站在電動戰鬥台車」上，也可能是一名武士駕著戰車（如同上面這張牌）或是閃亮的紅色戰艦。因為圖案不同，牌義推演上也會有細微差異，不過，基本含義是很明確的。這個人獲勝了。這張牌讓我們看到什麼叫做勝利與力量，但它用的方式是，把「正義」（獲勝）跟「做正確的事」視為同一件事（好像「我才是上帝的代言人，你不是」）。它向我們展示了一種對於不公義之事的憤慨，這種憤怒，大概只有「教皇牌」（或寶劍王后逆位）才能與之匹敵。這個訊息的危險性在於：它會使人產生一種「不惜一切代價來取勝」的心態，或者，因為對某樣事物太過激情、狂熱，以致受其蒙蔽而陷入一種心態，在那個心態裡面，他們唯一的選項其實早已被自己的執念所蠱惑。這是一張代表熱情的牌，有些塔羅權威會將它跟射手座的性格特質做對應。我個人相當認同。這張牌上面寫滿了「政治權術」。

†傳統牌義：

勝利，但不只如此。義人得勝，而且無須犧牲道德或個人信仰。這是一張代表實力的牌。你不是因為「碰巧運氣好」而獲勝的；你是因為你對所做的事情非常在行，而且／或是你擁有強者朋友和資源，因而能夠取勝。你之所以成功，是因為你能夠以自制力和受過訓練的心智，將獸性的憤怒情緒控制得當。你能夠駕馭陽剛與陰柔的力量，以堅定不移的心志去追求你的理想。當然，有時候這張牌也純粹代表「一輛新車」或某次長途旅行。無論是哪一種情況，都可以用小阿爾克那牌來做澄清。

可以將這張牌與盧恩符文「飛虎」（Fehu）做個對照，Fehu 的意思是母牛，代表流動財富、贏來或賺來的財產、富裕、財務實力、成功與幸福。或是社會成就、精力充沛、有遠見。有趣的是，如果是逆位牌，這個盧恩符文也跟戰車牌相當吻合，代表：喪失個人財產、自尊，失敗。膽小怯懦、貧窮、失去自由等等。

† 傳統逆位牌義：

失敗；大多是因為缺乏技能、沒有做好準備、缺乏道德素質而造成。由於軟弱或性格上的弱點而失敗。因為背叛和欺騙而「遭到淘汰」（或失去社會地位）。很多時候這叫做「人格詆毀」（故意用一些不實訊息或圖片的操作手法，讓對方陷入不利位置）。因為膽小怯懦導致失敗。失寵。總而言之，這是一張抽象概念牌，代表突然遭受嚴重損失，需要使用澄清牌來進行確認（所有的大阿爾克那牌都是如此），以免給出不好的建議。

在逆位牌的情況下，這張牌甚至可以代表車禍意外（如果你真的懷疑這張牌是代表發生意外事故，請務必先用澄清牌來進行多方確認，然後才說把這個壞消息說出來，而且說的時候要非常小心你的表達方式，以及你說出的內容）。

現在輪到你了

請注意：如果你一時還沒有想法，可以日後再寫。重點是要好好去感受這張牌，不需要急就章。

你對這張牌的解讀是什麼？這張牌在對你說什麼？

如果是逆位牌，它在對你說什麼？

如果你看到這張牌出現在「最終結果」的陣位，你會怎麼跟你的客戶解釋這張牌？

你會如何用這張牌來作為「正向肯定語小助手」？

對於這張牌，有其他感受、印象，或用法想要記錄在這裡嗎？

Ⅷ力量 Strength

† 牌面描述：

（注：這張牌的編號，在某些塔羅套牌中是11號牌，有些則是8號。無論哪一個編號，以下解釋都適用）一名中古世紀經典裝扮的年輕女子，從容不迫地將一隻獅子制伏。這是最早透露男性（女性）能量祕密之一的超時空寓言。女性的陰柔氣質，看似不具傷害性而且需要強大的男性憤怒能量來保護，以免遭受日常生活嚴酷現實的侵害，但事實上她卻可以用微笑來摧毀一個最強壯的男人（而且歷史上已經發生過太多次，難以計數）。女子身上的花環以及飄浮在她頭頂上的無限符號，象徵著她跟她的內在力量及英勇氣概處在一種非常協調的狀態。還有，這隻小貓咪是她養的。

† 奧義解析：

無論是何種形式的力量——身體的、心理的、情感的力量，全都來自意志力。每一位巨人和每一個創造奇蹟的人，他們的內心深處一定擁有對於所行事業的堅定決心。這種決心，可以是安靜的，也可以是喧鬧的，而且會受到憤怒情緒的鼓舞。它可以被星星之火瞬間點燃，也可以是一種持續不斷的激情，就像我們呼吸一樣，是生命的一部分。它會因為擁有目標，或是因為感受到重要人物的支持，而得到餵養。我們也會因為堅持一個信念，或是無意間聽到一首歌，或從書上讀到一句話而獲得力量。「欲望」是創造這種決心的巨大動力，而「需求」則是所有動力之中最強大的。不妨仔細想想，我們所有的計畫和夢想之下，是不是都隱藏著這些微妙的推動力。這些推動力就是命運的創造者，而這就是一切魔法的根源。因此，這張牌就是一切魔法的根源。這是「魔術師」權宜私藏的工具，也是他為什麼可以違反地心引力，讓蠟燭兩頭同時燃燒的祕密所在。這是「相斥相吸法則」的形成基礎，也是各種威力奇蹟法則之所以擁有魔術般力量的奧祕所在。

† 傳統牌義：

需要堅持不懈的毅力。這並不意謂「等待」。這意謂著你要使用一隻溫柔的手（最好這隻手碰巧又有鋼鐵般的握力）。不要緊緊抓住獅子的下巴。你只要不斷施加壓力，直到牠像其他的貓一樣，厭倦了跟你打架，然後暫時聽命於你。訣竅不是硬把一隻貓的嘴巴闔起來，而是要在你做這件事時，不讓這隻貓動來動去，還把你撕成碎片。這就是力量牌的全部祕密。

慢慢來。不要急。不要放棄，時間還沒到。絕對不能放棄。一投降你就失敗了。當你看到這張牌出現，它代表一個警告、一個徵兆、一個命令，要你以堅毅的耐心運用你的內在力量。但請記住，力量不代表傻勁。如果你的情感關係很糟，然後這張力量牌出現在代表「建議」的這個陣位，那麼這張牌不是在告訴你「要咬著牙忍受」，而是在告訴你，要運用你的內在力量，動用你的資源（包括你的朋友、你所信仰的神、你的內在渴望等等），然後依照其他牌的指示去採取行動。從「力量」所在的位置去做出行動，即使那表示你應該要「逃跑」。有時候，離開一個困境比留在困境當中需要更多的勇氣。一個是你知道的惡魔，一個是你不知道的惡魔。

如果這張牌代表的是一個人的性格質地，那表示你可以完全信賴這個人，沒問題。如果是問到工作，那表示這份工作會很穩定，可維持很長一段時間，擁有足夠大的自主決策權，可以讓工作很有效率地進行，而不會只是佔著位置不做事。很少有例外，來問卜者剛好都是那個「女人」，而不是那隻「獅子」。

† 傳統逆位牌義：

例外出現嘍……現在你看到「獅子先生」了。有時候，這張逆位牌是代表有人受到控制（我們聽說有些人確實有這種情形），但控制他的人並不一定是一個「女人」。可能是酒精、食物、性或是毒品（看看是否有同時出現聖杯牌和寶劍牌）。有時候，它是代表軟弱、恐懼、猶豫，或是逃避問題。

現在輪到你了

請注意：如果你一時還沒有想法，可以日後再寫。重點是要好好去感受這張牌，不需要急就章。

你對這張牌的解讀是什麼？這張牌在對你說什麼？

如果是逆位牌，它在對你說什麼？

如果你看到這張牌出現在「最終結果」的陣位，你會怎麼跟你的客戶解釋這張牌？

你會如何用這張牌來作為「正向肯定語小助手」？

對於這張牌，有其他感受、印象，或用法想要記錄在這裡嗎？

Ⅸ 隱士 The Hermit

†牌面描述：

一位老人站在「山頂」（也有人說是懸崖邊緣），右手高高提著一盞燈。他很老了。真的非常、非常老。就這樣。當然，還有那盞「被限制住」（被抓住、被套住、被偷走）的「上帝之光」（不要以為他發現他的光不見了會很開心）。原本空空的燈籠（沒有蠟燭、沒有燈油或燈芯），現在裡面有了一顆六角星。所以，對於這道偷來的「上帝之光」，他已經「精通其知識而且能善加運用」，這讓他得以穿透生命的迷霧面紗，看見凡人（基本上，在這樣的大風雪天，任何稍有頭腦的人都會選擇待在家裡，躲進溫軟舒適的被窩）無法見到的真理。因此，這個人顯然比我們這群凡夫俗子「優秀一點」。直到「上帝」發現此人偷走了祂的六角星，而且還把它放在燈籠裡，變成一盞燈。

†奧義解析：

很久很久以前，人類最好的朋友之一，普羅米修斯，從諸神那裡偷了火，還把火送（還）給人類，使所有人免於被毀滅的命運。宙斯因此很不開心。事實上，他非常不喜歡自己的（自我）意志受到挫敗，於是把我們的英雄拴在一塊岩石上，讓禿鷹（也有人說是老鷹）每天去啄食他的肝臟。就這樣過了很多年。後來，人類的另一個朋友大力神海力克士，殺了這隻「惡」鳥，然後放走了我們的英雄。這個故事有什麼寓意呢？智慧等於痛苦。還有：如果沒有犧牲，就不可能有奇蹟（抱歉）。更深一層來說，普羅米修斯盜火，除了明顯是為了拯救人類之外，還具有形而上學的意義。火是創造力的要素，它是「生命之火」，知道如何用火是人類的基本特徵之一，它使得我們與其他所有（已知）物種有所區別。

同樣的道理：沒有信仰、實踐和學習（大量學習），就不可能得到「上帝的光」。我們的朋友（圖中這位令人毛骨悚然的老傢伙）低頭看著我們，他手上的光，一方面幫助他深化自己的知識，同時，如果我們之中有一些人，願意在大風雪的夜晚離開溫暖的被窩，走到窗邊親眼見證「上帝之光」，他也會為我們提供一盞指路明燈。並非每個人都想要追求智慧。我們當中有一些人，他們只想要舒適過生活，生養孩子，然後快樂而平凡地死去。這就是為什麼我們需要這些手拿可笑燈籠的怪老人來為我們照路，這樣我們才比較容易達成這些崇高目標，同時又能避開我們個人修行之路上的種種坑洞陷阱。

† 傳統牌義：

如果代表一個人，可能是一位大學教授、老師、治療師、顧問、研究人員或是牧師（不限性別，也未必是「老人」或令人毛骨悚然）；追求「真理」或提供建議的人。由於近來先知已經不多，所以也可以代表任何一位有智慧的長者、一位（值得信賴而且有智慧的）宗教領袖，甚至是一位夏爾巴人——如果你讀這本書的時候剛好人在喜馬拉雅山的話。此外，它通常也可以指一個機構（職業學校、大專院校、大學或是教師群）。因為這張牌的所指範圍很大，通常無法單指一位提供你建議的人，因此，請利用「揭牌」來得到方向關聯牌，藉以確認這張牌真正代表的全部含義和內容。

如果是代表一項行動或一個事件，它可以代表你深入密集學習，或者上述你正在研讀的學校。反過來說，這張牌有一個附帶含義就是：從社會中退縮。如果你懷疑是這種情形，請務必要用揭牌來進行確認，因為這種退縮可能是因為憂鬱症、吸毒、失去朋友，或是想要逃避任何不愉快的事情。退縮行為本身並不絕對是壞事，但必須設法了解其動機，看看這個行為是否合理（有其必要）。

† 傳統逆位牌義：

有時候，我們可以藉由過度大量的社交活動來逃避問題。我們不想靜下來反思，而會去從事一切活動來讓自己躲避掉「腦海中的聲音」（正向的聲音）。因此這張逆位牌也可以代表不聽從他人建議、不花時間學習必要的資訊、不好的建議，或是偽專業人士（詐騙集團、邪教教主、假救世主），拒絕休息和休養。

現在輪到你了

請注意：如果你一時還沒有想法，可以日後再寫。重點是要好好去感受這張牌，不需要急就章。

你對這張牌的解讀是什麼？這張牌在對你說什麼？

如果是逆位牌，它在對你說什麼？

如果你看到這張牌出現在「最終結果」的陣位，你會怎麼跟你的客戶解釋這張牌？

你會如何用這張牌來作為「正向肯定語小助手」？

對於這張牌，有其他感受、印象，或用法想要記錄在這裡嗎？

X命運之輪 The Wheel of Fortune

†牌面描述：

這是一張很好玩的牌（你一定要好好看一下標題那部分）。一顆橘色的大輪子，上面寫了幾個字母，轉輪外圍有三個神話生物，負責輪流轉動輪子，上下左右四個角落有其他角色在負責記錄當天的事件。整個過程似乎是發生在雲端某個類似神話場景的地方。請注意，牌面中的這些雲朵提供了那個記錄小組隱密且舒適的平台，可以讓他們坐臥其上，但沒有任何下雨或閃電的跡象。

†奧義解析：

「……然後公車車輪轉了又轉」。我們策劃、執行，以及逃避的一切，每一件事情都不斷跟著我們移動，隨著這部車子前進，當我們下車離開，它還是繼續在走。世界就是這樣……身為人類，我們就是要以我們個別的感受去經歷一切，以我們的角度去觀看我們所處的世界，而不是認定自己就是全部（雖然你確實是占了很重要的部分），如果你這樣想，那一定常常會覺得一切都是自己的問題。在很多事情上，這個想法固然很重要，因為它是靈感與創造發明的催化劑。它是一切藝術創作的刺激來源，使得作品能夠展現各種不同風貌。但是，「認為全部都是自己造成的」，這種心態也是導致人類痛苦折磨的重要原因，它帶來的後果比其他心理反應還要嚴重。

因此，這張牌的美妙之處在於，它同時既非屬個人，又強烈屬於個人。「事情」不會平白無故發生。「這些事情」發生在你身上；「其他事情」發生在別人身上，是你永遠不會經歷到的，而且你也永遠不會知道，別人是不是發生了什麼更糟的事，所以，那真的與你無關，不需要那樣想。（這張牌表面）詭詐的地方在於，似乎只要一直待在輪子的「頂端」，就可以避免生命的「上下起伏」；但實際上，這只會讓你變成跟一隻輪子上的倉鼠一樣，把一切精神和體力耗費在避免痛苦和困難上。輪子是永遠不會停下來的。這裡我們要學的功課是，當事情順利的時候，請儘量開心享受；當你無法避免「走到生命的低點」時，請儘量保持低調，小心翼翼沿著圈子前進。這張牌教導我們，不要老是認為都是自己的問題，應該把格局放大，不要執著於要在一些小事情上立即得到滿足。

†傳統牌義：

任何再誇大的好話，都不會過譽這張牌的「表層牌義」；這確實是一張非常好的牌。事事順心如意，萬事齊頭並進。根本上來說，你正徜徉於宇宙大河之中，一路順流而下（因為被河流自然推動，因此更快抵達終點，也更省力）。某些塔羅權威喜歡將這張牌拿來跟因果業力的概念做對照；但事實上，沒有「法」（dharma）怎麼會有業力（karma）呢？除非你個人先有所「作為」，否則不可能形成任何業力。簡白一點說：你就是你。做你自己就好。不要成天想把自己搞成不像你自己。好好發揮你自己的個性！但是請依循你的目標，以及你天生的長處和內心最深切的渴望而行動。當你真正忠於自己，你就能創造出對社會真正有價值（而且獨特）的事情，這時，「聲望」與「成就」就會自己上門來找你。好好發揮你的長處，你就會做得很好。這張牌告訴我們，萬事萬物皆有循環週期，而我們真正擁有的唯一一樣東西，就是我們自己的性格特點。如果我們能夠善用個人長處與特質、熱情，以及內在資源，對人生的波瀾起伏做好準備，我們就會發現，無論處在人生的高潮或低谷，別人都一樣會支持我們，而不會只在我們風光的時候才接近我們。

† 傳統逆位牌義：

如果是逆位牌，那表示你現在絕對必須保持低調，不要以為萬事理所當然，要小心做好計畫，節省開支，然後結交一些新朋友。逆位牌表示你將會遇到挑戰（耶！），因為工作和犧牲而有新的機會出現。

現在輪到你了

請注意：如果你一時還沒有想法，可以日後再寫。重點是要好好去感受這張牌，不需要急就章。

你對這張牌的解讀是什麼？這張牌在對你說什麼？

如果是逆位牌，它在對你說什麼？

如果你看到這張牌出現在「最終結果」的陣位，你會怎麼跟你的客戶解釋這張牌？

你會如何用這張牌來作為「正向肯定語小助手」？

對於這張牌，有其他感受、印象，或用法想要記錄在這裡嗎？

XI 正義 Justice

†牌面描述：

（注：這張牌的編號，在某些塔羅套牌中是8號，有些則是11號。無論哪一個編號，以下解釋都適用）「我們的正義女神」坐在她的寶座上，兩側各有一根石柱——這是塔羅用來代表權威的符號，她的背後是一張單調無奇的簾幕。她右手舉著一把劍，左手提著天平，頭上當然也戴著代表無上權威的皇冠，因為正義是不會有錯的（這純粹是一種形而上學的概念）。好玩的是，她那身厚重的紅色長袍，只會讓她看起來像一個坐著（呃，正在執行判決）的法官。從她的長袍以及微微朝前伸出的「腳尖」，我們發現，原來她的被動姿態是一種假象。她既是法官、陪審團，也是行刑者（先前我們已經看過兩張類似的牌）。不過，她是各種權勢力量背後的原力。她是純粹的。

†奧義解析：

「正義」，在奧義概念上意謂著宇宙的自然秩序，以一套最基本的法律作為底線，來統理個體間相互衝突而引發的混亂。正義是一個相當普遍的概念，除了少數例外，它幾乎是世上一切宗教的核心教義，也是科學研究的基礎。這張牌代表的就是世間無數偉大「奧祕」律法當中的一種，也就是：「因和果的多樣形態與奧祕之法則」（the Manifold and Mystic Law of Cause and Effect）。它是既「多樣」又「神祕」的，因其變化形態太多，無法一一說明（參見詞彙表「混沌理論」chaos theory）。如果科學或哲學的基石跟水一樣會流動，你就不可能得到可信靠的「果」。她的手，就是轉動「命運之輪」的手。但是請記得，道家的老子早已告誡過我們：「天地不仁」。我們不斷發明新的方法來遏制人類的侵略，但這樣做只會製造出更多的壓迫。真正的正義是個人天生固有、與生俱來的。它來自我們內在，否則所謂的正義，不過就是動物間的相互懲罰罷了。

†傳統牌義：

這張牌在物理面是代表「機構」，在奧義面則是代表「概念」。先講它的物理面含義：這張牌可以代表實際地點，例如：市政廳、法庭、律師事務所、監獄（嚇！），以及任何政治場所。必須用揭牌技巧或是找出關聯和澄清牌，才能正確理解這張牌的內容。在奧義層面上，這張牌代表「正義」（比如：償還、復仇，或是「業力報應」），而且涉及社會道德價值觀。再次提醒：當你要向問卜者解析這張牌之前，請務必先澄清這張牌的真正含義。如果這張牌出現在「結果」的陣位，那表示事情會順利解決、如願得到賠償等等。當然，這已經有點侵犯到「審判牌」的占卜地盤，不過，由於這兩張牌關係非常密切，如果它們在占牌中以相輔相成的方式出現，也不是什麼奇怪的事。但還是要回來說說混沌理論。混沌理論講的就是「蝴蝶效應」，它們真正要說的是，有時看似最微不足道的東西，也可能會成為決定重大方向或影響事情最終結果的「關鍵」。「正義」說：「你可能無法看見一項決定背後的全部理由，但它絕對是有道理的。」所以嘍，如果某件事情無法如你所願，你最好不要太過責怪你自己、認為都是自己的錯。

最後講一件事，純粹好玩的：如果你們當中真的有人需要在生活中給自己一點額外的痛苦才算有在過日子，那麼以下我要來吹一個可愛的形上學牛皮──「正義牌」就是你運用「相斥相吸法則」來執行奇蹟工作時，可以幫你「作法」或「修正業力」的牌，而「命運之輪」就是代表最後產生的業報或果報。

† 傳統逆位牌義：

有的時候，壞人也會得勢。有人正在背後密謀某事。阿諛奉承、唯唯諾諾拍馬屁、辦公室裡的政治權謀、心理戲碼、不利的待遇，可能在任何大型戰鬥中都是敗方（請利用關聯牌來找出確切含義）。如果這張逆位牌出現在「現在」或「未來」的陣位，那請進一步進行讀牌，找出是誰對誰做了什麼，然後利用環形牌陣來找出化解之道，或是該如何避開這些惡人的方法。

現在輪到你了

請注意：如果你一時還沒有想法，可以日後再寫。重點是要好好去感受這張牌，不需要急就章。

你對這張牌的解讀是什麼？這張牌在對你說什麼？

如果是逆位牌，它在對你說什麼？

如果你看到這張牌出現在「最終結果」的陣位，你會怎麼跟你的客戶解釋這張牌？

你會如何用這張牌來作為「正向肯定語小助手」？

對於這張牌，有其他感受、印象，或用法想要記錄在這裡嗎？

XII 吊人 The Hanged Man

† 牌面描述：

在你進行下一個動作之前，先停下來，把這張牌轉過來，讓它上下顛倒。現在仔細看著牌面中的人。如果有需要，你可以瞇著眼睛看他，但請同時運用你正在開發的神奇觀想能力，想像他是在一艘船的甲板上。現在的他（上下倒立狀態），看起來是不是像一位正在跳愛爾蘭吉格舞的水手？為什麼！為什麼！為什麼會這樣？有些塔羅大師推測，這應該是跟水元素有關，但他們從來不會刻意告訴別人這件事（可能他們的學生除外）。他們真的應該一勞永逸將這張牌重新命名為「懸浮者」（The Hanging Man），而不是「吊人」（The Hanged Man）。 多年來，這張牌的標題已經引起太多太多人的困惑——大多數人都會跟你說那是「祕密」，所以，請不要跟別人說是我們跟你說的喔。

† 奧義解析：

那他為什麼要倒立跳舞呢？水手跳舞時會把雙手放在背後，原因有很多，比如：可以讓雙臂不會胡亂擺動，免得看起來不莊重，當然，也是怕他們的手臂去掃到船上的「東西」（像是人啦、繩索 [繩子]、桅杆等等）。這也是一種相當有自制力（男子氣概）的動作。現在這個姿勢（牌面上下顛倒），顯示出我們這位朋友正在進行中級跳躍的動作，一腳像古典芭蕾足尖朝下向上踮起，另一腳往上抬起、腳跟向上踢。舞蹈一直是生命最原始（甚至也是最終極）的慶祝形式。過去，我們沒有電視機這種東西可以來浪費生命，所以當我們完成一天的雜務，我們會稍作休息，跟朋友聚在一起，喝酒，然後跳舞。過去的時代，幾乎每一個人類社會都是這樣在過生活，尤其是整個「神祕學派」典型範式所誕生的歐洲國家。跳舞就是生命的慶祝。跳舞就是生活，是一種「日常」，就像必蹩腳的工作一樣（社會大眾的另一種生命常態）。跳舞是生活的樂趣之一。大多數舞蹈，都允許男女肢體碰觸。下次，你可以在公開場合中試著隨機碰觸一些吸引你目光的陌生人，看看會發生什麼事！（請先確定你口袋有足夠的「保釋金」）所以，上面這位朋友，這個正在跳舞的人，實際上就是「不跳舞的人」。他擺出那個姿勢的原因是要讓大家知道，他故意要退出社會（也不想碰女人）。然後，他頭部有一個光環。你有看出什麼故事模型嗎？「虔誠」來自於禁慾。為了更遠大的目標而做出犧牲（正如他們所說的……「還有什麼比……更偉大？」）。他的雙腿在這裡算是身體上的「活躍」部位。（有注意到大量使用紅色嗎？偉特真是太太太好猜了呀）所以，你已經把這張牌完全解開了。他不是「被絞刑」，也不是「被倒掛」。他是正在逐步擺脫生活的享樂，把時間（他最寶貴的資產）投注於追尋更深層的生命意義。他正在尋找答案，不過，從牌面上的光環我們知道，他現在找到了，這也表示，等待的時刻已經接近尾聲。此時，這張牌顯示出，最艱難的部分已經過去。請堅持下去。

† 傳統牌義：

拒絕常規，然後去尋找答案。這可能是牌面中這個人用來解決問題的一種作風（以不同的方式看事情）。為了更遠大的目標而做出犧牲。錯過「生命」，但通常是因為忙於一些重要事務。不過，如果這張牌跟寶劍 9 以及 / 或錢幣 4 一起出現，那你看到的就是一個對生命有所恐懼，或是害怕花錢、花時間、享受青春，或某些有價值的東西。他們在逃避真實的生活。確實很多人有這種情形，不過，跟其他大阿爾克那牌一樣，你必須藉由小阿爾克那牌的澄清，才能確定這張牌的真正內容。此外，這張牌也代表等待時刻、無所作為、沉思、被動式魔法練習（冥想、祈禱、「誘導式吸引力法則」）。

† 傳統逆位牌義：

啊，生命就是這麼快樂——青春、活力、自由自在，沒有牽掛！那些社會名流「有錢人家的媽寶」大概每天都是這種感覺吧。天天都在跑趴，一攤續過一攤，無情地嘲笑每天必須為錢庸庸碌碌工作的「賤民」。糟糕！我罵了髒話。我真是笨蛋！這張逆位牌就是代表放棄責任、學習、努力，或是根本不在乎。

現在輪到你了

請注意：如果你一時還沒有想法，可以日後再寫。重點是要好好去感受這張牌，不需要急就章。

你對這張牌的解讀是什麼？這張牌在對你說什麼？

如果是逆位牌，它在對你說什麼？

如果你看到這張牌出現在「最終結果」的陣位，你會怎麼跟你的客戶解釋這張牌？

你會如何用這張牌來作為「正向肯定語小助手」？

對於這張牌，有其他感受、印象，或用法想要記錄在這裡嗎？

XIII死神 Death

†牌面描述：

死神在日落時分騎著一匹蒼白的馬兒進城。順便一提，根據德魯伊曆法，日落代表一天的正式結束和翌日的開始。而當今的曆法，一天的開始是在午夜，雖然「每日太陽升起時分」跟「春天」以及「萬物甦醒時間」是同義詞（無論在物理層面或形上學概念層面）。牌面中我們看到，高階祭司在向死神乞憐，國王平躺在地已經死亡，年輕女孩因為生病而跌坐地面，小女孩正在看著那匹漂亮的駿馬。透視總是能夠傳遞事實。國王因認識本質而死亡，祭司因為了悟本質而乞憐，右邊的女孩成為期望的犧牲品，小女孩則看到奇蹟。

†奧義解析：

「萬物皆有時」，在變動不居、川流不息的宇宙中，唯一恆久不變的就是：所有因定義而生的事物，必有死亡之時。「死亡和稅收」是兩項偉大的平衡裝置（至少理論上是如此）。比擔心死亡更重要的事情是真正去過生活，如此一來，當死神騎著祂的駿馬到來，你「早已經超越祂」，而且還向那個可憐的傢伙大喊「他晚了一步啦！」附帶說明一下為什麼死神會是第十三張牌。從塔羅牌誕生之後，又經歷多次重大改動，13 這個數字始終令人生畏。雖然你覺得這件事很可笑，但有人就真的會害怕某個數字（1、2…… 啊糟糕，3 出現啦！），這種迷信有一個專有名詞叫做「13 恐懼症」（Triskaidekaphobia）。到今天，還是有很多高樓建築會識相地將 13 這個數字排除，直接從 12 樓跳到 14 樓（好像諸神們很容易被愚弄一樣）。害怕某個數字，跟害怕這張牌其實是同樣愚蠢。但是人們喜歡迷信，因此，如果你的客戶因為占牌中出現這張牌而受到驚嚇，你只要告訴他，這張牌的意思是，他們很快就會得到一匹小馬，這樣就行了。

†傳統牌義：

死亡。但通常都不是這個意思。你知道的，塔羅只有 78 張牌，因此每一張牌出現的機率是 78 分之 1，這個機率並不低唷。如果又是使用像「凱爾特十字」這種多張牌的牌陣，任何一張牌出現的機率（甚至你都還沒使用揭牌，僅就牌陣本身來算）就會提高到 7 點多分之 1 左右，實際比例要看你有沒有使用一（或兩）張指定牌，或是完全沒有使用。大多數人在接下來 30 到 60 天內發生死亡的機率，也幾乎不會到達「7 分之 1」。因此，你要抽到某張牌的困難度是會加倍的。但這也不表示死神牌從此就真的代表「擁有新的小馬」，但它還是能夠顯示事情的結束和開始這類資訊。請記得，每一張大阿爾克那牌都是一則寓言，必須加以解密。

舉例來說：如果有人走到你面前，用睿智的聲調對你說：「湯匙並不存在」，你可能會認為他們大概是瘋了，而且很討人厭。但是，如果他們（在你有機會躲開這個瘋子之前）跟你解釋說，剛剛跟你講的那句話是電影《駭客任務》（The Matrix）當中的一句台詞，是一個小男孩在向那位充滿疑惑而且心情沮喪的未來救世主尼歐解釋說，整個現實世界不過就是我們的想像力虛構出來的（嗯……之前我們好像在哪裡聽過？）突然間，那句話就變得有道理了。你可能還是不喜歡有陌生人隨便用撿來的隱晦台詞來跟你說話，但你已經能夠理解，他們剛剛說的「湯匙並不存在」這句話是什麼意思了。這就是為什麼你需要用小阿爾克那牌來幫大阿爾克那做揭牌或澄清，而不是讓你的客戶每次看到他們不了解、不喜歡的一張大阿爾克那出現，就開始神經緊張、害怕得要命。死亡意謂著改變。巨大的變動。但是，是哪一部分呢？是跟生命有關？是離婚？還是工作？是搬家這件事嗎？死神來了，然後「事物劇烈晃動」（很像「高塔牌」），但是死神牌是極端私人的，而高塔牌則是非個人的、是外部事件。當你看到這張死神牌出現，請找出你的客戶內在正在經歷什麼樣的變動，然後想辦法幫助他度過。

† 傳統逆位牌義：

停滯不前、拒絕放手。固執於過時的想法。生活很無趣。

現在輪到你了

請注意：如果你一時還沒有想法，可以日後再寫。重點是要好好去感受這張牌，不需要急就章。

你對這張牌的解讀是什麼？這張牌在對你說什麼？

如果是逆位牌，它在對你說什麼？

如果你看到這張牌出現在「最終結果」的陣位，你會怎麼跟你的客戶解釋這張牌？

你會如何用這張牌來作為「正向肯定語小助手」？

對於這張牌，有其他感受、印象，或用法想要記錄在這裡嗎？

XIV 節制 Temperance

†牌面描述：

「這很像我們昨晚去搖滾趴，結果拍到大天使麥克正在倒邪惡果凍的照片……」

根據很多人的描述，其實天使是一位女性，在大多數象徵符號正確的塔羅套牌當中，這張牌的人物也都是女性（無論是否為天使）。但這是次要的，更重要的事實是，左邊這幅圖像不斷在重複一個概念：天使平行展開雙翼以「保持平衡」，但同時也用視覺圖像來描繪這個「平衡」的概念——祂正在把左手杯中的水倒到右手杯中，一腳輕輕踩在地面，另一腳踩在水中，以及神聖（天使）正在造訪世俗（地球）。

†奧義解析：

（見上圖）「節制」是古希臘的四樞德之一，後來傳遞到羅馬而成為天主教（以及後來的塔羅牌）當中的四基本美德之一。甚至佛教徒也盛讚它，將它制定為五基本戒律其中的一戒。但我們這裡要說的，比以上任何一個都要更古老。我們說的是「神祕的奧義學校術語」。你準備好了嗎？

凡事不過度

「凡事不過度」（Nothing too much），是強有力卻又相當細膩、柔性（比如「柔性勸說」，指的不全然跟性別有關）的一種表達方式，比起稍帶嚴厲語氣的「一切適度」這種命令式語言來說。你看，即使一句話的措辭用語，也能表達出智慧的精髓。它既不冒犯，也毫不保留。像是用一顆石頭朝你頭上扔去那麼有力，但又像羽毛那樣輕。這就是我們要開辦「神祕學校」的原因：以容易輕鬆吸收與操作的方法來教授生活化的課程，不只要專業學習者喜歡，也要適合一般社會大眾。如果僅有少數一小撮社會公民在使用文明的方法和準則，那麼整體人類將會在一個世代時間內淪為野蠻人。這就是「節制牌」的精髓。它告訴我們，人類需要運用神的啟示以及過合乎道德的生活。這種輕聲細語一開始可能無法被很多人聽見；但它還是比大聲喊叫的效率更高，因為喊叫只會讓不了解訊息內容的人產生抵制的心理（好奇的話，你可以試試看，對旁邊一個陌生人大聲喊叫看看）。

那麼，這個細膩的用語到底是什麼時候出現，並且對帝國和世界偉大宗教產生影響的呢？這個訊息是出現在古希臘聖地德爾菲（Delphi）的右側石柱上（從左邊唸有「認識自己」

的意思。關於這部分內容，請參閱我們的神祕學校教科書《阿芙蘿黛蒂祕笈》（Aphrodite's Book of Secrets）。這句話是不受時空限制的，但如果要達到最好的效果，最好是輕聲細語，而不是大聲喊叫，要用溫柔而堅定的語氣，不要虛弱無力或太過尖銳。這張牌向我們顯示了鍊金術的價值，融合與享受逼近「極限」的樂趣；這樣一來，我們就能夠在生活中盡情發掘我們想要的一切，不用擔心受到懲罰，也不會覺得有所缺憾。

† 傳統牌義：

團隊合作。我們當中沒有誰比誰更聰明。將不同能量做適當的混合，就能製造出「神奇餅乾」。成功是一份烹飪食譜。失敗乃源於烹飪過程中發生太多誤差（鹽放太多、烘烤時間不足……）。匯集你的資源，並利用它們來取得成功。執行以上所有動作，直到筋疲力盡，然後休息。休息後重新開始。如果時間有限，請將你的團隊分成幾個小組，好讓行動可以持續進行，又不致增加任何人的負擔。請注意，這張牌是將兩個主要含義混合成一個總體訊息：行動要準確。

† 傳統逆位牌義：

失去平衡、計畫不周、執行不力、缺乏智慧、急於求成。這個太多了，那個還不夠。一次全都來、太多了。自私自利、大頭症（自以為了不起）、缺乏同理心。

現在輪到你了

請注意：如果你一時還沒有想法，可以日後再寫。重點是要好好去感受這張牌，不需要急就章。

你對這張牌的解讀是什麼？這張牌在對你說什麼？

如果是逆位牌，它在對你說什麼？

如果你看到這張牌出現在「最終結果」的陣位，你會怎麼跟你的客戶解釋這張牌？

你會如何用這張牌來作為「正向肯定語小助手」？

對於這張牌，有其他感受、印象，或用法想要記錄在這裡嗎？

XV 惡魔 The Devil

†牌面描述：

這也是一張很好玩的牌，是很多問卜者都會喜歡在牌陣中看到的一張牌。暗黑大魔王正在向群眾揮手，為地獄拍攝宣傳照（當然他們不知道，之後會進行影像後製改圖）。他其實並不是想要把他手上的火炬藏起來，而是為了要在那個人的尾巴上點火來製造效果。這個傢伙究竟是基督教中的「魔鬼」，還是伊利帕斯列維（伊萊列維的酷炫筆名）所稱的「異教角神」，至今爭論不休，我們暫且拋開不談，只叫他「惡魔」就夠了。他蟠踞在他的寶座上，亞當和夏娃則落入地獄永世不得翻身（直到你把這張牌倒轉過來）。

†奧義解析：

這張牌確實是各種宗教象徵符號的混搭，這應該會讓心理學家榮格噩夢連連。這是一張終極奴役牌，但同時也是一張「逃出監獄」牌，它是在對生活的過度享樂、承擔過多責任、暴政統治的惡果、得意自滿、夥伴（伴侶）關係惡化、缺乏遠見，以及玩火自焚的危險，提出一個警告。據說，（基督教的）魔鬼承諾要給人快樂，但最終只給人帶來痛苦。不管這是真是假（我們還沒有親眼見過那傢伙，所以不能100%確定這是不是事實），這個含義的重點在於，生命中的失敗，都是因為愚蠢所致。這就又跟「吊人牌」相呼應（或許可以理解成：因為無知、未受啟蒙而被吊起來的人）。瘋狂舞蹈直到筋疲力盡、「通宵達旦」之後宿醉不醒、無間斷按表操課之後感到工作索然無味、答應一項請求之後隨之而來沒完沒了的合約義務，這就是惡魔牌的奧義面。

†傳統牌義：

占牌當中出現這張牌，通常表示身體喪失行動能力。「你被困在這裡了。」可能是婚姻陷入困境、工作很無趣（還有一個惡老闆）、長期住院、等待—— 一直在等其他人履行他們自己的義務，你才能繼續前進，或者環境中存在著緩慢蓄意折磨的情況，超出當事人所能掌控的範圍，讓你的客戶沒辦法做改變，也無法將狀況排除。類似這些狀況，都需要藉由「揭牌」的動作來找到事情的根本原因，然後再重新做一次「揭牌」，來尋找「出路」。這張牌顯然是屬於抽象概念牌，幾乎從來不會直接跟單一個人，或單一事件有關聯，除非它是純粹用來代表你客戶對某件事的情緒感受（比如：辦公室強制規定每個人都要參加耶誕晚會，那四個小時簡直就像地獄，因為我被公司裡每一個超過50歲以上的高階主管山頂洞人搭訕啦！）

有時候，這張牌會（像惡魔一樣）在你身上設陷阱玩弄你，而且會以各種變化形態出現。這就是為什麼我們一直說，塔羅應該避免刻板的簡要含義。比如，對你的其中一位客戶來說，這張牌可能是代表某個行為或生活方式所帶來的惡果（「嗨，我的工作沒了、我的老婆跑了、我的美好人生毀了，都是酒精害的……」），過了三十分鐘來了另一位客戶，是在某公司擔任高階主管的男性，他的外遇對象要對他提出告訴，他很擔心老婆發現後會跟他離婚（這是塔羅牌給出的詩意詮釋，當中混合了壓迫、束縛，以及絕望的感受）。這張牌就是惡魔的化身，一方面帶有哲學意味，一方面又展現非常真實的「因此故彼」果報效應。知道如何解開這張牌、如何梳理出這張牌的答案，遠比記住任何固定解釋還更重要。

† 傳統逆位牌義：

這就是上面提過的「逃出監獄牌」。逆位的惡魔牌，代表釋放或逃開壓迫。同樣的，它也有相當多的層次。就像在擠一顆大粉刺。這並不是一件很美的事，但是從長久以來一直困擾著你的壓力當中釋放出來，那種舒服愉悅的感覺甚至會讓你感到有點「罪惡感」。與「死神牌」不同，死神出現的場合，事情大概都已成定局、乾乾癟癟了，但「惡魔」卻是濕答黏糊沿路滴滲，還會留下一道氣味，久久不散。雖然表示最壞的情況已經過去（離開那份糟糕的工作、脫離家暴、戰勝癌症等等），但恥辱感和後遺症還在，必須清除乾淨，事情才能重新回復到「完全正常」。

現在輪到你了

請注意：如果你一時還沒有想法，可以日後再寫。重點是要好好去感受這張牌，不需要急就章。

你對這張牌的解讀是什麼？這張牌在對你說什麼？

如果是逆位牌，它在對你說什麼？

如果你看到這張牌出現在「最終結果」的陣位，你會怎麼跟你的客戶解釋這張牌？

你會如何用這張牌來作為「正向肯定語小助手」？

對於這張牌，有其他感受、印象，或用法想要記錄在這裡嗎？

XVI 高塔 The Tower

†牌面描述：

「上帝」很不開心。雷電交加襲擊（巴別塔［偉特版本］），人類的「最高成就」被炸裂粉碎，建築師（該傑作的設計師）和皇帝（該事業的協力者與管理者）從塔樓高處被扔出來。yod 字形的點點星火伴隨著不幸的犧牲者如自由落體般墜落。為了加強效果，窗戶還不斷冒出火苗，連石頭建築都燒了起來；還有，剛才從高塔墜下的那兩位天才即將跌落在崎嶇不平的地面。因為深怕萬一我們錯過任何「附加」的象徵符號，就沒辦法知道這個狀況有多險惡、多不幸，所以這個場景是設定在死寂深夜。

†奧義解析：

「人類的手能夠創造出來的東西，沒有一樣是上帝的手不能夠毀滅的。」對所有渴望掌握權力的人來說，這是一次簡單的「自我私心檢驗」，最明顯的是，人類的統治權究竟可以挑戰諸神到何種地步。高塔牌當中的這座塔，代表了人類的原始集體力量，是否能夠在生理、心理，以及情感上都凝聚起來，善加駕馭所有資源，在物質面及精神面均創造出功能與形式兼具的豐功偉業，還有，萬一這些建築是植基在毫無神性養分的鬆軟泥土上，最終那些成就是否會轉眼成空。高塔牌警告所有的當權者，不要太過高估自己，免得有一天，超過他們所能掌控的更大力量出現，不僅將他們的成就毀滅，連創造及擁有成就的人都難逃此劫。這不禁讓人聯想到一句古老的至理名言：「歷史是由（戰爭的）勝利者所書寫的。」古往今來，隨處可見偉大成就被摧毀的痕跡，有些甚至根本已被徹底遺忘，因為這些豐功偉業、信仰系統，或是成就的創造者與繼承人，對於神性或是他們所服務的人群缺乏謙卑之心。簡而言之就是，某人或某物殘殺了堅不可摧的巨人。這張牌，很明顯是一張基督教義牌，但它沒有說出的訊息是：「上帝總是神祕行事。」這意謂著，真正帶來致命破壞力的，可能不是那道誇張醒目的雷擊閃電，而是高塔本身水泥結構不良，導致它自行解體崩塌，或是某位看門人故意把大門打開，讓小偷進來，甚至，可能是在所有的「權威」重壓之下，大地自行棄守退讓。

†傳統牌義：

「你給我滾出去！」好的，讓我們來看一下「大阿爾克那」的變化。我們有死神牌（「哇！完蛋了！」）、有魔鬼牌（「快！守衛沒在看！我們趕快離開這裡！」），然後現在是高塔牌。這才是讓整個房子震盪搖晃至分崩離析、只剩地基的真正原因。死神牌是非常私人的經驗（通常是指個人內在經驗感受），會對很多事情造成影響，而惡魔牌則幾乎都跟周遭人事物等外部經驗有關。高塔牌則兩種情況皆有可能，也可能表示該事件在規模或意義上相當巨大。

高塔牌通常是指跟工作、住所、行為模式或「傳統權威」有關的外部變化。它是對我們所擁有的看法和信念的一個直接挑戰。它可以是革命者開的第一槍，也可以代表起義行為本身。它並不一定會令人感到不悅，但一定是突然發生，而且是重大變化。很可能代表離婚或車禍事故。這是一張陰森可怕的鬼牌，但只有對那些害怕失去現在擁有的一切來換取「嶄新生命經驗」的人來說，這張牌才會是鬼牌。當你找到這張牌真正的含義內容，也知道那件事何時會發生，接下來，請務必再往下繼續探究，看看它的反面有些什麼東西，以及會帶來多大的負面影響。這樣你才能向你的客戶提出更好的建議。

† 傳統逆位牌義：

很多塔羅傳統主義者認為這張逆位牌也是「壞牌」。根據我們的經驗，逆位的高塔牌其實是代表「重建的時刻」。很顯然，唯有經歷一段時間的騷動和混亂之後，「重建」才會發生，而且需要搬動很多石塊，所以，絕對不會是「輕鬆」或是太「歡樂」的時刻，而是代表第二次機會，以及趁此機會從錯誤中學習。

現在輪到你了

請注意：如果你一時還沒有想法，可以日後再寫。重點是要好好去感受這張牌，不需要急就章。

你對這張牌的解讀是什麼？這張牌在對你說什麼？

如果是逆位牌，它在對你說什麼？

如果你看到這張牌出現在「最終結果」的陣位，你會怎麼跟你的客戶解釋這張牌？

你會如何用這張牌來作為「正向肯定語小助手」？

對於這張牌，有其他感受、印象，或用法想要記錄在這裡嗎？

XVII 星星 The Star

† 牌面描述：

一顆巨大的星星，佔據牌面主要位置（不僅僅是偉特牌，其他藝術家們也都用同樣手法在演繹這張牌）。 反過來說，這顆大星星被周圍一群小星星拱著。一位裸體女子拿著兩個水罐在倒水；其中一罐往池子裡倒，另一罐往地上倒，倒在地上的水分成了五條小支流。女子一腳跪地、一腳踏在水中，顯示出她是兩者的橋梁，彌合了壁壘分明的對立。周圍土地青蔥肥沃。一隻鳥兒在背景中看著這一切。有人說這隻鳥是朱鷺。在其他版本的塔羅套牌中，牠是一隻蝴蝶。值得注意的是，這些事情全都發生在晚上（想當然耳）。

† 奧義解析：

這是塔羅牌中最嚴重被誤解的一張牌。大多數塔羅專家都將這張牌對應到水瓶座，而且簡單將它解釋為「希望」，好像你所需要知道的全部就是這些了。一般來說，當你看到「星星牌」出現，表示一切充滿希望；會有好事發生。沒錯，一切都很好；但是請容我們繼續往內探究，深入去看看，為什麼每一個人好像都能接受這種模糊的幸福含義。首先：這張牌的標題是「星星」，而不是「將水倒在地上的裸體女人」。牌面上最重要的視覺刺激是來自那顆大星星，而不是五顆、七顆、八顆或十五顆星星（不同套牌圖案上的星星數量各有不同，因此將星星數量等同脈輪或各種生理感官等等，其實是沒有道理的）。畫面中的這位女子，其實就是那顆主導星的擬人化形象，換句話說，這位女子就是「星星」。她赤身裸體，因為她是神聖的、純潔的，而且她是一顆「恆星」。顯現為人形的她，其實就是「能量」或「目標」的有形呈現，人類史上所有的神話、魔法，以及宗教，一直都是這樣用的。所以，請將她看作是「星星」，而不是「裸體的女人」。她，其實就是「連通不同層界的橋梁」。

好的，現在我們已經完全抓到重點了，這就是這張牌的所有含義：一顆星星耀眼閃爍、放射光芒，這對於夜晚（黑暗時刻）來說無比重要（比起對陽光燦爛的愉快白晝來說重要一百倍）。她正在把她的能量（從水罐）「放射」到池水中（池水就是被量化的以太能量，也就是我們所說的靈性層界），同時也放射到大地上。這本質精髓「填充」了靈性層界，也滋養了大地。星星的能量具有穿透性（它們能從遙遠天際「看見一切」），因此她的能量能夠滲入（人類塵世）一切被量化之「物」。她是生命養分的來源，也是令一切「神奇魔法」得以顯化為有形運作的能量根源。這就是為什麼這張牌是代表「希望」。它是魔法女神黑卡蒂（Hekate）的有形化身。「魔法女神」這稱呼實在太過輕描淡寫。黑卡蒂可說是奧祕學派傳統當中力量最強大的女神之一，當其他男神女神都畏於冥界之神黑帝斯之盛怒，而選擇背棄大地之母狄米特（跟人類真像啊），或是因為他們太過自戀以致根本不在乎別人死活，這時，就只有黑卡蒂挺身而出，幫助狄米特找到她失散的女兒。這張牌很清楚就是黑卡蒂女神的化身，她怡然自如對大地和以太（「靈性層界」、「冥界」等）伸出援手、提供幫助。因此，這張牌也代表「來自眾神的助力」。你可以用它來代表神蹟魔法的顯現和流動，使你夢想成真。也可以用它來代表你想要呼請的任何一位女神，或者，如果你希望自己的「神體」或「超意識心智」能夠同時進入以太層界與有形物理世界，來創造精神共振（ P.M.E.，內容詳見《阿芙蘿黛蒂祕笈》一書）。

† 傳統牌義：

希望、信仰、魔法。更重要的是：當這張牌出現，代表需要向神靈求助，請求神靈的幫忙。這是「神聖助力」發揮的時刻。如果你已經有禱告，那麼這張牌就是神給出的積極回應；如果你還沒開始禱告，這張牌就是在問，你在等待什麼。透過神靈的干預，事態會慢慢好轉（所以你知道該感謝誰了）。

† 傳統逆位牌義：

就是這張牌上下顛倒過來的意思。或者代表：無助、絕望、缺乏靈性連結。

現在輪到你了

請注意：如果你一時還沒有想法，可以日後再寫。重點是要好好去感受這張牌，不需要急就章。

你對這張牌的解讀是什麼？這張牌在對你說什麼？

如果是逆位牌，它在對你說什麼？

如果你看到這張牌出現在「最終結果」的陣位，你會怎麼跟你的客戶解釋這張牌？

你會如何用這張牌來作為「正向肯定語小助手」？

對於這張牌，有其他感受、印象，或用法想要記錄在這裡嗎？

XVIII 月亮 The Moon

†牌面描述：

由新月和滿月所組成的複合月亮，向下俯視著一匹狼、一隻狗，以及一隻龍蝦（「所以，一匹狼、一隻狗、和一隻龍蝦一起進入酒吧……」），兩座要塞塔樓聳立於兩側，守衛著以「龍蝦先生」為起點，一路直通遠方山脈的那條小徑。yod 水滴字形的月光灑落地面，象徵著飄渺空靈的以太月光能量之雨。

好好去「認識」你自己的月亮牌，然後決定出一個對你來說普遍正確的含義，會比你不斷從其他書籍作者那裡尋找解答還更重要。這張牌不必然是負面，但很多作者都認為它是一張壞牌。所以，請自己決定你對這張月亮牌的感覺。

†奧義解析：

月亮牌在塔羅中確實評價滿負面的。從塔羅牌誕生開始，之後幾個世紀當中經歷幾次重大修改，月亮（luna）始終被當時的科學頭腦們「認為」是造成精神疾病的原因；因此，長期以來，人們一談到月亮，就不免聯想到精神病（lunacy，各種形式的精神錯亂）。如果你想用月亮牌代表天空中的真實明月來進行魔法顯化冥想的話，請儘管略過這節解析的所有內容。

不過，如果你是想要運用這張牌所代表的思想能量庫（由長期集體信念所形成的精神電池），那麼請將天空中的月亮看做是不同質地的「太陽光反射」——因為它們已經被雲層、空氣汙染、大氣層厚度，以及你所在位置的海拔高度過濾過了——所以它只是原始光源的一種虛假模擬：質地不純粹、濃度被稀釋，而且帶有欺騙性質。如果你真的想把它當作娛樂，那就用你陰險毒辣的左手來執行這些魔法吧，而且要一邊倒退走路一邊進行喔，看看你能不能一路都不摔倒，也不撞到東西。

†傳統牌義：

（確實大多是負面的）混亂困惑。欺騙（見上文）、藏在暗處的敵人、謊言、幻覺、酗酒、吸毒、任何形式的成癮、歇斯底里（特別常指）、消化不良以及／或是胃灼熱。代表有謠言出現：在工作場合或在緊密的社交圈子中要保持警惕。是不是有你認識的人在背後對你閒言閒語？在你提出這個懷疑之前，請善用方向關聯牌來加以驗證。此外也代表：神祕感、偏執心態、毫無根據的指責、否認。

較不明顯的負面關聯：月經、通靈能力、偵探工作、祕術力量、祕密組織、海鮮（沒錯，尤其是貝類）、跟乳房或胃部有關的毛病、產婦（請查看是否有出現跟懷孕相關的牌，或利用方向關聯牌和澄清牌來確認）。這張牌也可能預示會有浪漫愛情出現，如果牌陣中同時出現正面的關聯牌，比如聖杯牌或者錢幣牌。另外也可代表：詩歌、創作靈感、浪漫的地點和活動。月亮是另一張代表「潛意識」的牌，而「太陽」則代表「明意識」。

† 傳統逆位牌義：

欺騙的行為被揭露出來。光明照耀在身處黑暗之中的人們身上（不過，不要期待他們會因為這樣而開心）。與其說是「真相大白」的時刻，倒不如說是欺騙和煩惱的結束。一個對你很壞的人離開了你的生活。你離開一份糟糕的工作。也可以指戒除不良習慣、戒除有害的癮頭（或是大量減少頻率，因而讓成癮狀況得到控制）。

上一段所說的，全都是先假設月亮牌是一張「負面壞牌」而有的相關推論。如果你對月亮牌的認知是正向好牌，那麼逆位月亮牌就代表你生活中某些正面事物可能會結束或消失，生活中跟好事無緣，最有可能的狀況就是，失去安穩的避風港、結束浪漫愛情、離開一個默默支持你的人。（如果是男性問卜者，可能預示會跟他的好妻子離婚，如果整個牌陣都明顯透露出這個訊息的話——不過這只是其中一種可能情況）

現在輪到你了

請注意：如果你一時還沒有想法，可以日後再寫。重點是要好好去感受這張牌，不需要急就章。

你對這張牌的解讀是什麼？這張牌在對你說什麼？

如果是逆位牌，它在對你說什麼？

如果你看到這張牌出現在「最終結果」的陣位，你會怎麼跟你的客戶解釋這張牌？

你會如何用這張牌來作為「正向肯定語小助手」？

對於這張牌，有其他感受、印象，或用法想要記錄在這裡嗎？

XIX 太陽 The Sun

†牌面描述：

小嬰兒（天生金髮，可能是獅子座）騎著一匹白馬，太陽張著眼睛注視。向日葵高高聳立在嬰兒頭頂上方，嬰兒奇蹟般地高舉飄揚的紅色大旗，佔畫面相當大的比例。請注意，太陽的光芒是向四面八方輻射出去的，直線代表光的散布，波紋表示它所輻射出的熱度。這表示，太陽處在「光芒萬丈的無限榮耀」之中，沒有被那些討厭的雲層遮蓋，或是被新生的月亮蒙蔽。「沒有什麼能阻擋太陽的力量（和喜悅）！」…… 直到它落下的那一刻（離開你前往遙遠國度），或者你在一棵樹、一片小山丘、一棟建築物的背面……總而言之，即使你身上出現曬痕，這還是一張快樂的牌。

†奧義解析：

太陽普照一切萬物。每個人都知道太陽的原始威力。它賦予大地生命。沒有太陽，即無生命。事實上，人類有史以來最受崇拜的對象就是太陽。在全世界各地，太陽都跟當地的神靈畫上等號，這些神靈大多數是男神，但偶爾也有女性神祇。太陽無處不在，去到哪裡都受歡迎，儘管在最惡劣的沙漠氣候地區，它經常被看作一個嚴厲的主人，而不是一位仁慈的「神」。有點像軍事教官（一、二、三、四！給我排好！我有允許你流血嗎？給我跑快點啊先生！）所以，請面對現實：太陽是一頭妖魔鬼怪。它體積巨大，真的非常大喔，因為它是我們（地球）的一百倍。它從來不睡覺（一想到就令人毛骨悚然）。無論我們（地球）怎麼旋轉，它始終對我們閃耀光芒，而且，只要你連續注視它幾秒鐘，你馬上就會失去視力。太陽的熱度非常高，你根本無法站在它上面。實際上是，你根本連靠近它都沒辦法，因為你會像一根炸薯條，被它炸到好幾百萬英里遠的地方。我們把太陽的存在視為理所當然，因為它一直都在，而且也覺得它「會永遠存在」。這一切都無法改變一個事實，它既巨大又威力強大，而且以我們尚未完全理解的心理與化學方式，在影響著我們。這張牌以一個非常簡單的場景，表現了這道強大力量的全貌。

不過，與星星牌的能量不同，太陽牌的能量是有週期性的。對我們來說，太陽會升起會墜落，恆星則始終在發光，只會被最靠近的恆星阻擋（也就是那顆無所不能的太陽）。當太陽「在這裡」（白天）時，其他一切都會被無視。雨、風和雪會在某段時間內擋住太陽；但那跟夜晚不一樣，我們知道，在那些討厭的雲層背後，我們的那顆大火球仍然在對我們發光，它是從另一側在吞噬那個障礙物。（你懂這個概念嗎？）這給了我們啟示，讓我們能得以深入了解這張牌的含義。當太陽出現，它餵養我們生命所需的能量。它給與我們光和熱；而且交遞的過程毫無阻礙。太陽普照一切，我們甚至連看都不需要看，就知道它在那裡，因為它的影響力無處不在。即使占牌當中沒有出現「太陽牌」，我們還是知道它存在於某個遙遠國度，正在發出它的光，因此我們還是會間接受到它的影響，而我們是可以避開那些影響的，即使身處最黑暗的時刻，只要我們學到方法。我們可以阻擋太陽神通廣大的輻射能量（身為人類我們經常在做這件事），只要你躲到樹下、走進建築物裡面，或甚至只要閉上眼睛拒絕周遭光線就可以了。太陽提供，我們就必須接受。但是對太陽來說根本沒有差別。為了贏得勝利，你必須活在當下。

† 傳統牌義：

成功，通常是在奮鬥之後。更具體地說：能量和助力從四面八方而來。可以代表「神聖助力」、創意靈感、來自他人的有形幫助、任何一種類型的貸款、合理的建議等。你是眾人目光的焦點。此時，眾人和「眾事」都會來幫助你，如果你想接受幫助，你本身必須對這些機會和助力保持警醒。命運是機會，而不是保證。千萬別忘記這件事。

† 傳統逆位牌義：

來自外部的助力關閉了。抑鬱、因恐懼而陷入癱瘓狀態、缺乏支持。

現在輪到你了

請注意:如果你一時還沒有想法,可以日後再寫。重點是要好好去感受這張牌,不需要急就章。

你對這張牌的解讀是什麼?這張牌在對你說什麼?

如果是逆位牌,它在對你說什麼?

如果你看到這張牌出現在「最終結果」的陣位,你會怎麼跟你的客戶解釋這張牌?

你會如何用這張牌來作為「正向肯定語小助手」？

對於這張牌，有其他感受、印象，或用法想要記錄在這裡嗎？

XX 審判 Judgement

† 牌面描述：

一位天使嘟嘟吹著號角，這是神話中描述的審判日，這一天，所有人都要接受審判，其中少數人會拿到玩具和糖果，其餘的人將在地獄中被烈火焚燒，直到永遠。阿門！

† 奧義解析：

這是最後終點了。「考試結束嘍。請闔上課本，交出考卷。你即將完成預定學業，你們之中若有人『提早寫完』，一直在等班上其他人，現在可以一起離開了。祝大家暑假愉快！明年再見！」

這張牌包含了多種宗教信仰的精華，從基督教到印度教、埃及宗教等，無論你的信仰是什麼（包括「沒有信仰」），這張牌都極為實用，你可以稱它「今天到此為止」，然後明天再繼續。任何時候，如果你希望有一張牌叫做「我已經受夠了！現在就結束吧！」，那就是這張牌了。無論你此刻在做什麼，一切都到此為止。這張牌跟「死神」或「高塔」有很多共同點，但這張牌指的不僅僅是像鍊金術那樣，整個狀態完全改變，更伴隨化學反應的狀態改變（這也是為什麼我們需要成立「神祕學校」來解釋這個深奧的龐然大物，如果想知道，請先加入我們的行列）。「審判牌」給了我們「這件事的發言權」。有時候，事情是結束了，但你卻感到無比空虛（死神牌），或者你發現你好像被騙了（高塔牌），而審判牌則是在舞台簾幕降下來之前，讓你的聲音被聽到（「……還有另一件事要說！……」）。這張牌也代表你的「進度報告」（可能正向也可能負向）。如果是指法律事務方面，可能代表小額索賠或是離婚，這張牌顯示出你將有機會為自己辯護，無論發生什麼事，你都能公開得到平反。你的冤屈會得到洗刷。你會被證明你是無辜的，方向關聯牌會顯示你的清白，以及此事的最終結果。如果是指宗教所說的「生死」方面，這張牌代表無論你渴望什麼東西「復活」，當最終審判日到來，天使出現，就一次把所有人都接走了（想像一下那條長長的隊伍！如果你想上廁所怎麼辦？你的位置會被別人佔走嗎？）。

† 傳統牌義：

殭屍。嗯，牌面上這些人看起來真的就像殭屍一樣（灰色的皮膚、從死裡復活……）。這張牌意謂著（如上所述）某樣事物的結束，但未必是其他別的事物的開始。它既是「進度報告」，又是行動的喘息之機；如果你願意的話，可以稍作停頓休息。最單純的情況下，它確實代表訴訟或法律判決、成績單、學校畢業證書、激烈爭吵之後分手。它代表事情到此終結，然後在《阿卡西記錄》（Akashic Records）當中寫下「發生了這件事，結果是……」現在你該做點別的事情了，但那件事情一樣會留下紀錄，過去的惡劣狀況也是。

† 傳統逆位牌義：

「……然後我去了那場聚會，一個怪老頭把我拉到角落，一直跟我說他有多麼厲害可以擁有這家公司、多麼有錢、權力有多麼大……」在早年，音樂都是壓製成黑膠，圓形的唱盤上有長長的螺旋紋溝槽，把唱針放進溝槽裡面，讓它去對那些小小的撞擊做出反應，就會轉成聲音。但有時候，唱片如果有刮痕，唱盤就會跳針，不斷重複播放同一段音樂，讓人覺得很煩。這就是所謂的「鬼打牆」。你一次又一次嘗試尋找出路，想要擺脫困境，但卻怎麼找都找不到。也許是該徹底休息一下了——就算必須做出犧牲，只要能夠離開迴圈就算值得。

現在輪到你了

請注意：如果你一時還沒有想法，可以日後再寫。重點是要好好去感受這張牌，不需要急就章。

你對這張牌的解讀是什麼？這張牌在對你說什麼？

如果是逆位牌，它在對你說什麼？

如果你看到這張牌出現在「最終結果」的陣位，你會怎麼跟你的客戶解釋這張牌？

你會如何用這張牌來作為「正向肯定語小助手」？

對於這張牌，有其他感受、印象，或用法想要記錄在這裡嗎？

XXI 世界 The World

†牌面描述：

一位天女（女神）在空中舞蹈，左右手各拿著一根雙頭蠟燭（參見魔術師牌），她無疑極為精通雙頭蠟燭的用法，而不僅僅是坐擁蠟燭的人（同樣參閱魔術師牌）。她身上那條紫色絲巾更加證明了這件事。她被勝利的桂冠所包圍，桂冠也是通往她老家次元的門戶，而眾人也是透過這個桂冠門戶與她接觸。此外，在場的還有四名護衛：天使、老鷹、獅子、公牛，分別代表不同性格特質以及意識與存在本體的不同要素。這種「神話生物的謁見」，是一種古代寓言，很多宗教都會用這種方式，來說明那個謁見場合的中心人物所擁有的重要性和威力。圖中的這位女神，顯然超越了一切俗世影響力（包括地心引力）的限制，已經超凡入聖。

†奧義解析：

寧靜吉祥、開悟啟蒙、發展進化。如果佛陀是一位女性（《妙法蓮華經》（Lotus Sutra）中就出現過一位比丘尼），那一定就是她。她既是本源、又是種子，是經驗與意識的有形顯化，也是純粹的精神本體本身。她已經完成了「人生巡迴賽」，而且通過所有的評判、測試，也已經超越一切世俗概念（比如考驗與進步）。她如是存在。這種存在狀態，已遠遠超越勞碌耕耘或萬貫財富。這是一種覺知意識的存在狀態，以人身作為示現，卻已經沒有絲毫渴求或欲望。她的存在，就是生命擺脫桎梏枷鎖後的一個慶祝。

有人說：「宇宙不會在爆炸聲中毀滅，而會在哀鳴聲中終結。」他們認為，生命會慢慢逐漸邁向滅絕，因為（可測量的，或「輕」的）物質會被拉伸、延展，最後會變得非常薄，而無法支撐自己。太陽會耗盡自己的生命，行星會變成稀有的宇宙漂浮碎片。這種預測其實忽略了很多事實，他們沒有考慮到一件事：能量是無法被創造出來，也無法被毀滅的。就好比：「一樣東西對某人來說是食物，對另一人來說卻是毒藥」，宇宙能量會演化，而且終會轉化為其他物質繼續存在。葉子發芽、生長、吸吮陽光、呼吸二氧化碳與氧氣，最終枯萎死亡、墜落地面，成為過往榮光的空洞外殼。但是，對於看著一代代葉子死去和墜落的那棵大樹來說，這種重複輪迴的展現，卻成為它未來的食物，餵養它的根和它的子子孫孫。大自然或許會吞食生命，卻絲毫不會「浪費」。這張牌意謂著，每一次女神旋轉她的雙頭蠟燭魔杖，都是一次無盡的圓滿輪迴與再生。就算世界不停流轉、死亡，甚至變成完全不同的東西，她依然滿心喜悅繼續跳舞。

† 傳統牌義：

這是一張在有形物質層面非常幸福的牌。從最基本含義來說，它代表嬌寵又閒散的有錢人；那些出生在有錢世家、生活非常美滿幸福的人（請參閱錢幣 10），成天無事可做，除了飽食終日、夜夜笙歌。確實就是「全世界都在你腳下」的具體寫照。這張牌的解牌關鍵在於，它具有多層次含義，可符合任何情境現況。因為非常模稜兩可，幾乎所有內容都需要靠小阿爾克那牌來協助澄清、凸顯重點。它也是一張結論牌，但是如前所述，它代表的是從一種狀態演變到另一種狀態。鍊金術是將鉛轉變為金；兩者的基本化學成分幾乎完全相同，但因為外表的變化實在太大，讓人忽略了其元素變化其實所差無幾。同樣的，你依然是你，但走過這張牌的境界之後，你變成了某種更具價值的東西。這是一張代表最終「永遠幸福快樂」的牌（可與聖杯 10 做一下比較）。

† 傳統逆位牌義：

「又要吃剩飯了嗎？」（或是）「我實在不想再回去做那份恐怖的工作了⋯⋯」從無休止、毫無意義、不斷重複、多餘的存在——「每天都做同一件事：呼吸、呼吸、呼吸」。你現在真的很需要放個假。你錯過了很多生活樂趣。去跳個舞吧！

現在輪到你了

請注意：如果你一時還沒有想法，可以日後再寫。重點是要好好去感受這張牌，不需要急就章。

你對這張牌的解讀是什麼？這張牌在對你說什麼？

如果是逆位牌，它在對你說什麼？

如果你看到這張牌出現在「最終結果」的陣位，你會怎麼跟你的客戶解釋這張牌？

你會如何用這張牌來作為「正向肯定語小助手」？

對於這張牌，有其他感受、印象，或用法想要記錄在這裡嗎？

第六篇

「好了，接下來要做什麼？」

如果這是你第一次把這整本書看完，而你還沒真正動手開始練習，那麼現在就是起步的絕佳時刻。繼續拖延下去，保證事情永遠沒有完成的一天。如果你已經讀過整本書，也做過書上所有的練習，那請把練習表填完（可寫在書上或是你自己的塔羅日誌）。如果你已經把我們所介紹的每一張牌的含義都讀過了，也對於每張牌要對你說的話有較深的印象了，接下來就可以準備幫你的朋友、家人，甚至是陌生人進行占卜解牌了，如果有人有興趣當你的占卜練習對象的話。

我們希望你可以到我們的「高階塔羅解密」（Advanced Tarot Secrets）網站註冊成為會員，在那裡提出問題或幫其他學員解答疑問（同時在論壇上追著那些經驗豐富的會員問問題）。接下來幾頁內容，是 60 天和 90 天的學習指南。這些學習進度表都是建議性質的，我們希望你能夠先以你老師的教學進度為優先。我們的目標是協助你用輕鬆、快速的方式培養出一生受用的塔羅技巧，無論你將來是要以此為職業（這個世界永遠都需要精通解牌技巧的塔羅占卜師），或僅將塔羅作為一種生活上的娛樂，藉以結交新朋友。

我們鼓勵你儘量持續不間斷做實務練習。到了某個程度之後，你花在紙牌的練習時間肯定會愈來愈少，但當下此刻，你的練習對於未來具有關鍵性的影響。你有能力讓你對塔羅的了解更加穩固，並且與你的塔羅牌建立起緊密連結，技巧會帶領你進入學習的新階段。所謂的新階段就是：你有能力顯化你的夢想與渴望，運用「相斥相吸法則」，輕鬆快速實現你的願望。不要擔心，如果你完成我們的進階塔羅奧祕課程，我們會教導你神祕法則真正的名字，絕對跟大眾想像的不一樣。運用你身邊隨手可得的自然力量來工作，你會得到很多的樂趣，跟大眾被餵食的權威教條完全是不同境界。

請記得，我們的網站上有塔羅部落格、廣播節目、遊戲、競賽，以及其他各種好玩的內容，可以讓你永遠保持高昂的學習興趣。你也可以追蹤我們的推特，每天都會有簡短的塔羅迷你課程喔。網址：http://twitter.com/TarotSecrets

隨時拿起你的塔羅牌來玩，把你的套牌放在隨手可以拿到的地方或是隨身攜帶，免得你忘記，因為它們能夠幫助你改善生活品質，短短 30 天就會看到成效。不要忘記，我們永遠都會在這裡協助你。喔對，還有，別忘了繼續閱讀這個系列的另一本書：《輕鬆上手占星自學大全》（The Easiest Way to Learn Astrology—EVER!!）感謝你的閱讀。祝你玩得愉快！

輕鬆上手的學習指南
（第二部分）

過了 30 天之後……

如果你無法在 30 天之內完成書上所有練習，不要緊，再多花幾天時間，不要覺得有罪惡感，不過請儘量控制在 45 天以內把所有練習做完，否則你最後一定會半途而廢，不願再學習塔羅。如果沒有堅定的目標志向，生命就會把亂七八糟的東西丟給我們。既然你要花一次工夫來學習塔羅，那何不趁現在還新鮮、興致還很高昂的時候，趕快將它學會。

接下來這 30 天，我們希望你可以儘量維持每天練習的習慣；若真的沒辦法，也請一週練習三、四次，每次至少 30 分鐘。這些時間是給你用來跟你的塔羅牌建立連結的，而不是用來死背硬記書上的牌義。基礎實務練習做得愈多，將來你幫別人進行占卜解牌時就會愈自在順手。你能夠一眼就看出故事模型；而且當你實際擺設牌陣時，你會知道問卜者的真正問題跟這些牌有什麼樣的關聯，而不是只知道那些牌的抽象概念含義。你會發現答案很容易就出現，你會對自己更有自信，你的解牌水準也會迅速提升。

所以，請反覆做練習 1 到 11。如果你覺得有點煩，可以先嘗試一點書上的進階練習，然後試著用不同的方式去描述紙牌上的場景。請記得填寫第一套「牌義速成備忘表」（大牌和小牌的表都要填，但不一定要一次填完）。填寫時請不要看第四篇和第五篇的牌義解析內容（或是參考其他書籍，或查網路……等）。遇到難解的牌，就先跳過去。把「現在」知道的先填完。當然，我們建議你先用鉛筆，或是顏色淡一點的原子筆來寫，萬一幾分鐘之後你想重寫，會比較方便。填完答案之後，稍微瀏覽一下整張表格的內容，看看有沒有需要修改的地方。接著看一下還沒有填寫答案的那些空白格子，也就是你剛剛跳過的那幾張牌，重新感受一下，然後把答案寫上去。現在，你可以翻開書上後半部的牌義解析，或是詢問你的指導老師，或是上網查詢，如果有需要的話。在接下來 60 天當中，儘量找時間回顧這些「牌義速成備忘表」，看看你對之前所寫的牌義和關鍵字有什麼感覺。

在這 30 天當中，你就可以開始找一些親近的朋友來做占牌練習，或是幫你自己做占卜，問問未來的工作情況、幫你家的貓占牌，甚至幫陌生人解牌，如果剛好有機會的話。再提醒一次，現在這個時候，只要把你從解牌當中看到的內容當成趣味消遣就好，態度要認真專注，但是對於你看到的內容不要太過嚴肅以對。現在是你進行初階實務練習和實驗的時間。你目前的程度應該是要能游刃有餘地擺出一個完整的牌陣，或是抽出幾張牌來回答一些簡單的問題。現在比較要緊的是練習洗牌、切牌、擺設牌陣，而不是去擔心紙牌所說出的內容。這段時間，你會開始發展出你個人的占卜偏好，它會成為你多年後占卜風格的基礎。嘗試用各種不同的手法方式去洗牌、切牌，然後現在就做個決定，別人可不可以碰觸你的牌。

接下來 30 天……（從現在起約 60–90 天）

好玩的事情現在要開始嘍！請繼續做練習（全部 1–11 的練習）。練習單張、兩張、三張牌牌陣、揭牌以及擺設牌陣，使用澄清牌和方向關聯牌，儘量多找一些志願者來幫你做練習，多做一點凱爾特十字牌陣和環形牌陣，但是要提醒對方，雖然你會盡力解牌，但目前這是練習，是「純粹娛樂」性質，希望他們可以把他們看到的內容，或是你說的話，當成「好玩的建議」就好，然後看看接下來會發生什麼事。請告訴他們，假如最後結果跟你的占卜符合，他們可以回來跟你說，然後請你喝一杯咖啡或茶。現在，你應該決定出你要用什麼方式洗牌、切牌、轉牌，以及要不要讀逆位牌（至少決定一下近期你要不要讀，日後你可以隨時改變心意）。此外，也順便發展你個人的「是否牌陣」。現在起的這 30 天，你應該要找出你平常最想要使用的基本牌陣，但是一定要確保你能夠操作多種不同的牌陣，這樣你才不會把自己限制住。對目前的你來說，去嘗試各種塔羅書籍上的奧祕牌陣還是太早，所以，不要急。你還有很多年的時間可以來發展你自己的技巧和風格；現在請慢慢來，先花一、兩個月的時間持續練習，然後你就能開始擴展你的曲目了。

在這 30 天結束之前（也就是從現在算起大約 90 天，如果你有持續按時間進行實務練習的話），請填寫第二套「牌義速成備忘表」（不要去看先前你在第一套表格中填寫的答案）。務必把每一張牌的空格都填上去（這對現在的你來說應該不成問題了）。全部寫完之後，把第一套表格拿出來做一下比較。接下來幾天，花一些時間來幫你手上這副牌想點好玩的標題。拿出你的牌，安靜坐著，然後問自己，紙牌當中的這些人在跟你說什麼，或是他們正在做什麼。讓屬於你自己的標題浮現。如果有些牌的標題沒有浮現，也不要擔心。我們做塔羅占卜這麼多年，不知道已經在自己的紙牌上塗改過多少次標題了。在這個時間點，我們不建議你把標題寫在你的紙牌上，除非你錢很多，可以幫自己買一副專用牌來做這個練習。只要在你的頭腦裡想就好了，或者到我們的網站論壇，那裡有地方可以讓人把喜歡的標題貼出來。

此練習的重點在於，幫助你擴展你對每一張牌的覺知力，看看在不同情境是否會有不同的認知，而不是把每一張牌的「傳統牌義」當成神聖不可侵犯。請記得，生命是會呼吸的、是活的。每天都會有新的經驗發生，但紙牌還是那幾張。你手上的這 78 張紙牌，必須要能反映日常生活的變動，因此需要讓每一張牌的基礎牌義都得以伸展、彎曲，做出各種變形，這樣你才有辦法正確回答對方提出的所有問題。這就是為什麼你要學習傾聽你的紙牌說話，而不是去背誦它的牌義。你不是鸚鵡！接下來，你就會看到你前所未知的直觀能力展露在你眼前，你會很驚訝自己對塔羅能夠了解到這樣的程度，而且你的心靈感應能力，以及發現物體間之關係的能力已經全面提升，它會提高你解答問題和「預測事件」的能力。這些都是你使用塔羅來發展心靈能力的第一步。（欲知詳情，請參加進階神祕學校）

這個第一步包括：拿一枝筆和一張紙（不是當下現在，是從現在開始算的 60–90 天之中那段期間），寫下你在 30 天內想要完成的五件事。然後用數字 1 到 5 來標示這五件事情的先後順序。然後仔細思考這些事情，每一件事情用一張牌來代表（如果你手上有第二、第三副牌，這時就派上用場了）。把這些牌依照順序貼在你每天都看得到的地方，最好是一天會經過好幾次的地方，但不要把紙牌弄濕、弄破，或是讓紙牌受到損傷。你可以用3M的隱形膠帶，把紙牌貼在牆壁或鏡子上。

你可以自行判斷。如果覺得膠帶可能會傷到你的牌，那就不要用膠帶貼。但一定要把牌直立起來，放在你每天可以看到好幾次的地方。每次經過，就很快盯著其中一張牌看，想想它的含義，以及什麼事情吸引你。最後看看會出現什麼結果。如果你想知道更多資訊，歡迎閱讀我們的進階塔羅書籍《阿芙蘿黛蒂祕笈》（Aphrodite's Book of Secrets）。

除此之外，要經常使用你的塔羅牌來解決問題。想一下你所面臨的困境難題，然後以最少張數的紙牌來描繪這個問題。現在，從整副牌中找出三張牌，代表問題的化解方法。如果問題很複雜，需要用到五張牌也可以，不要只回答到問題的表面。由淺層、顯而易見的解答開始，逐步深入思考這個問題，然後找出各種不同的解決方法。記得把你用來代表問題以及解決方法的那幾張牌都速記下來，作為日後參考之用。

各式各樣的練習與訓練，都有助於提升你的直覺力、讀牌能力，以及解決問題的能力。你會發現，你的視覺顯化技巧也明顯跟著進步了，不僅觀想能力增強，實現結果的能力也變強了。再過一段時間你就會發現，你跟塔羅牌的緊密連結確實為你帶來非常多的效益，包括在無形的精神層面與有形的實體層面都是，無論你是否參加過高階訓練。其實，塔羅是一種非常簡單的視覺刺激法，可以幫助你發展內在的心靈能力，即使你沒有接受過其他完整的訓練方法。魔法始終都在你身上，等著被釋放。非常感謝你花時間閱讀這本書。

歡迎隨時拜訪我們的網站：EasyTarotLessons.com

附錄 A

問題釋疑

塔羅占卜顯然不是一項精密的科學。事實上，它壓根不是一門科學；它是一門藝術。這意謂著，事情的發展有時候會偏離正軌，你會在當中迷失方向（尤其在你剛起步的時候），而且你會對你手上的牌感到挫折，甚至對你自己感到沮喪。以下，我們就列出幾項初學者最關心的事情，供你參考。如果需要進一步協助，請拜訪我們的網站：EasyTarotLessons.com

- **問題：**你擺設好一個牌陣，然後發現（驚！）它告訴你的事情你都已經知道了，或者你剛剛才跟你的客戶談論過，甚至一字不差。這個時候，你真的很想對著你的紙牌尖叫出來。

- **建議解決方法：**微笑。更好的方法是：大笑，然後稱讚一下自己怎麼這麼厲害！紙牌的組合有那麼多種，而你就剛好拿到完全符合已知事況的牌。其實，這是對於你已知，或剛剛所談論之事的一個驗證。這真的很神！（如果你的客戶坐在你對面，請確定一下他們是否知道你有多優秀）

好的，這的確是非常好的徵兆。你手上的這副套牌揭露了已經存在的事實，現在你可以把整個牌陣當作一個大型指定牌，或是把牌陣中的每一張牌分別當作指定牌來進行「揭牌」。首先，看看這幾張牌是否有透露任何你不知道的事情。通常在這種情況下，你大概可以看出 90% 的內容，只有一、兩張牌需要繼續做澄清。常常，人們對自己的生命的了解，大概也只是事情的主要部分，還有一些是為了讓事情朝對他們有利的方向發展，而不得不必須去做的事，然而，就是那絕小部分他們所不知道的東西，在影響著事情的成敗。先從目前的牌陣去尋找「額外資訊」。如果找不到，或是確定這個牌陣無法提供更多訊息，就看看是否有哪幾張牌需要進行揭牌（打開一張牌）。那些牌的背後隱藏著什麼樣的動機？舉個例子：你的客戶問到關於她男朋友的事，然後男朋友以「錢幣國王」這張牌出現在她的牌陣中。你可以進一步為這張牌進行揭牌的動作，看看他的動機是什麼，或者他有什麼感受、做了什麼事情（影響到你的客戶），他有沒有隱瞞什麼事。你可以針對牌陣中的任何一張牌來揭牌，或者，你也可以直接進入下一個步驟：感謝你手上這副牌（這真的滿浮誇的，但這樣做可以讓你保有占牌的正確心態），然後問一個簡單的問題，在原本的牌陣上方，再擺設另一個單張牌、兩張牌或三張牌牌陣，繼續探索剛剛尚未解開的問題，不要把原來的牌陣拆掉，除非你已經得到所有解答，或者原先的牌陣解釋率很低，那就重新洗牌，重新擺設一個新的牌陣。這種情況稱為「擴展牌陣」或「延伸牌陣」（extending the spreads）。

▌**問題：**你不太想幫某人占牌，或者你正在進行一個占卜，結果中途「失神」——突然腦子一片空白，或者突然「恍神」，暫時跟宇宙斷線。你看著眼前一堆牌，覺得那些圖案很可笑。

▌**建議解決方法：**如果你真的不想幫某人占牌，請坦白告訴他們，毋須猶豫。當然，要客客氣氣地說，因為如果你不幫他們占牌，他們會覺得自己被冒犯，覺得你是在侮辱他們。你也可以做做表面工夫，幫他們抽幾張牌，然後解釋一下那些牌說了什麼（好像那些牌「向來就是那個意思」一樣）。成功的塔羅占牌就像專業按摩一樣。「看起來很簡單」，好像你只是把某人的手拿起來搓一搓而已。別人憑什麼付錢給你 ?! 你當然知道那之間的差異，但你要去跟別人解釋，而且還要講到讓他們懂，可不是件容易的事。這就是為什麼你的語氣要客氣，但態度要堅定。你可以問問他們，可否改天，或是「查一下行程表」，改成別的日期。這樣絕對會比你半途「恍神」腦筋一片空白，或是因為不想幫對方占牌而一直分心還要好。有時候你的頭腦就是沒辦法回到正常運作狀態，別擔心，這種情況每個人偶爾都會遇到，這時候你可以這樣做：

先去做別的事情。暫時離開占牌的環境，花幾分鐘時間整理一下思緒。抽根菸（公益廣告：抽菸有害身體健康），或是做做伸展操，換一張 CD、打開收音機聽聽你喜歡的歌，讓頭腦清醒一下。如果可以的話，你可以跟你的客戶一起到附近散散步，聊聊他們的問題概況，但不要太過深入。這有助於你慢慢重新接受刺激，把自己的思緒拉回到紙牌上，不致跑得太遠，讓你的牌跟對方的問題完全失去連結。

▌**問題：**你的客戶（無論有無付錢）有暴虐傾向。

▌**建議解決方法：**拒絕為他們占牌。沒有人應該被一個白痴虐待，尤其是像你這樣一個慷慨善良的人，願意把時間花在別人身上，跟他討論這麼私人的事情，為他們占卜未來，或是解決當前的問題。塔羅占卜是極為私密之事（永遠不要忘記這點）。你正在觀看著人們的生命，那些部分是他們不會跟自己的朋友、醫生、丈夫或太太、媽媽和爸爸說的。很多時候你會發現，有些事情他們希望你不要看到——不過他們最後還是會讓你知道，但通常不會直接說出來（而是會對你撒點謊，或突然對你生氣等等）。若真的出現這種情形，你應該要保持禮貌客氣的態度（跟一個「瘋子」吵架絕對不是明智之舉），收起整副牌，然後告訴他們，你「暫時斷線」了，或是頻率對不上。如果你跟他們說，幫他們占牌讓你很不舒服，你只會刺激到他們，為了維護自己的面子而到處跟人造謠，說你這個人很可惡……之類的。千萬不要讓這件事情發生。幸好，粗魯暴虐的客戶算是稀有動物。大部分人都會抱著感謝之心來請你幫他們占牌。

附錄 B

塔羅牌常見問題

好的，初學塔羅的人一定會有成千上萬個問題。我們無法在這裡一一解答，只能針對一些比較普遍的問題，提出來供你參考。你可以完全跳過這些內容，或是自己決定什麼樣的回答最適合你個人的狀況。最重要的是，客戶來找你幫他們占牌，然後對你的「神奇能力」印象深刻，然後就開始介紹他們的朋友、媽媽、狗狗等等一堆認識的人來找你占牌。所以，請依照你自己的情況，找出最適合你自己的方式。以下內容僅是作為一個指引，幫助你開始做這件事。記得要常常用你的牌來練習。這是最重要的事，勝過其他你所做、做知。

市面上的塔羅套牌有千百種！
到底哪一套適合我？每一種套牌的解釋都相同嗎？

有很多藝術家想要在歷史留名，或是想把他們的看法放進塔羅之中。有些則是想要把塔羅牌做一些變化，來符合他們個人對塔羅的解釋。有些套牌（比如《萬聖節塔羅牌》）依然保有占牌的準確性，但其他的套牌要不是把每一張牌的意義做了更動，要不就是在含義上變得含混不清，以致你（占卜師）必須先對每一張牌設定好自己的看法，才能用它來做占牌。再過不久，你手上可能會有很多套牌。其實，你應該儘量去嘗試不同的套牌。牌面圖案美不美是很重要沒錯，但它們也必須能幫你工作才行。

塔羅跟「其他類型的占卜牌」有什麼差別？
為什麼會有那麼多不同占卜系統？其他那些也算是塔羅嗎？

近年來出現各種不同風格形態的占卜。其中，塔羅還是最普遍受歡迎、也最歷久不衰。只有塔羅牌才能算是「塔羅」，但這並不表示其他形態的占卜系統（占星、道金占卜杖、盧恩符文、內臟占卜術、水晶球占卜）就比較無效（雖然內臟占卜術確實很麻煩，特別是在晚餐宴會上）。

塔羅牌與「撲克牌」有何差別？
一次只能用一種來占牌（還是可以兩者同時使用）？

塔羅牌就像「撲克牌」的「超級套牌」。撲克牌跟塔羅牌是完全一樣的，除了少了四張侍者牌（每種花色各一張）以及 22 張「大阿爾克那牌」。當你知道每一張塔羅牌的含義之後（或是手邊有塔羅書可翻），就可以把撲克牌當作塔羅牌來使用嘍，但是不會有任何「大阿爾克那牌」來幫你忙。有些占卜師的確比較喜歡用撲克牌來占卜。你只要記得它的花色對應是：權杖＝梅花，聖杯＝紅心，寶劍＝黑桃，錢幣＝方塊。很容易記，只要玩幾次就熟了。比較難的部分是，將塔羅牌的圖案跟你手上那張撲克牌對應起來。至於是否能夠同時使用兩種牌來占卜，我們的建議是，一開始先練習一次只讀一個牌陣。一次只讀一個牌陣，你才能專心從每一個牌陣得到最大量的資訊。

各式塔羅牌陣：
哪些比較好用？那些比較準？

在這本書中我們介紹了好幾種牌陣，希望你能夠多做練習，將它們熟練。每一個牌陣都可以為你提供很好的服務。你的塔羅老師可能還會介紹給你其他牌陣。假以時日，你也可以設計屬於自己的牌陣。目前，請先熟練基礎牌陣。這些牌陣已經非常好用。現在最重要的事情是，先跟你的塔羅套牌建立紮實的關係，然後藉由牌陣來取得可靠的解答。最好的牌陣，就是最適合你手上那個問題的牌陣：既能夠解決客戶所問的問題，又能清楚呈現問題。在你擺設牌陣之前，請花點時間想想，你的客戶到底想要知道什麼。想辦法弄清楚他們真正要問的問題。

很多時候，人們來請你做占牌（尤其如果你沒有收費），但他們其實不太清楚自己要問什麼。他們會說：「請把你看到的全都告訴我」，然後期待你可以全知全能、抽出有趣又符合他們的現況細節的牌，能夠告訴他們事情的前因後果，還有將來可能發生的事，而且還要給出明智的建議，讓他們知道該怎麼處理那些狀況。這真的會讓人很洩氣，簡直是在浪費你的才能和時間。除非，你客戶的問題非常緊急，需要在 30 秒內得到答案，否則最好是好好坐下來，跟你的客戶聊個幾分鐘，在對話當中透過情感交流建立一些心理上的連結。這能夠幫助你開啟你的感應頻道，讓客戶真正想問的問題能夠從潛意識浮現出來。你剛好可以趁這個時候好好洗牌，將你的能量集中灌注到你的紙牌裡面。

你一定會嚇一跳，怎麼才花幾分鐘時間聊天，就可以讓一個人突然向你吐露他的心事。請好好注意，他們的問題到底是什麼，還有他們用什麼方式來敘述他們的問題。要先用「是／否牌陣」嗎？也許「一週預測」或「二選一牌陣」能夠幫助你輕鬆迅速就找到答案。像「凱爾特十字」這類牌陣，是非常好用的「通用牌陣」，能夠把你客戶完全搞不清楚的事情，清楚呈現出來，也能讓你看到哪些陣位的資訊量不足，需要進一步澄清，才來做預測。遇到這種情況，你可以使用基本牌來驗證整個牌陣的準確性，然後再來決定要不要相信最後那張結果牌。前幾張牌應該要能準確描述問題的狀況；如果沒辦法，那就把整個牌陣拆掉，重新洗牌，把焦點放在某個焦點資訊上。然後用明晰的頭腦，重新擺設牌陣。擺設牌陣之前的準備工作，比擺設牌陣本身還要重要。你可以把牌陣想像成一張可以帶你前往某地的地圖。這張地圖會告訴你所有的路徑，以及可能遇到的阻礙。這張地圖會顯示出沿路的地形地勢，但它不會告訴你該往哪裡走。如果你知道你最後想去哪裡，那麼你在讀這張地圖（或其他地圖）的時候就會非常輕鬆。

如何持牌？如何洗牌？如何切牌？
抽牌的時候，我該把整副牌拿在手上，還是全部攤在桌上？

用你覺得舒服的方式來持牌就可以了。塔羅牌有「標準尺寸」，而且大部分的套牌尺寸大小都相同（對大部分人來說一開始會覺得有點太大）。美國遊戲公司有出版「迷你」套牌，甚至還有特大號套牌，你可以一開始先嘗試各種尺寸的套牌，試試每一種套牌的感覺。還有，通常新的套牌都很滑手，不太容易拿，這很正常，用過一段時間之後，就會比較順手（比較不會那麼常從你手中滑掉）。假如你習慣一手拿牌、另一手抽牌，那就這樣做。如果你需要把全部的牌都攤在桌面上，因為拿在手上很容易滑掉，或是你的手掌比較小，那也是有史以來的傳統，沒問題。方法沒有對錯，只要你拿牌和洗牌的過程不會傷到紙牌就可以了。

關於洗牌：即使你是經常玩撲克牌的人，一開始可能也會覺得有點棘手。大多數塔羅套牌都比標準撲克牌大張（而且多了 26 張牌），因此洗牌需要靠點經驗。有人是用「交疊洗牌法」（riffle shuffle）：把整副牌橫放在桌上，然後「切出」上半疊的牌，順手拉到下半疊牌的旁邊，然後左右手拇指同時把左右兩疊牌的牌角往上彎，做撥牌的動作，讓兩疊牌相混在一起。這是拉斯維加斯的專業發牌者所使用的洗牌法。你也可以用側切洗牌法（標準洗牌法，從紙牌的長邊洗牌，而不是短邊），或者，如果你的手掌夠大，也可以使用「平常」洗牌法。

有些占卜師則只做反覆切牌，而且與「法式切牌」（the French cut）交替進行，法式切牌是以手握住整副紙牌長邊，然後用另一隻手的大拇指和另一隻指頭把中間三分之一疊牌拉出來，蓋在整副牌最上面（不斷重複此動作）。也有人是把牌弄成一個圓堆放在桌上，然後一面輕輕交錯旋轉紙牌，一面專心思考客戶提出的問題，最後把全部的牌慢慢劇在一起。不過這種洗牌法會改變紙牌的方向，所以，如果你不讀「逆位牌」，請不要用這個方式洗牌。

切牌的原則也是一樣。用你喜歡的方式切牌，但由於洗牌和切牌關係到你會抽到哪些牌來布設你的牌陣，因此務必要把牌徹底洗到非常均勻，憑你的感覺來決定什麼時候停下洗牌動作。有的占卜師會把牌重複洗好幾次，有些只洗幾分鐘。假如你的紙牌不太跟你合作，可能是因為你牌洗得不夠均勻，或是切太多次牌（或切得不夠）。這些問題，只有靠不斷累積實務經驗才能解決。

如何從整副牌中抽牌？如何掀牌？是橫向左右掀牌？還是上下垂直翻牌？

這是你在養成占卜解牌習慣時，最重要的事情之一。最好是用你的感覺來培養這些習慣，而不是靠頭腦去分析，不過我們想在這裡先把這件事解決，免得日後衍生出問題。假設你的牌是縱向擺放（無論是拿在你手上或放在你面前桌上），你可以有幾種抽牌方式：「縱向上下翻牌」（flip）、「橫向左右掀牌」（turn），或是從整副牌中間任何一處隨機抓出一張牌。「縱向上下翻牌」的意思通常是指，從一副牌的上短邊把一張牌拿起來，然後保持縱向把牌掀開，這樣牌就會自然逆轉過來。假如你持牌的時候這張牌的短邊是對著你，當你把它擺在你面前桌上，這就是所謂的「正面朝上」。

如果你要解讀逆位牌，這件事就很重要了，因為那意謂著，事實上（技術上）你要先把整副牌倒轉過來握著，然後當你翻牌的時候，牌會再轉一次方向。以這種方式抽出的牌，無論是否逆位，它都會成為這次占卜讀牌的一部分。或者，你也可以直接「左右橫向掀牌」（從牌的長邊把牌抽出），然後把牌左右方向掀開（讓它牌面朝上）。這兩種方法會產生不同的結果：用前面那種方法抽牌會讓牌自然逆轉，後面那種方法則不會。不管你用哪一種都可以，但如果你習慣其中一種方式，就要從頭到尾都用相同的方式來抽牌（至少在同一個牌陣中要使用同一種方法）。如果在同一次占牌中有時「上下翻牌」、有時「左右掀牌」，那整個牌陣的含義就會被你改變。

如果你不想解讀逆位牌，那你可以忽略這些內容，把抽到的牌全部轉成「正位」即可。找到你喜歡的操作方式，然後每一次都用相同方式來占牌，這就是實務練習的目的。在你私人的練習時間，可以實驗一些新點子來提升你的技巧，不會有人批評你。

欸！不要碰我的塔羅牌！我真的要讓別人用他們的髒手來碰我的塔羅牌嗎？一定要他們自己洗牌或切牌嗎？我可以揍那個碰我牌的人嗎？我一定得讓別人來碰我的牌嗎？

當然不用！人們身上有「細菌」，還有一堆怪異思想所產生的精神殘留物、食物碎屑……有些占卜師喜歡讓客戶自己洗牌，或者占卜師自己先洗完牌之後讓客戶「切三次牌」。這些都沒問題，不用擔心細菌和殘留在牌上的情緒。實務經驗可以讓你知道哪一種方式適合你。很多時候，這取決於你對你的客戶和他們的問題的感受。永遠不要忘記這件事：那是你的紙牌，你必須跟它們建立緊密連結。假如你願意分享，那很好！但是，想不想讓你客戶的問題灌注到你的紙牌當中，或是讓他們用手拿你的牌，絕對是你自己可以決定的。如果你曾經做過心理諮商熱線或是線上占牌，你就會知道，你的客戶不可能碰到你的牌，你得先問他們問題，然後把問題灌注到你的紙牌當中，甚至必須問到非常清楚的細節，有了這些基礎資訊，你才能開始幫對方占牌。順便提一件不太相關、但是非常重要的事情：絕對、絕對、絕對不要讓你的客戶欺負你。

欸！每次我要擺設牌陣時，我家貓貓就跑來坐在我的塔羅牌上。這是代表好運嗎？

貓咪跟塔羅牌是怎麼產生關聯的？自從古埃及法老王收養了貓咪，牠們似乎就已經開發出這種內在智慧，當你專心在做一件事（尤其如果跟心靈有關），牠們一定會跳上桌，在你工作的東西上面走來走去。尤其在你進行塔羅占卜時，更是如此。好像從來沒有一種「貓沙發」能夠比凱爾特十字牌陣舒服。不過，除非你家貓貓學會說人話，否則你可能必須提升一下你的貓占技巧（藉由觀察貓咪的動作來占卜——特別是看看牠的尾巴，如果一直拍打桌面，到底是打到哪幾張牌）。

我該跟我的塔羅牌一起睡覺嗎？把塔羅放在枕頭下、包在絲巾裡面、放在鉛盒裡面、放在木盒裡面、隨身攜帶等問題。

可以參考本書前面提過的塔羅牌收納方法。有些人喜歡把塔羅牌放在枕頭下睡覺。我們是滿建議你養成這個習慣，只要不讓紙牌掉進床頭板後面，或讓枕頭凸起一塊影響到睡眠，就行了。至於要把紙牌收在哪裡？只要能夠好好保護它的，都行。

我可以經常做塔羅占卜嗎？多久做一次比較好？我可以幫自己占牌嗎？

我想想看喔……每天？你隨時想做都可以？沒錯！不管別人認為可不可以幫自己做塔羅占卜，我們的回答都是：「可以的。」問題在於，有可能你的問題不夠具體，所以得不到可靠的答案。出現不好的牌陣怎麼辦？把它扔掉就好啊。幫自己占牌的好處是，你有機會得到很多實務經驗，而且沒有人比你更了解你自己。你可以問自己任何事情，而且不用對自己說謊。當然，缺點是，你可能會欺騙自己。也就是說，你可能會把你所看到的內容（不管好壞）都誇大，最後把自己搞瘋（不是真的發瘋，而是感到挫折、壓力很大）。因此，如果你要幫自己做占卜，一開始請問一些生活瑣事就好，而且對占卜結果不要盡信，要有所保留。假如你真的對你所看到的某部分內容感到憂心，請去找專家幫你忙，但是不要跟他們解釋「你認為」那些牌代表什麼意思。這裡就講到一個重點了：大多數塔羅文獻都無法涵蓋所有牌義。你的牌陣說話的對象是「你」。假如我們抬頭看著你，然後告訴你說，我們認為你的牌陣代表什麼意思，那我們就搞錯了。是你「投射」出你的牌陣，你抽到的牌也是，都是在回應你對它們的了解。其他人或許可以觀察你的牌陣，提出他們的看法，但只有你自己才真正知道，「你的牌陣」中每一張牌對你代表的意義。

如果我不想讀逆位牌，可以嗎？

當然可以，那就不要讀。所有的塔羅套牌在設計時就都已經能夠提供你完整的占卜解答，無論你是否使用逆位牌。假如你想忽略所有逆位牌，只要把它們轉成正位就可以，千萬不要受到別人的影響，覺得好像沒有占卜者會這樣做。塔羅是極度個人化的事情：你的工作是好好鍛鍊你的解牌技能，而不是聽從一群「規則販子」（包括我們）的意見。

喔真的嗎？萬一我的塔羅老師跟你看法不一樣呢？

照你老師說的去做。自己去嘗試，然後看看哪一種方式適合你。老師的用處就在這裡嘍：他能在你學習和練習技巧的路上給你指引。你隨時都可以回顧之前學過的東西（如果有需要的話），然後用「我們所教的方式」來試試看；但如果你眼前就有一位真人老師可以讓你問問題，你當然要好好運用這個資源。那是你學習塔羅路上非常珍貴的助力，你應該好好利用。

我可以找到塔羅占卜的工作嗎？
我該做什麼準備？
這樣能賺到錢嗎？

這本書的主要目的，就是要訓練你，讓你具備能力，（將來有一天）可以成為專業塔羅占卜師。沒錯，這個世界很需要有天分，而且技巧高超的占卜師。我們希望你現在做的第一件事情是，完備你的解牌技巧（熟悉你的塔羅套牌——無論你是否有記住塔羅牌的各種「官方」歷史）。我們希望你對每一張牌都有紮實的了解（而不必查看任何書籍），而且在你開始正式收費之前，至少幫三百位客戶做過解牌占卜（包括朋友、家人、在聚會場合，或是你家附近的咖啡館），然後，在你踏進一家形上學商店找工作之前，至少要做過一千次占卜讀牌。你的老師可能會比我們寬大一點，標準沒這麼嚴。

要累積大量占卜解牌經驗，加入心理諮詢熱線工作是個好方法。在你開始將塔羅占卜作為職業之前，你應該已經至少幫 200–300 人做過解牌。但是，如果你做「心理諮商熱線」，你一天就可以幫好幾位沒見過面的人做占牌。這非常具有挑戰性，而且壓力很大，因為人們都希望能儘速得到答案，免得花太多電話費。在有時間壓力的情況下解牌，很容易讓人感到挫折。不過，在進行塔羅解牌時，「速度」和「準確性」本來就很難兼顧；因此，如果你是「電話熱線占卜」，就練習讓自己臉皮厚一點。心理諮商熱線的優點在於，你可以自由「在家工作」，可以同時做別的事，自己設定工作時間（就不會有時連一通電話也沒有，有時忙到沒時間上廁所）。

因為你要自己當老闆，所以當電話響起時（你需要有兩支電話線），你就得把手上的事情全部停下來，帶著微笑「開始工作」。關於客戶方面：可以預期一定會有很多人打電話來，希望你報給他們「樂透彩號碼」明牌。我就幫我的客戶猜中過十幾次樂透彩號碼（各種金額的，有些金額很小），但從來沒有一位客戶給過我獎金紅利。很多客戶會問感情方面的問題。最糟的是，你的大多數「電話客戶」都會期待你擁有某種神奇通靈能力（他們不需要說出來，你就知道他們要問什麼），而且／或是能夠施一些「巫術」，讓他們的男朋友可以做這件事或那件事，或是讓他們的老婆願意經常跟他們做愛。萬一剛好碰到藍月（同一個月份有兩次滿月），你還會接到直接從「陰陽魔界」打來的電話喔。

你必須了解，這些人都是真人，有真實的需求。除非他們真的需要幫助，否則他們不會打電話給你，他們是真心在祈求你伸出援手。也就是說，你必須深切關心他們的福祉，而且（在最短的時間內）盡力去幫助他們。如果這些事情聽起來你能夠勝任，那麼你不妨查詢一下有提供各種「心理諮商熱線」的機構，打電話過去自我推薦（如果你都符合上述那些條件的話）。這不是一件輕鬆的工作，但它能夠讓你在短短半年之內就對人性有非常多的了解，比你花五年時間從事無聊的銷售工作收穫更多。

關於收費方面：平均是每分鐘 0.3 到 0.5 美元（相當於每分鐘 9 到 15 元台幣）。如果有人可以付每分鐘 9 到 15 元台幣，就不要接低於這個價錢的案子來出賣你的建議。在你帶著滿心興奮，期待自己可以穿著睡衣、對著電話嘮叨不停，然後每小時可以進帳 540 到 900 元的美好前景之前，請記住，你將會很幸運，你的一個小時會變成平均只有 30 分鐘，而且這份工作偶爾會讓你感到非常沮喪（那些真正遇到難題而打電話給你的人，經常會期待你為他們創造奇蹟）。如果你時間很多，而且正在寫一本書、從事藝術創作或其他行業，因而有時間接電話，這會是一份很棒的兼差。

關於「心靈博覽會」、「塔羅派對」，或是在你家附近的咖啡館工作——假如你已經為好幾百人做過占卜解牌，其中有少部分人非常開心地回來找你，跟你說你是個多麼棒的人（這感覺真的很好），也許你就可以跟你家附近的咖啡館接觸（你常去的那家），或是問問你家附近的書店，是否願意讓你在那裡擺一張桌子做占卜，而通常你會需要付一點租金給店家。如果你參加心靈博覽會，可能就有機會遇到占星師、塔羅牌占卜師、靈氣攝影師，以及會看手相的人。盧恩符文大師、面相學家、茶葉占卜師、尋水術士則比較少見，如果很幸運見到，不妨把他們拉到角落聊聊，收集一些寶貴資訊。幽浮研究組織也不少。會來參加心靈博覽會的人，通常也都會愛外星人朋友。因此，如果你有小外星人布偶，可以把它擺在桌邊，它一定可以幫你們打開話匣子。

一般而言，在心靈博覽會上的占卜費用平均是在 10 到 30 美元之間（約合台幣 300 到 900 元）。比較小型的心靈博覽會，尤其是在人口密度較低的地區，收費會低一些，在市區收費就會高一些。多多去參加你所在地區的一些心靈博覽會，了解他們如何布置場地，然後記得跟大家交朋友，廣結善緣。通常參加這類活動的人，都有很多相關資訊可以提供給你。索取一些心理學組織的名片，問問他們是不是還有名額可以讓你擺一張桌子、一張桌子多少錢，還有，如果他們有特殊需求（比如占星、塔羅占卜、靈氣攝影，或是其他你精通的項目），或許你幫得上忙。

如果你想在書店幫人占卜，甚至開一家你自己的占卜工作室，也不妨試試看。只要你確定在開業前已有足夠的實務經驗。我們的建議是，至少幫 500 位客戶做過占卜（其中至少要有 100 位是付費客戶，另外 50 位曾經請你喝過咖啡）。進到書店或咖啡館，跟店家主人打招呼。向他們自我推薦，如果他們需要占卜師的話，可以跟你聯絡，而且要多多參與他們舉辦的社區活動，介紹一些人去他們店裡消費。雖然這並不一定能幫你找到工作，但是要讓社區的人認識你，這很重要。

如果在朋友聚會場合呢？
如果我不想幫人占卜，我該如何客氣地拒絕？

好的，你現在在一場搖滾派對上，音樂聲充斥耳膜，現在的你渾身充滿愛和「力量」。然後，一切突然停止了，或許因為你頭痛，或是有人想要你幫他們占卜，但那些人此刻充滿負面能量，讓你感覺自己好像也受到感染。這時你該怎麼辦？

暫時休息一下。就算你正在幫人占卜到一半，如果你感覺無法呼吸，就要給自己一點空間重新整理思緒。如果你身邊正好有客戶，而且你也想幫他們把占卜做完，那你可以去一下洗手間，休息幾分鐘讓自己恢復精神。以明確的態度向對方表示你需要暫時休息，你可以安排一些「道具」來幫助你表達這件事，比如做一個小牌子寫上「暫停幾分鐘」之類的，可以客氣又明確地表達出「你的心理肌肉已經累了，需要一點時間來恢復、享受一下聚會的歡樂氣氛」，或者（如果你是在「團體聚會中擺攤」提供占卜服務）你需要花幾分鐘時間「充電一下」（呼吸新鮮空氣、抽根菸、吃點壽司等等）。

儘管這樣做，不需要覺得抱歉。給自己時間重新集中精神，為接下來的事情做準備（包括趕快把「道具」拿出來，甚至跑到戶外，如果有需要的話）。無論你是用什麼藉口，都不要為自己臨時走開而感到抱歉。保持「理智」，你才能保有樂趣。有時候這是「工作」，而且充滿挑戰，甚至偶爾令人喪氣，但是絕對不要過分用力逼迫自己，因為最後你可能會怨嘆自己的能力不夠，甚至開始討厭你的客戶或是塔羅。

我可以設計自己的塔羅套牌嗎？它會有效嗎？還是效果會更好？我必須先學個一百年，才能設計自己的套牌嗎？哪裡可以買到空白紙牌？如果我想幫我的塔羅套牌上色，可以嗎？

將來有一天，你可能會想要幫自己設計一套塔羅套牌，無論是供專業占卜使用（你打算銷售這副牌），或是個人私下使用。如果你對於自己正在使用的這套塔羅牌的象徵符號已經非常了解，而且清楚知道它們各個層次的含義和每一種場合的應用，那麼，你所設計出來的套牌，效果就會跟市面上賣的那些套牌一樣好，甚至更好都有可能。意思就是說，你需要實際有過非常多占卜解牌的經驗。在你做這件事之前，最好已經研究塔羅很多年，也有過非常多的實務經驗了。否則，你所設計的個人套牌將會有所缺陷，在牌義解釋上會有所欠缺，以致無法提供占卜者最需要的解答。

空白牌卡的話，在文具行都可買得到。可以找市面上販售的空白「速記卡」來用。當然啦，美術社一定有在賣各種紙材和顏料，你可以用油彩、水彩、色鉛筆來手繪製作你自己的塔羅牌。有些塔羅學校也會讓學生自己畫塔羅牌，還有，《凱蒂貓塔羅牌》（Hello Kitty Tarot）就是一套簡單黑白印刷的塔羅牌，可以讓使用者自行上色。

你一直在提的那個「神祕學校」到底是什麼東西？他們為什麼那麼神祕？是詐騙集團嗎？我不能只在線上學習、免費找到這類資料嗎？

自人類文明誕生以來，神祕學校（祕傳學派）始終都是保存深奧知識的關鍵角色。歷史上每一個帝國，似乎總是少不了某些宗教狂熱者，他們想要讓一般大眾對此保持無知，因為未受教育的人比較容易屈從統治。神祕學校竭盡心力守護這些代代辛苦累積下來的知識，並帶著戒慎之心將它傳遞給想要尋求真理的人，歷經時間考驗，這些真理尋求者也證明了自己有足夠的決心能夠保護哲學和真實魔法的神聖知識。這種教育上的排他性，對於防止知識遭到扭曲誤用，是有必要的，不過，也正是這個原因，使得那些站在聖所門外的人產生了困惑和猜疑。

創建「奇蹟」的過程，遠比單純靠「吸引力」來顯化事物，還要複雜困難許多。魔法是個人接受啟蒙並與神交流的無間斷過程。這不是幾個小時就能學會並徹底精通的餘興遊戲。或許你可以很快就學會，並且看到成果，但是想要用它來提升個人生命基本品質，則需要投注非常大量時間，虔誠精進修練才有辦法。你可以使用各式工具和輔助教材，包括塔羅牌、占星術、心靈磁吸術、冥想，以及自然界中固有的力量，比如草藥、水、酒和各種自然界的化學作用，幫助你在這條路上走得更順利。成千上萬的人投注 生精力就是為了為你揭露這些祕密。花費一生精力來了解這些知識的人，也該嚴格保護這些資訊。你可以跟著我們一起學習所有這些神聖知識，並且按照你個人期望的學習速度，讓這些知識真正成為你生命的一部分。你可以按照自己的進度，與希望和你分享這份知識之美好的人，攜手共同學習。

神祕學校的成立目的，在於將過去數千年來收集來的大量資料訊息，加以有系統地組織。如果你必須靠自己猜想，是要先學占星術再學草藥學嗎？先學生命靈數、卡巴拉、佛教或各種冥想技巧，再學塔羅嗎？這麼多的內容，絕對會讓你不知所措，甚至望之生畏。可以帶你通往目的地的道路有很多條。知識是主要途徑，教義則是使人們保持平衡的扶手。不同的學校會根據他們對世界的觀點，教給你不同的路徑。東方智慧與西方思想持有不同的宇宙觀，但這兩個世界同時存在，並創造了偉大的奇蹟。重點是真正去學習，而最適合你的學校就是能夠激勵你無間斷學習的學校。一旦找到合適的老師，學習就會變得輕鬆毫不費力。它會成為一種對知識的熱情追求，讓你遠離一切歧途。

在附錄F中，我們列出了幾所可靠的神祕學校，包括B. O. T. A.（內殿建造者，簡稱波塔）、玫瑰十字會（Rosicrucians）、共濟會（Masons）、黃金黎明協會（Golden Dawn）、O. T. O.（東方聖殿會），還有其他很多地方，都有教授各種祕術傳統，包括他們自己發明的塔羅。如果你對此有興趣，請參閱附錄F。此外，在我們的官網上也可找得到這些學校的網站連結。最後，如果你希望獲得我們的神祕學校的資訊，請隨時拜訪我們的網站 EasyTarotLessons.com。我們非常樂意協助所有人踏上這條道路，成為精通自身魔法的人。

附錄 C

塔羅牌簡史

在我蹣跚學步之時，我的形而上學訓練就開始了，那時的我，甚至連被教導了什麼內容，完全一無所知。沒有畢氏定理、也沒有拜占庭詩歌，甚至沒有學過如何分辨艾草和一片青草葉。跟所有人一樣，我被教導去辨別和組織各種圖案模型。我被教導如何吸引到我想要的東西（用手指、用要求、用哽咽、用尖叫，最後得不到就放聲大哭），以及如何排拒掉我不想要的東西（把前面那些指令順序反過來）。草藥和占星，這類科學早已離我們遠去，但 101 種願望顯化術卻隨著拿破崙 • 希爾（Napoleon Hill）的勵志名言蓬勃問世，「渴望要勝過生命本身」、「無論你夢想什麼東西，你都有辦法把它變出來！」兩者我都曾將之解碼，但訊息依然原封不動。

塔羅也是如此。塔羅的學術知識可以幫助你成為知識淵博的占卜師，知識本身極其有用，但相對於了解如何操作塔羅牌，卻仍然是次要的，因為你手上正在使用的這副塔羅牌，並不是五百年前被某人使用過的那副紙牌，五百年前的那個人，他的世界觀跟你是完全不同的。五百年前，人們普遍認為世界是平的，這在當時是一般常識。「所有的人都知道呀！我們還知道人類不能像鳥一樣飛翔，惡魔會帶來疾病，而且沒有人聽說過『細菌』這種東西」。只要有人認為地球是圍繞太陽旋轉，那就是「褻瀆神」，必然引起眾怒。宗教和政府交相密謀，掌控著人民百姓的生與死。啊～生命中一切最美好的事情都永恆改變，不是嗎？五百年前，一般庶民百姓對地心引力，或至少對重力的影響已經相當了解，即使他們不那樣稱呼。簡單說就是：過去我們對很多事情的理解都是正確的，跟今日毫無差別，但對於諸多神聖不容侵犯褻瀆之事物的認識，卻全然離譜。

學習塔羅牌的歷史，請務必記得這件事。幾個世紀以來，塔羅（Tarot）經歷多次重大變化，以期「符合」不同時代與不同地區的信仰。東歐的塔羅牌設計師使用的紙牌編號順序，與同一時期的南歐或西歐設計師是不同的。紙牌的標題名稱和張數，一次又一次地更改，也因此導致後來對於「紙牌正確順序與標題」的無休止論辯。這些歷史相當有趣、引人入勝，不過，研究塔羅歷史，最重要必須擺脫一件事：過去已經過去。無論你是基於什麼原因來到目前這個狀態，相對於你現在所知道的事實，以及需要去面對和處理的問題而言，之前的歷史都是次要的。上個禮拜你吃了一個三明治，這個事實非常重要，因為它讓當時的你不致挨餓，但上個禮拜的三明治並無法讓現在的你不飢餓。同樣的道理，你現在手上的這副牌，絕對比它的來源還要重要。你手上的紙牌在今天這次占卜中對你說了什麼話，也比數個世紀之前那些紙牌所代表的「原始意義」還更重要。因此，請儘管開心地去探索紙牌的起源，但請記得，這都只是背景故事。說到這裡，我們就來說說現今我們所知道的塔羅歷史：

塔羅牌最初出現於西元 1420 年至 1440 年間的義大利米蘭或附近地區，各種版本的歷史年代或有差異，但大約就是這幾年間。從塔羅的核心本質來看，它一定由受過良好教育的紳士所設計的，而且掌握在他們手上相當長的時間，所以絕對跟農民無關。那剩下的就是宮廷和教會了。證據顯示應該是宮廷，因為教會這種地方，不可能會為那些遊手好閒的人設計出讓人充滿問號的遊戲。紙牌和紙牌遊戲的概念並不是什麼新鮮的東西，它源於伊斯蘭社會，極可能是經由西班牙這個入口進入歐洲。遊戲紙牌最早可追溯至西元 1370 年代晚期的歐洲各大城市。早期的紙牌花色有馬球棍、杯子、寶劍和硬幣。到今天，西班牙與義大利的各種遊戲紙牌中還是看得到這些花色。

塔羅牌因為是一種遊戲，因此包含基本的數字牌 1 到 10，還有國王、王后、及其隨從，但增加了另一個包含基本原型和自然力量的向度。遊戲包括將牌（trumps）和一張獨立的愚人牌（宮廷小丑：雜耍藝人、參事、智者 / 傻瓜），很多地方跟現代橋牌很類似。塔羅牌歷經地方與國際政局、戰爭而倖存下來，並且因為它所誕生的時代，讓人對它產生諸多幻想。文藝復興時期是一個充斥大量學習、質疑、探索，又極其悠閒的時代。人們需要一些閃亮耀眼的新東西來吸引他們的目光，而這個瘋狂的新遊戲一出現，立即在貴族間造成轟動，畢竟這群人有很多時間可以參加宴會。

因為在義大利出了名，隨之在法國、德國和歐洲各國也瘋狂受到歡迎。由於每個國家 / 地區不同的在地信仰，以及被委託繪製塔羅牌圖案的藝術家們異想天開的想像，因而在塔羅牌的設計上出現了細微變化。紙牌的編號順序和圖案明顯被改變，甚至連標題名稱和顏色都改了，以期能符合紙牌最終落腳的新家。當那些技藝高超的藝術家因為設計出一套廣受歡迎的紙牌，而得以在他們所設計的塔羅牌面蓋上他們的印章，這套牌實際上就成了該國家地區的官方塔羅牌，幾乎人人必備。那些非經官方認定的套牌，早已無人關心。塔羅紙牌以圖畫形式呈現，這意謂著，就算你的識字水準低於一般，也可以透過圖案立即了解紙牌的含義，任何人都能輕易上手，即使你用的是外國的塔羅牌。

繪畫藝術最令人著迷的其中一件事情是，繪製和觀看幻想出來的場景，所得到的樂趣比靜物（比如一碗水果）還要多很多。身上長著翅膀的獅子、多頭的鳥、身上布滿鱗片的龍，以及各式各樣充滿想像力的神話傳說動物，皆大量存在於各個時代、各個文明之中。諸神與神話動物，一直以來都是藝術家（和大眾）的最愛，還有什麼比色彩鮮豔的美德與惡習、英雄與天界神力，更適合作為紙牌圖案呢？唯一能夠比當時代統治者更具威力的實體，就是大自然、神聖力量，以及古代神祕傳說了。這是對於封建時代貴族握有決定平民百姓生死絕對權力的一種心理上的平衡機制。這是一場機會遊戲，因此需要讓巨大權力受到控制和差遣，好讓那些能夠以金錢和權勢買到任何東西的人，保持警覺之心。將牌（大阿爾克那牌）代表的就是社會那群最具權勢者所無法掌控的力量，不過，就如同現代電子遊戲一樣，一個人可以手上握著驚人力量，然後坐等他們的敵人學會什麼叫做真正的痛苦。一款出色遊戲之所以能夠讓人振奮，原因就在這裡，無論你將成為遊戲中的犧牲者或是憤怒的商人。這跟勝負無關；重點是你得先把興奮感推到極致，其次才是求贏。

跟社會上任何一種發明（比如彩色電視、電腦、CD、手機等）一樣，塔羅紙牌也從專有手繪套牌逐漸變成大量印刷的紙牌，愈來愈普及。一般社會大眾開始有機會去體驗這種能夠讓腎上腺素激增的紙牌遊戲，塔羅牌也因此成為「涓滴文化」浪潮的一部分。塔羅牌上的象徵符號，是人們用來推敲紙牌意義的基礎，而且不時就有人試圖要幫整副紙牌賦予秩序、重新安排紙牌的順序、變更圖案，以符合他們個人對世界的看法，而且還自己發明塔羅的演變故事。神祕學家顯然一定會被塔羅牌吸引。塔羅牌簡潔俐落、層次結構分明，而且非常便於攜帶。象徵主義被應用於解析紙牌含義之後，也為塔羅作為一種預測工具提供了紮實的理論架構。

塔羅奇 Tarocchi 一詞大概是 1530 年左右首次出現在義大利，最後演變成為法文的塔羅 Tarot 這個字。有人認為這是一個品牌名稱，是當初為了將塔羅牌與其他遊戲紙牌做出區別而創造出來的。就像大麥克是漢堡的一種，但並不是所有的漢堡都叫大麥克，塔羅是遊戲紙牌的一種，但並非所有的遊戲紙牌都叫做塔羅。你若去問十位專家，塔羅奇 Tarocchi 是什麼意思，一定會得到各式各樣的答案。重點是，因為沒有人確切知道它的意思，它等於是一個無意義的空白標籤。因此你可以賦予它任何你喜歡的意義；但總歸一句，歷史走到這裡，現在它是一個漂亮的名字，至於它的起源，就像盧恩符文一樣，已失落於時間的洪流之中。

1909 年，亞瑟·愛德華·偉特（A. E. Waite）邀請潘蜜拉·柯爾曼·史密斯（Pamela Colman Smith）為他繪製一套能夠符合他要求的塔羅牌。偉特是黃金黎明會的重要成員，他希望能有一套「大眾版塔羅牌」，供神祕學派和祕密會社以外的人們使用，而且要能夠忠於他原始設定的神聖象徵符號。這套塔羅牌後來也成為大部分現代塔羅套牌的設計基礎，連後來艾利斯特・克勞利（Aleister Crowley）所設計托特塔羅（Thoth），也是根據這套牌「改良」而成的。

只要擁有大量資源的各個祕術大師在一些關鍵知識上（比如塔羅）有所差異，就必然會發生這種事。也因為這種強烈的歧見，我們今天才能擁有兩個截然不同的塔羅學派，讓塔羅的最重要特質能夠得到更好的說明：它可以代表任何你想要的意義，只要你所設定的意義前後一致、能夠涵蓋問題的相關事實、可重複驗證，就可以了。如果你的解牌系統能夠規律而有效地為你工作，那麼你的這個解牌系統就比你從書上讀來的任何解釋都還要「正確」。我們現今所讀到的這些牌義，都是無數塔羅牌學人不斷實驗和發現之後，一路傳遞下來的。因此，它不容易被駁斥，但還是比純然的事實更帶有引導性質。

到了 20 世紀，塔羅突然受到爆炸式的歡迎，各個領域的藝術家不斷創作出各式各樣版本的塔羅套牌，有些是由塔羅專業人士出版的，有些則不是。不過如果從創作者的角度來看，所有這些套牌在牌義的表現上都是有效的。黃金黎明會和東方聖殿會（O. T. O.）在現代塔羅上已經發揮其巨大影響力，儘管新的套牌經常會偏離塔羅象徵符號筆直而狹窄的道路，但它們的核心原理還是來自塔羅，而且主要就是來自這兩個派別。如果你想花一些時間來研究塔羅的歷史以及各種理論，我們推薦你閱讀以下這些內容豐富的資料。

推薦閱讀：

《祕術塔羅牌史》，邁克·達米特
A History of the Occult Tarot, by Michael Dummett

《塔羅牌遊戲》，邁克·達米特
The Game of Tarot, by Michael Dummett

《塔羅百科全書》Vol. I & II，斯圖亞特·卡普蘭
The Encyclopedia of Tarot, Vol. I & II, by Stuart Kaplan

《塔羅的歷史、奧祕與傳說》，辛西婭·吉爾斯
The Tarot: History, Mystery, and Lore, by Cythnia Giles

推薦網站：
www.smith-waite.com
www.tarothistory.com

附錄 D

如何成為聚會中受歡迎的人物

最初塔羅牌單純就是為了社交聚會而被創造出來的。不僅可以用紙牌來玩各種趣味遊戲，而且只要你一拿出紙牌，幾乎所有人（除了一些奇怪的傢伙）都會希望你幫他們回答一些問題，尤其是如果你看起來像有這個意圖。你毋須幽默風趣，也不必一臉正經。你只要專心針對眼前的牌陣，認真回答所有問題，但也不要太過嚴肅，讓聚會氣氛變得低迷。人們參加聚會是來找樂子的，但是通常也會想在遇到難題的時候找人占卜，這是事實；所以，如果你真的在聚會場合掏出你的塔羅牌，或是有個朋友把你拉到一邊問你誰誰誰到底在想什麼、做什麼，或是他們究竟怎麼回事，那麼，你的工作就是保持高昂而開心的語氣，並且拒絕回答任何過於深層或嚴肅的問題（「我們明天再討論吧」）。

在聚會上幫人占卜時，切記，玩得開心最重要，不要太在意占牌的結果。意思是說，不要犯上那些糊塗的錯誤（或「觸犯聚會禁忌」），而不是不要做那些「神祕」或特別的事。如果有人希望你幫他們做占卜，或是剛好在交談中提到這個話題，你可以找一個比較安靜的地方，幫他們占卜；但請確定桌面是乾淨的，而且不會突然擺上飲料。如果現場的光線不好、噪音很大，或是空間太小，那最好還是等到下次再說，不要去改變現場的氣氛，或是抱怨東抱怨西。此外，雖然是普通常識，但請不要犯以下這些錯誤：不要透露你客戶的任何個人資料。不管他們有沒有付你錢、是不是有請你喝咖啡等等。你必須把自己當成告解室裡的神父。不管對方跟你說了什麼，都是你跟他之間的祕密。事實上，如果你能夠養成一種習慣，適時忘記他們的問題，還有你曾經對他們提供的建議，你自己會過得輕鬆一點（雖然這樣可能會讓對方感到受傷，因為你都不記得他們說過的事）。如果你把別人的事情拿出來說，那你等於是在跟對方說，將來你也會跟全世界的人說他們的祕密。在某些情況下，你可以講一些一般情況（比如：「我的很多客戶都認為……」），也可以把很久以前遇過的例子拿出來講，重點是，大家無法從你說的內容辨識出主角是誰，但即便如此，都要很小心。如果可以的話，最好把過去的問題和你給過的建議通通忘掉。

其次，不要拿你的客戶來開玩笑！當你幫自己的朋友占卜時，很有可能你會拿占卜的內容來跟他開玩笑。如果你認為他們會欣賞你的笑話，那麼請你自擔風險，除此之外，請務必小心你在解牌過程中開的玩笑、還有你的語氣。再提醒一次，雖然占卜應該輕鬆，但如果你太隨便，很容易就會跨過那條界線，觸動你客戶的敏感神經。所以，請小心應對，不要犯下那些沒必要的愚蠢錯誤。好，假設你這些都做到了，那其他就剩占卜一事了。當你開始幫人占卜，其他人一定會來圍觀、問問題，或是巧妙地暗示你，希望你也可以幫他們（免費）占卜。只要不影響到其他人，宴會主人應該都會同意你跟其他人分享你的見解，這時，你就會發現，長長的隊伍出現了（或是大家搶著要當下一位），請儘量讓你的占卜節奏輕快而且簡短（每一位大約 5 到 10 分鐘）。不要在聚會上收錢，但你可以給他們名片，並且提議說你們可以另外約時間喝咖啡，如果你想的話。

附錄 E

聚會中的塔羅娛樂遊戲

如果你的塔羅套牌不止一套（確實應該如此，等到你差不多開始幫人占卜解牌時），請確定你有一套「初級套牌」，可以在聚會場合上使用，也不介意別人觸摸。你也可以購買二手塔羅牌，在派對遊戲中使用，這樣就不用擔心紙牌的「清晰和純淨度」是不是會受到「精神殘留物」的影響。

塔羅牌很適合拿來玩一些小魔術，如果你會玩的話，它會比一般舊式「正規」撲克牌還要有趣，而且還可以拿來玩一些改編版的撲克牌遊戲，比如「釣魚（撿紅點）」（Go fish!）。塔羅牌的釣魚遊戲規則跟撲克牌的釣魚差不多。最適合的遊戲人數是三到四人（如果玩家手腳比較快、比較靈活的話，最多可以五到六人一起玩）。首先，整副牌洗好之後，每個人各發七張牌，由你開始做莊，先描述一個簡單情況，下一位玩家必須用他手上的一張或兩張牌來描繪你剛剛講的那件事。如果他們手上有接近的牌的話就打出來，你要根據他們所描述的內容是否符合你設定的情況，來給他們評分（ 給出 1 到 3 分，由你自行裁量）。如果他手上沒有任何一張牌可以來描述那個情況，那他就必須從沒發完的那堆牌中再抽一張牌，再試一次。如果還是沒辦法，那就換下一位。要讓這個遊戲可以玩起來很有趣，訣竅在於你所設定的情況要很簡單，這樣遊戲進行的速度才會快。目標不是把自己手上的牌通通打出去，而是你要盡可能用你手上的牌來拿到最高的分數，描述得愈正確、愈符合，你的分數就會愈高。

舉個例子：現在輪到你朋友做莊。他說：「上班途中，你的車子拋錨了。」這個設定很好，而且很簡單，不會太複雜（如果他說的是：「上班途中，你的車子拋錨了，而且正在下雨，你的職業是會計師」，根據規則，你可以把百事可樂直接往他身上砸）。現在，你手上有八張牌：其中五張完全跟這個問題無關，其他三張是寶劍騎士、戰車、高塔。其實這三張牌都能釣到魚，但你都不太滿意，因此你決定再抽一張牌來試試看，結果你抽到寶劍王牌。就是它啦！你非常得意地秀出戰車牌，然後跟大家說，你很愉快地開著車子去上班，預期應該可以很早就到公司（因為你是一位很貼心又開心的上班族，應該要被老闆加薪），結果好死不死，「砰！」輪胎爆掉啦！（這時你在戰車牌上方打出「逆位的寶劍王牌」，看起來就像一根大釘子）。然後你站起來，鞠一個躬。結果你拿到三分！你開始跳起勝利之舞，把在場的人都氣炸了（那些人應該是羨慕你的聰明吧）。

另一個撲克牌改編遊戲叫做「黑桃王」（Spades）。因為現在是用塔羅牌來玩，所以我們把這個遊戲稱為「寶劍王」（Swords）。首先，把大阿爾克那牌全部拿出來放在旁邊，接下來就跟玩黑桃王一樣，只是現在是寶劍牌組當王牌，那個壞王后現在是寶劍王后。你也可以玩「瘋狂八」（Crazy 8），跟 UNO 的玩法很像。其實你也可以玩「梭哈」（poker），但是不要把鬼牌（現在是愚人牌）拿掉，用它來增加亂數。

你還可以玩「故事接龍」，或是其他塔羅牌遊戲，只要能夠刺激大家的快速思考能力和創意，或者，至少可以讓大家對塔羅牌更熟悉的任何遊戲都可以。

附錄 F

祕密結社與神祕學校

「神祕學校」是一種古老傳統。現代神祕學校的教學內容和成立年代均不相同（跟大多數事物一樣），我們無法一一詳列（其中有些非常神祕，甚至不希望其他人知道它們的存在），只介紹幾個比較為人熟知的學校，供大家參考。我們沒辦法跟你保證這些學校的品質（除了我們自己的學校之外），因為我們無法直接對這些學校的教學品質做控管。不過請放心，以下介紹的每一個學校或組織，都已經成立很長的時間，差不多已達成熟狀態，而且擁有非常多值得研究的資料。至於我們自己成立的神祕學校，如果你需要詳細資訊，歡迎寫信給我們（本書開頭有電子郵件地址）。以下就列出我們喜歡的一些神祕學校，有興趣不妨看看。我們在 AdvancedTarotSecrets.com 網站上提供了很多相關資訊，包括如何申請成為這些學校的會員，歡迎多加利用。

黃金黎明協會或赫密士黃金黎明會
The Golden Dawn or The Hermetic Order of the Golden Dawn®

很久以前，卡美洛（Camelot）英勇、仁慈的騎士們會聚在「圓桌」開會，圓桌的設計是為了不讓任何人輕易靠近國王（至少理論上是這樣），而且表示每一位參與會議的騎士地位都是平等的。然後，其中一位騎士必須和王后睡覺，接下來就被宰了。嗯好，這就是我們聽到的版本。要說的重點是，卡美洛代表的就是自由思想與偉大理想的庇護所，純潔與人類進步的象徵。而這就是黃金黎明誕生的由來。托特塔羅的設計者克勞利（Crowley）是黃金黎明的成員，韋特（Waite）、馬瑟斯（Mathers）、魏斯考特（Westcott，黃金黎明的開山宗師之一）、詩人葉慈（Yeats），也都是此協會的成員。黃金黎明協會歷經數番波折動盪，目前，有一些組織也以此名作為名稱。我們不想在這場混戰中選邊站，但是，黃金黎明的傳統和知識應該要延續下去。如果你想成為一個真正傳遞神祕學知識的會社成員之一，也許可以上他們的網站看看 www.golden-dawn.com。當然，還有其他組織也宣稱他們是黃金黎明的傳人，因此，請務必仔細研究後再選擇適合你的組織。

以下附上赫密士黃金黎明會的說明，請一併閱讀：

「赫密士黃金黎明會，成立於 1888 年，是一融合各種魔法支派，並結合赫密士卡巴拉、占星術、塔羅的折衷魔法體系。黃金黎明塔羅牌的象徵符號也反映出這種融合，我們在它的大阿爾克那和小阿爾克那牌中都可看到卡巴拉和占星術的符號。黃金黎明及其後繼組織「阿爾法與歐米茄」（Alpha et Omega）對塔羅牌影響至鉅。現今最受歡迎的兩種塔羅系統——

偉特塔羅與克勞利的托特塔羅，其象徵符號都是源自黃金黎明會，雖然偉特塔羅更進一步以圖畫形式來作為小阿爾克那牌的象徵。而第三大塔羅系統，則是由直接受到黃金黎明及其分支組織影響的保羅·佛斯特·凱斯（Paul Foster Case）所創造的，凱斯曾經是「阿爾法與歐米茄」的成員，後來創立自己的組織「內殿建造者」（Builders of the Adytum）。」

東方聖殿會
O. T. O. or Ordo Templi Orientis

這是「艾利大叔派」的團體之一。東方聖殿會的創始人並不是艾利斯特・克勞利（Crowley），但他是該組織迄今為止最著名的成員之一（想當然耳）。他們的東西有點嚴肅：極度重視魔法、大量使用象徵符號，而且非常要求學習者要認真專一虔誠。他們也接受「新手」，但他們希望你實際上對學習與實務操作有強烈渴望，而不僅是對哲學 / 魔術 / 宗教研究有「短暫興趣」。有很多優秀的人都曾經加入這個組織，但你永遠不會知道，因為這個組織非常神祕，不會公布所有成員資料（有點像光明會）。如果你想要成為一個祕密結社的成員，那選它就對了。如果你喜歡托特塔羅牌，那更該成為他們的會員。網址：www.oto-usa.org

玫瑰十字古老神祕教團（薔薇十字會）
AMORC or Ancient and Mystical Order Rosae Crucis

會有人不喜歡薔薇十字會嗎？ AMORC 玫瑰十字古老神祕教團可是驚天動地的組織呢！他們會舉行盛大聚會，自由分享他們的知識，並且在聖荷西有一座很酷的埃及神廟。「玫瑰」（別這樣稱呼他們）真心希望幫助你了解「所有跟形而上學有關的東西」，從哲學到個人通靈能力，無所不包。他們不是宗教，他們的成員來自各行各業；而且你可能已經猜到了，這些傢伙都非常資深。他們會很務實地看待你的加入。他們會要求你先四處逛逛，閱讀任何你喜歡的東西（因此他們的資料都是公開的），然後再慢慢做決定。不過請小心：「薔薇十字會」有好幾個團體，我們不能代表他們發言，但是如果你真的想增強自己在這方面的能力和感知力，那麼你應該會希望成為他們的會員。在北美洲或全世界各地都可找到他們的組織（或其成員）。你可以上網跟他們聯絡：www.rosicrucian.org

波塔（內殿建造者）
B. O. T. A.（Builders of the Adytum）

這是一所現代的「神祕學校」。Adytum 這個字的意思就是「內殿」或「聖潔的聖物」（我個人比較喜歡「聖所」這個定義）。如果你想要多了解塔羅牌的深層奧義，進入「赫密士卡巴拉」的領域，那你應該好好來認識一下他們。他們也不是宗教團體，因此你可以同時是一名佛教徒，然後來研究他們的卡巴拉塔羅，你也可以是其他宗教信徒，只要你的宗教沒有特別禁止學習赫密士教義。他們的塔羅牌與黃金黎明系統（偉特塔羅）或萊德塔羅（也是偉特塔羅）有點不同，但極為相似。不過，他們教授的內容並不只是塔羅。每個月，他們都會向成員們發送強度愈來愈高的後設哲學心理學課程（meta-philo-psychological lessons），這些課程都扎根於卡巴拉。他們也定期聚會，而且為人非常善良客氣。別忘了，他們是屬於西方神祕學派傳統，因此它們是強烈一神教信仰的古希臘厄琉息斯神祕教派（Eleusian）（抱歉，這部分我們無法公開說）。因此，千萬不要期待在這裡會有我們最喜歡的女神出現，這點請務必知悉。雖然如此，但依然非常值得研究，如果你個人的世界觀與他們相符的話。你可以拜訪他們的網站了解更多資訊，看看是否真的適合你。網址：www.bota.org

共濟會：國際共濟會研究會、蘇格蘭儀式、聖地兄弟會、東方之星、德莫萊國際組織、約伯之女、國際彩虹少女團契以及黎巴嫩大雪松

The Masons: The International Masonic Research Society, Scottish Rite, Shriners, Eastern Star, DeMolay International, Job's Daughter's, International Order of Rainbow for Girls and the Tall Cedars of Lebanon

共濟會很酷。如果你相信八卦，那我跟你說：他們會建造金字塔，他們是外星人的朋友，與聖殿騎士團有祕密聯繫，他們統治整個世界；他們每天早餐前都會做所有的這些事情。即使他們沒有在午餐前完成其中一半工作，共濟會成員還是相當受社會尊敬的成員，而且他們的「知名成員」包括了多位近代最偉大的思想家。班傑明·富蘭克林（Ben Franklin）是「共濟會大師」（酷吧？）；約翰·漢考克（John Hancock，也就是在美國《獨立宣言》上簽下自己名字的人，又名「自己的死亡證」）；喬治・華盛頓（George Washington）也是共濟會成員（不幸的是，叛國者猶大・班奈迪克特・阿諾德 [Judas Benedict Arnold] 也是）。因此，社會各個角落都有「知名」共濟會成員。如果你選擇「加入這個俱樂部」，你會發現自己來到一個很棒的地方。根據實際定義，現代共濟會的官方用詞，他們並不是屬於「祕密結社」，但這並不表示你在這個組織裡不會學到很多東西。無論如何，你都可以上他們的公開網站看看：www.freemasonry.org。

哲學研究會

The Philosophical Research Society（The PRS）：

這是曼利·P·霍爾（Manley P. Hall）的組織。裡面的人都很好。總部位於加利福尼亞州的銀湖（距離好萊塢東邊數分鐘路程，就在格里菲斯公園南邊）。他們有一座非常酷的圖書館，裡頭藏有罕見而很難找到的神祕教派文獻，你可以在安靜的環境裡坐下來好好閱讀一番。附近沒什麼停車場，要特別注意。哲學研究會成立於 1934 年，「目的是為喜歡思考的人提供難得的機會，去接觸博大精深的世界智慧文獻」。這裡完全沒有任何教條。只提供哲學知識，而沒有心靈的控制或宗教的約束。裡面的人都很酷。如果你來到這裡，要客氣些。你是來這裡學習和吸收此地寧靜而深奧的智慧，不是來吹噓自己所知道的東西。這裡的場地，以大多數標準來說並不大，看起來不太起眼，但是他們的大學在遠距教學課程上可是非常認真，具有研究所水準，而且還獲得國家級 DETC（遠程教育認證委員會）的認可。如果你想的話，也可以在這裡取得「意識研究或個人轉化心理學」的碩士學位。想像一下，既可以在峇里島的海灘放鬆身心，又能在一所世界公認是現代主要哲學思想中心之機構研究深層心靈科學，你還在等什麼？以下是聯絡方式。請務必告訴他們，是我們推薦你來的。網站：www.prs.org

學校地址：

PHILOSOPHICAL RESEARCH SOCIETY
3910 Los Feliz Blvd
Los Angeles, CA 90027
phone（323）663-2167
fax（323）663-9443
email info@prs.org

光明會
The Illuminati

很不巧，直到本書付梓出版之日，我們用來與光明會總部朋友聯繫的免費電話似乎已無法接通。很抱歉我們找不到他們的辦公室電話。我們發誓要保密他們總部的地址，而且他們的網站也無法進入，因此只能假定他們可能正在組織重組。你可以隨時拜訪我們的網站，看看該組織的聯絡方式是否有更新。很抱歉給你帶來不便。我們希望能儘快解決這個問題。

附錄 G

下一步

這聽起來像在自我推銷，但若要精通塔羅，下一步就是閱讀《高階塔羅解密》（*Advanced Tarot Secrets*），學習新的玩法和實務技巧。這本書的內容是前所未見的。不僅有更多免費的塔羅課程（我們親自設計的），還會以輕鬆、有趣的方式教你一些密傳的占卜與顯化技術，確保你在成為專業塔羅占卜師的路上不會走偏。這本書就是《塔羅自學指南》（*The Easiest Way to Learn the Tarot—EVER!!*）（本書）的進階版。

你可以在 Amazon、B&N、Book Depository 等網路書店找到《高階塔羅解密》這本書。如果你還沒註冊我們的課程，將來可以考慮每星期投資幾美元，來體驗全世界最棒（而且最便宜）的塔羅教學。沒有教條，也不會有過時的迷信廢言。我們關心的是你能否具備專業的預卜能力，透過占卜術、夢想顯化技術、問題解決技巧以及腦力激盪，做出最正確的預測。我們會教導你各個層級的技巧，從初級到專業等級，我們都會一路協助你。

花個一美元體驗看看。第一個月完整課程只要一美金，接下來要不要繼續上課完全沒有硬性規定。我們會帶領你起步，然後由你自己決定是否願意繼續接受專業塔羅課程。你隨時可以停下課程，但大部分學員不會這樣做，少數半途而廢的人在技巧和專業度上就會相形失色。請讓我們來協助你。請拜訪我們的網站：EasyTarotLessons.com ，然後給你自己一個機會。

詞彙表 Glossary

Akashic Records 阿卡西記錄

用非常非常簡短的話來解釋就是：宇宙圖書館。所有「曾經」發生過的事、「未來即將」發生的事，以及現在正在發生的一切，全都儲存在這裡。有人說這是四大主要元素的本源，也有人說這是集體潛意識的底層（本身即相當巨大）。這個（宇宙）圖書館始終都是開啟的狀態，便於你隨時調取資料，而且資料訊息可以同時間供多人使用，即使使用者本身沒有刻意這樣要求。想像一下這個景況：如果圖書館的天花板漏水，那一定很多人會立刻同時被淋濕。

Air 風（參見「元素」）

Aspect/aspected/aspecting cards 方向關聯 / 被關聯 / 方向關聯牌

牌陣中的每一張牌，都會以某種方式與該牌陣中的其他牌有所連結，但不一定會直接關聯。 有時候，一張牌的牌義必須藉由另一張牌來得到澄清，或者，一張牌會對其他牌造成意義上的影響，或是具有導向作用。如果一張牌具有塑造或定義另一張牌含義的功能，那麼這張正在「執行」塑造或定義工作的牌，就稱為「方向關聯牌」（aspecting card，或者，如果是用來賦予某張目標牌確切的衍生含義，那就稱為「澄清牌」）。而受到影響的那張牌，就稱為「被關聯牌」（aspcted card）。

Astrological signs, houses, planets 星座、宮位、行星

占星和塔羅，其實並不像某些「專家」所認為（而且希望我們相信）的那樣能夠完全對應一致。不過，小阿爾克那的四個牌組則跟四個「元素」（火、土、風、水）相當容易就對應起來，而這四個元素在占星學中也都會提及。這並非原先設計就是如此，而是後來演變的結果，隨著整體概念的提出，人們開始幫塔羅牌添加愈來愈多的「含義」，目的是為了發展出一套更完整的牌義解釋系統。只要你不刻意把過多的含義強加到根本毫不相關的符號系統上，這樣的做法並無不妥。不過，在這一系列課程中，我們所做的牌義占星對應，跟其他做塔羅解析的人不一樣，我們是指派占星學上的「能量」概念給每一張「小阿爾克那牌」，來協助澄清每一張小牌的能量。為什麼我們不指派任何的占星對應給大阿爾克那牌，在《高階塔羅解密》這本書中已有詳述理由，但萬一你想了解大牌的占星對應，還是可以從網路上或其他書上找到這些資訊。你可以選擇使用，也可以不管它，完全無損於你做出很棒的塔羅占卜解讀。同樣的，你也可以依照自己的需要，來決定要不要使用我們在書中所建議的占星學含義。

The Burning Times，焚燒巫師時代

人類史上的黑暗年代，通常指大約發生在西元 1480 到 1700 年的宗教統治時期，可說是一種宗教屠殺、種族滅絕，以及不同教派權柄的爭奪之戰。當時天主教會決定絞死上萬人，而且大多是先嚴酷拷打、拔去他們的舌頭，之後再施以火刑燒掉。

Card Position 紙牌陣位

紙牌陣位（簡稱「位置」或「槽位」）是指，一個牌陣中每張紙牌坐落的位置都有預先規定的代表意義。那個「位置」（或「槽位」）就像占星學上的「宮位」，每個宮位所代表的意義是永遠不變的。你可以從落入那個位置的那張牌，看出現在發生什麼事、將來會發生什麼事、之前發生什麼事，或者它的全部含義。比如說：一個牌陣當中的某個陣位是代表「過去」，而權杖國王剛好被擺在這個陣位上，那就表示，「這是你過去生活當中的某個人」，如果是錢幣 8 落在這個陣位上，那可能代表「這是你過去的某份工作」。在牌陣中，這些陣位原本都只是空的佔位符或是「保留席」，等待著你把紙牌擺上去。它的目的是為了將塔羅解牌系統化，這樣一來，當一張牌出現的時候，你會知道這張牌的能量該怎麼跟你客戶的問題搭配起來。再舉個例子：你洗牌洗到一半，惡魔牌從整副牌中飛出來，這代表什麼意思？它跟什麼事情相吻合？誰說了算？於是你把這張牌放回去（在這個例子當中），然後當你開始擺設牌陣，結果這張牌出現在「工作」這個槽位（或者說，這個「陣位」代表「工作」），這時候你就理解了這張牌的含義：你討厭你的工作。誰不討厭呢？

Cardinal/Cardinal energy 本位宮 / 基本能量

占星學術語：依據占星學上的分類系統，三個主要能量特質分別是：基本宮（起始、開創、策動、好戰等）、固定宮（維持、固執、不可變動、可靠、結構合理、堅實、不變等），以及變動宮（流動、彈性、不斷變化、混亂、溶解、釋放、過渡等）。基本能量的特性是：精力充沛、動盪不安、為自由與變革而奮戰。它的主要目的是制定變革、鞏固領導地位（縮減容忍度）。基本能量和固定能量就像寶劍和護盾，可以永遠處在對戰狀態，但變動能量會像溶劑一樣滲透和溶解所有阻力。它會腐蝕護盾並使刀片生鏽，因此沒有任何一種能量是真正優於其他的。（參見「特質」）

Chaos Theory 混沌理論

試圖將絕對混沌狀態加以測量和分類，使之成為相對秩序狀態。類似的概念是，試圖去解釋：每個受控環境中至少存在著一個微小的混亂火花，這個混亂火花會引發事件的連鎖反應，從而使實驗結果產生偏差。簡單說就是：你可以嘗試控制周遭一切事物，但命運多變的手指有時會為了好玩而丟出一個隨機因子，使你偶爾失足。這時，諸神肯定在嘲笑我們人類。

Clarification cards 澄清牌（參見「方向關聯牌」）

澄清牌就是專門用來協助幫另一張牌做解密的牌（請參見「揭牌」以及練習 7）。方法很簡單：詢問你手上的套牌（或你的指導靈、你信仰的神等等），請他們來幫你「解釋」某張牌，然後抽出一張、兩張或三張牌（抽之前就要先確定你要抽幾張）。方向關聯牌則是指，會對另一張牌造成影響的那幾張牌，而且可以在原本已鋪設的牌陣中找到它們，而不是「之後才另外抽出」。它們能夠闡明、改變或塑造其他牌的含義。任何一張牌都可能對其他牌形成方向上的關聯，而且方向關聯牌之間也會相互影響。

Completion card 完結牌

指定任何一張牌來代表一件事情的結束，或是其他事情的開始。一般主要會用死神牌、審判牌、世界牌來作為完結牌。其他像是寶劍 10、高塔牌、聖杯 10 也偶爾會用。這些牌的解釋則需根據這張牌當時的牌陣來了解。

The Crusades, 十字軍東征

證明了國家組織 / 被批准的宗教是和平的天敵。教皇所批准的聖戰。是歐洲基督徒在 11、12 和 13 世紀對穆斯林、異教徒、猶太人、各個東正教徒、蒙古人，以及教皇的政敵所發動的所有軍事遠征。（參見「焚燒巫師時代」）

Damocles 達摩克里斯

達摩克里斯是一個意志薄弱的膽小鬼，對自己的生活經常多所抱怨。他是神話中最會阿諛奉承的人之一，最後卻因為喜歡說大話而差點斷送自己的頭（哲學意味的解釋）。（參見「達摩克里斯之劍」）

Delphi 德爾菲

全地球最涼爽的地方。據說是有史以來能量最強的古老精神漩渦之一。「翁法洛斯石」（omphalos stone，神聖「臍石」，漏斗狀的石頭，中間有氣體升騰）的所在地，被認為是世界的中心。德爾菲神諭的頒布地，後來被阿波羅尼亞人褻瀆和統治。也是厄琉息斯祕儀（Eleusinian Mysteries）、維斯塔貞女（Vestal priestesses），以及占卜傳說的中心。「阿波羅之前，是蓋婭。」——普西芬妮神殿如是說。

Demeter 狄米特

普西芬妮的母親（在宙斯協力下），各種奧祕傳說的女神。她是穀物與豐收女神（有人認為是她讓人類從狩獵採集生活進入農業社會，從而建立現代文明），也是厄琉息斯祕儀的中心人物。據說她活得比宙斯及奧林匹亞人還要久，但是我們對此說法保留。她可能是有史以來最具影響力的女神！讓這個女人不開心，非明智之舉。

Dowsing 探測術

（又稱占卜術、尋水術）以鐘擺或叉狀樹枝來測定埋藏在地下或已經遺失之物體的確切位置。現代則已經改用金屬探測器。探測術最常用於尋找（飲用水）水源，可實地探測，也可使用地圖探測。通常也會用來探測地底金屬、寶石，甚至石油。很容易學會，但很難精通。跟塔羅一樣，技能（和魔法）是在實務操作者身上，而不是在工具，雖然跟木工和石工一樣，你所使用的工具和工具的品質還是會大大影響到結果。現今一般大眾對於探測術已經失去興趣，但世界各地還是有一些高智商人士在使用這個技術。效果雖然值得懷疑，但是獲得的驚人結果經常讓人無法解釋。看起來科學上很有可能會將它視為迷信的巫術，而永不再使用，除非有某位探測術士再次出現，執行了不可能的任務。

Dominant Card 關鍵主導牌

占牌中所謂的關鍵牌或主導牌，就是指最能代表該牌陣主要核心含義的那張牌。反過來說，這張牌的牌義則受到其他關聯牌的影響，為它著色或塑形、闡明它的含義。並非所有的牌陣會出現關鍵主導牌，所以你不需要費心瘋狂去尋找它們。如果牌陣中真的有出現主導牌，通常只要稍加練習，一眼就可以看出。大阿爾克那也會被小阿爾克那所主導，如果小阿爾克那牌比大阿爾克那牌更能夠明確呈現該問題的狀況的話。千萬不要掉入「大牌」比「小牌」更重要的陷阱裡面。

Earth 土元素（參見「元素」）

Elements 元素

形上學和神祕學派中所謂的四個「經典元素」就是：火、土、風、水；古代人認為，世間一切物質都是由這四個基本元素所構成。當今科學發現到的元素大概有 120 種。不管怎樣，這個源自歐洲的四元素概念，剛好對應了主在人類意識的四項主要「特質」。火，作為可見、可觸摸的「實體物」，它是有熱度的，會燃燒、跳舞、消耗。火若是作為形而上學的抽象「元素」，則是充滿活力、爭強好勝、雄心勃勃、精力充沛，用來比喻魔法、哲學或人類性格特徵當中的這類能量。相較之下，土元素就是代表紮實、緩慢、可靠、很有耐心、穩定的「人物」或能量。風則略遜於火，風是變動、無情善變、虛幻空靈、不可見、嚴格、溫柔、迅速、不可預測的。與風類似，水也是多變的，但心理學焦點是在於它的流動性，因此水代表的是多變、黏糊、固執，而且會留下斑點汙漬。在塔羅牌中，這四個元素直接對應四個小牌牌組，幫助你輕鬆快速地確立一張牌的含義。由於每一個牌組都有一個共同主題，也讓解牌相對變得比較容易，尤其對於初學者來說。

Esoteric 奧祕

「鮮為人知的知識」，相對於「公開的知識」而言。祕傳知識；但經常是指與精神力量和自然法則有關的珍貴神祕知識。任何真正深奧知識都會受到組織機構、教會，或是國家的保護（端視那個團體擁有什麼樣的特殊「祕笈」）。簡而言之就是：任何一種可分享的（珍貴）奧祕知識本體，學習者透過一段時間的學習，獲得能力的提升，在智力上逐漸能夠掌握該知識，並且得以明智地使用它，藉由它來改變現實中的狀況。

Expansion cards 補充牌

當你完成一個牌陣的鋪設、開始解牌之後，額外再另抽出來作為補充的牌，稱為補充牌。由於你的牌陣本身就有好幾個「槽位」可供擺牌，因此，在現有事實基礎上再額外增加的資訊牌，就是補充牌或澄清牌。如果你要問「接下來會怎樣？」那補充牌就非常好用，你可以藉由這些補充牌來獲取更多資訊，而不需要把原先的牌陣拆掉、重布一個新的牌陣。把原來的牌陣拆掉的風險是，原先你所建立起來的心理共振可能會被你破壞掉。補充牌可以讓你避免掉這個麻煩。

Fire 火元素（參見「元素」）

Fixed/Fixed energy 固定宮／固定能量

占星學術語：依據占星學上的分類系統，三個主要能量特質分別是：基本宮（起始、開創、策動、好戰等）、固定宮（維持、固執、不可變動、可靠、結構合理、堅實、不變等），以及變動宮（流動、彈性、不斷變化、混亂、溶解、釋放、過渡等）。固定能量有利於建立持久性，但對於實際完成工作的效果卻不是很好。只是「管理」或「維持」，而沒有「創造」。固定能量會以鋼鐵般的意志來抗拒改變，這就是為什麼（最終）還是需要變動能量的原因。基本能量和固定能量就像寶劍和護盾，可以永遠處在對戰狀態，但變動能量會像溶劑一樣滲透和溶解所有阻力。它會腐蝕護盾並使刀片生鏽，因此沒有任何一種能量是真正優於其他的。（參見「特質」）

Fixed nature 固定本質（參見上述「固定能量」）

Possessing the qualities of Fixed energy 擁有固定能量的特質（參見上述「固定能量」）

Hermes 赫密士

在現今世界，這個字的意思是牢牢密封起來，像「不透氣」的密封罐一樣。但是，當你在研究諸如塔羅這類深奧知識時，你會看到不同的含義，它是指靈數學之父、一位非常聰明的數學家赫密士·崔斯墨圖（Hermes Trismegistus）。現代神祕學派、多數西方異教，以及祕術學的許多支派，其教義的深層基礎都來自這個天才所發明的理論。這條神奇的哲學路線，比較不是以蓋婭女神（Gaea）為中心（較少談及仙子精靈），而是以男性或邏輯為中心，而且傾向於將組織與分類（標籤）當作一種理解（奧祕）的方法，而不使用古老的直觀和精神融入法。本質上來說，它也比較個人化和孤立主義。

The Inquisition 宗教裁判所

主要是指西班牙宗教裁判所，雖然還有其他。西班牙國王斐迪南（Ferdinand）試圖藉由強迫人們改信基督教來「為上帝征服世界」（「不改變信仰就是死路一條」，但這通常是在遭受身體和心理凌虐之後）。最可惡的是，他們用這種方式來鎮壓猶太人、穆斯林，以及異教徒。他的主要做法是，先奪取教皇的權力，將它轉移到貴族（西班牙君主制）手中，從此就可以為所欲為以虐待窮人來取樂和牟利。（有些事情從古至今始終不變）特別是針對北美和南美的原住民，這些手段特別有用。這整段歷史，從1400年代初一直延續到1800年代初期。

Insinuating card 隱射牌

一張帶有明顯負面含義的方向關聯牌，主要是針對目標牌（target card，本身這張牌關聯或隱射壞運）。（參見「方向關聯牌」）

Journal 日誌（參見「塔羅日誌」）

Kabbalah and Kabbalistic 卡巴拉（參見 Qabalah 卡巴拉）

赫密士的魔法研究，很大一部分是建立在希伯來神祕主義其中一支教派的教理上。塔羅蔚為流行之後，卡巴拉被應用在塔羅解牌上，或者反過來可以這樣說，是塔羅被加入到卡巴拉系統裡面。不管是哪一種，卡巴拉確實是非常深的東西，甚至需要專注研究一神論這一脈理論才有辦法真正了解。卡巴拉完全不適用以多神理論為基礎的魔法系統。如果你有興趣想了解卡巴拉，可以找找專攻這條路線的神祕學校或組織。我們在附錄中有列出一些。

Kings 國工

（以塔羅牌而言）：小阿爾克那的四位國王，分別代表不同人格特質、不同職業或責任、與問卜者問題相關的傳統男性權威角色（也可單指長者），也可代表任何一位符合這個牌組特質的男性（通常是30歲以上）。在占星學上他們也可以代表對應於該牌組元素特質的男性。也可以使用澄清牌來協助澄清這個人的身分。

Knights 騎士

（以塔羅牌而言）：傳統牌義上，騎士是代表「年輕男子」（13–30 歲），但如果你不希望用性別來區分，那騎士牌也可以代表女性，通常來說，寶劍騎士和權杖騎士代表男性，聖杯騎士和錢幣騎士代表女性。其實你也可以不遵循這種指派方式，只要標準前後一致，一開始就先設定好，之後就可以依照同一個標準來預測。問題在於，塔羅牌並沒有「公主牌」來作為騎士的對手牌（雖然克勞利有嘗試這樣做）。騎士牌主要是代表睪丸激素（而且跟馬這個象徵符號一起出現），也就是行動：指「現在」正在發生的事情。騎士也可以代表旅行、移動、變化、追求、冒險，如果是逆位牌則表示完全沒有上述那些行動。

Law of Parsimony 簡約法則

簡而言之：「不是必要的話，不應該把實體倍數化。」用我們比較容易理解的說法就是：「如果你只需要一把錘子，那就不要用到兩把。」（或）「沒必要的話，不要讓事情變複雜。」這個法則是在告誡（強烈提醒）研究者，不要輕視那些顯而易見，而且通常最為簡單的解決方案。研究和分析都會使事情變得複雜。「萬一」是科學上第二受歡迎的問題（第一受歡迎是「怎麼辦到？」）化約法則的用意在於：畫出一條界線，設立一個安全值，來避免對可能的影響因素進行無止境的推測。如果某情況是單純的因果關係，比如：「我放掉這顆球，然後它就掉到地面上」，你可能會很想問，這顆球是不是會反彈？或者，側風的速度是否會影響它掉落的時間（球掉到地面所需的秒數）？球的形狀是否會影響其撞擊速率？等等這些問題。占卜時運用這個法則的妙處在於，它可以迅速克服迷信以及對於各種變項的不必要質疑。如果你使用簡約法則，你會問的是：「看看那是什麼」，而不是「如果……」。

Laws of Attraction and Repulsion 相吸相斥法則

一個更大的自然法則（磁性）的要素。磁性自然定律的一個子集是精神磁性定律（例如：相吸和相斥）。雖然這個理論普遍為大眾所接受（顯學），但到目前為止這都只是理論，尚未得到現代科學的正式認可。這個法則的其中一半——「吸引力法則」廣受歡迎，但它的雙胞胎姊妹法則（相斥法則）卻被人忽略，這就是為什麼大多數嘗試運用「心靈吸引術」的人，最後都沒有得到他們想要的結果。這些內容我們在神祕學校 101 的課程中都會教授，你必須加入高階塔羅奧祕課程，或是到任何一所信譽良好的神祕學校註冊上課，才能學到，不過簡要地說就是：你必須擁有過濾器。如果你沒有先設定好條件和資格，就隨便使用吸引力法則，那你將會失去抵擋能力，被過多的資源和實體所淹沒，你會被周遭的障礙物搞到癱軟無力。

試著觀想一下：午餐時間，一位漂亮的女士出現在建築工地附近，身上穿著一件非常顯眼的衣服。她會「吸引」人們的注意，但這些被她吸引的人，未必是她真正喜歡的類型。結果，因為資源太多無法忽視，或是心理上受到抑制，她會淹沒於眾人的殷勤和口語辱罵聲中，導致她本身的狀態受到破壞。沒有先設定好邊界，千萬不要隨便使用吸引術。我們在《如何讓人幫你做事》（How to Get ANY MAN to Do ANYTHING You Want!）這本書中有簡略提到吸引力法則的做法，尤其是第 7–16 頁的內容。整本書都是速成課程，用非常平實易懂的方式來揭露深奧的祕密，藉由訓練你的心靈肌力，來取得你想要的結果。

Lotus Sutra 妙法蓮華經

佛陀（悉達多）涅槃前的最終教導。圓寂後五百年才被揭露。有人說這是他的終極教導，有些人則完全不這麼認為（後果自負喔）。值得注意的是：這是唯一提到女身成佛的佛經，而且譯本經常帶有厭女情結。

"major" Arcana 大阿爾克那

這是大多數形而上學者最關心的 22 張牌。大部分塔羅套牌的阿爾克那圖案都帶有一種舞台表演感，好像人們是刻意擺出姿勢那樣。即使一些比較動態的場景（高塔牌、審判牌），在動作上也沒有像整體圖案那麼具有意義。這 22 張牌據說是「魔法的奧祕所在，是通往『神』以及智慧門戶的途徑。」無論是否真是如此，這些牌的圖案還是趣味十足，相當吸引人。這些牌在占卜上最大的問題是，它們相當隱晦，需要靠澄清牌來確認這些人是誰，或是代表什麼意思。

Malleus Maleficarum（"The Hammer Against Witches"）女巫之槌

不可否認，這是有史以來內容最邪惡的一本書。遠比安東·拉維（Anton LaVey）的論文集《撒旦聖經》（Satanic Bible）還要差（這本書甚至有點在模仿基督教聖經）。《女巫之槌》是一本關於審問、定罪，以及刑處女巫之過程的書。它的目的是要證明女巫真的存在，而且那些被指控是女巫者，無法為自己進行辯護。一旦被人指控是女巫，你就會被那些瘋子般的教士迫害（因為這些人要保持童貞所以可能有性壓抑現象），保證你很快就會被關起來、受到酷刑、結束短暫一生。目前已發行兩卷，亞馬遜網路書店有販售。

Manifold and Mystic Law of Cause and Effect 流動與神祕莫測的因果律（參見「阿芙蘿黛蒂的奧祕之書」）

簡而言之：因果基本法則很容易理解，而且是一切可測量的實體經驗的基礎。將這個概念從物理面擴展到乙太層面，我們就能看到那些看不見的力量如何在影響那些看似「純粹物理」的事件。在看不見的力量與純粹物理之間，夾雜著混沌理論，也就是所謂的「人算不如天算」。因此當你在運作心靈層次事物時，最好對自然的基本定律有一個大致上的了解，因為它們會影響你的心靈鍛鍊和運作 。在我們的書《阿芙蘿黛蒂祕笈》（Aphrodite's Book of Secrets）以及《高階塔羅解密》（Advanced Tarot Secrets）當中，都會以平實且容易理解的語彙詳細介紹這些資訊。

"minor" Arcana 小阿爾克那

是塔羅牌中的「農民」。小阿爾克那占整副塔羅牌的三分之二以上，但其重要性卻被「大」阿爾克那蓋過，因為這些牌代表了日常活動和生活經驗。因此，它們其實是一種「指示符」（動作、意圖、個性等），而非代表某個事實情況的「抽象概念」。每張小阿爾克那都是獨特的。如果有人告訴你說，某張牌在本質上比其他某張牌更重要，千萬不要相信。

Mutable/Mutable energy 變動／變動能量

占星學術語：依據占星學上的分類系統，三個主要能量特質分別是：基本宮（起始、開創、策動、好戰等）、固定宮（維持、固執、不可變動、可靠、結構合理、堅實、不變等），以及變動宮（流動、彈性、不斷變化、混亂、溶解、釋放、過渡等）。變動能量空靈虛幻而且相當有彈性、伸縮自如，能夠以其獨特能力來克服一切逆境。變動能量很容易駕馭，但難以掌握。它擁有磨損或包圍它的敵人（基本和／或固定能量）的能力，因此在心理上容易成為狡猾的敵人。在這三種主要能量特質當中，它是最難理解的，因為它最難被觀察到。基本能量和固定能量就像寶劍和護盾，可以永遠處在對戰狀態，但變動能量會像溶劑一樣滲透和溶解所有阻力。它會腐蝕護盾並使刀片生鏽，因此沒有任何一種能量是真正優於其他的。（參見「特質」）

Opening up a card 揭牌

就是使用三張牌來協助「闡明、澄清」另一張牌的含義、意圖，或是作用影響力（通常是針對那些討厭的大阿爾克那牌）。揭牌可以在原本的牌陣外面或上方直接進行，而不需要將原來的牌陣拆掉，重新擺設新的牌陣，當然，你也可以針對你有疑問的牌，重新為它布設一個牌陣。（請參見「澄清牌」及練習 7）

Pages 侍者

（以塔羅牌而言）：在解釋上包羅萬象的牌。可以指：生小孩、嬰兒、兒童或年輕人、訊息、邀請、新聞、瑣碎事件、學習和/或教育、各種學雜費和學費。也可以代表：一個人（或一個孩子）的性格特質。最普遍的基本含義是：「一個正在接受訓練的人」，重點在於青年和學習特定技能。

Persephone 普西芬妮

狄米特（與宙斯）的女兒。非常重要的一位女神，在此無法一一詳述，請參加神祕學校獲得更多資訊。

Position 陣位（參見「紙牌陣位」）

Practice Deck 演練牌（參見「學習牌」）

Qabalah 卡巴拉

對某些西方魔法會社（比如黃金黎明、東方聖殿會 O. T. O.）來說，卡巴拉是一種深奧而神祕的傳統，對於一些神祕會社（比如波塔 B. O. T. A. 和薔薇十字會）而言，卡巴拉則帶有一種「沙拉吧」風格，融合了多種人類史上最古老、用來理解（和控制）周遭世界的方法。經過數個世紀的演變，它成為一種紙牌遊戲，被加進到塔羅牌中。

Qualities 特質

（基本、固定、變動）這個概念源自「一切科學之母」── 占星學：占星學上有四大元素，也有三大特質。每一個元素在年輪上會出現三次（因為有十二宮）。而因為有四個元素，所以每個元素會出現三次（4 x 3=12），分別以不同能量出現：基本能量一次、固定能量一次、變動能量一次。以火元素為例：牡羊座是基本能量的火。這代表它是火元素當中力量最為激烈、主宰力也最強的星座。獅子座是固定能量，這表示它比牡羊還要穩定，但在「影響力」上也相對較弱。射手座是高度變動能量，這讓它很容易彎曲，或是很容易適應周遭地形。很顯然，這表示它無法像牡羊那麼有力量，也不像獅子那樣光明耀眼，但它可以到處放火。

可以這樣看：如果牡羊是炸彈，那獅子就是篝火（巨大、明亮、爆炸力不是很強、經常固守在一個地方，但熱度依然非常非常高），而射手就是 7 月 4 日的國慶煙花表演。它身在高高的雲端，閃閃發光而且色彩豐富，但是你沒辦法用它來點香菸吸菸。

以此類推，金牛座是固定土，處女座是變動土，摩羯是極端基本土。雙子是變動風，天秤是基本風，水瓶是固定風。最後，巨蟹是基本水，天蠍不會告訴你它是什麼，雙子是「黏糊糊的」變動水（或許因此可以推斷天蠍是「固定」水，但我們還是不會告訴你答案）。

Queens 王后

（以塔羅牌而言）：塔羅的四位王后可以代表任何一位女性（包括你或你的客戶），這使得王后牌在塔羅當中似乎扮演了相當重要的地位（請記住，沒有任何一張塔羅牌比其他牌更重要）。傳統上，王后牌可以代表「任何一位30歲以上的女性」，但實際上，它們通常代表年齡在17–21歲之間的女孩（端視成熟度、關聯牌、問題性質等等因素而定）。王后牌也可以是任何一位符合這個牌組特質的女性（通常是30歲以上）。在占星學上他們也可以代表對應於該牌組元素特質的女性。

Querent 問卜者

向你央求、請你幫他占牌的人（「客戶」、「請你喝咖啡感謝你花時間幫他做占牌的人）。

Reading 解牌／讀牌／占牌

為自己或問卜者占卜未來、回答問題的動作，也可回溯過去，或是監視你女朋友在伊維薩島度假的情形。

Reversal/Reversed cards 逆位／逆位牌

牌陣當中，任何一張與你通常認為的「正位」方向相反的牌。如果你平常習慣紙牌正向面向自己，那麼等於紙牌是反向對著你的客戶，這時如果牌陣中出現逆位牌，那這張逆位牌就會正向對著你的客戶（180度倒轉）。如果你是「正位」方向讀牌，那麼任何一張呈現180 度倒轉的牌就稱為「逆位牌」（不是指牌背朝上的牌）。有時候紙牌會自己從整副牌中掉出來，掉在牌陣中的那張牌如果圖案是蓋住的，那就稱為「牌面朝下」的牌。要做出這個區分是因為，有些占卜者會把「牌面朝下」的牌當成「逆位牌」來解讀，或是把它看作「隱性的、較不重要的，或是跟傳統牌義相反」的牌來讀，因此最好你能先有這個概念。永遠記得，要用邏輯來取代迷信。假如一張牌自己從整副牌中掉出來，牌面朝下，掉在桌子邊緣，掉在你的貓咪身上，那可能只是不小心而已。尤其這張牌對要問的問題又不具任何意義的時候。神明其實滿幽默的。

Rote memorization 死背硬記

透過對教條和已確立之事實的反覆學習動作。「我這樣說，你就照這樣相信，然後照這樣教給別人。」對於學習字母之類的東西很有用，但對於學習魔法、哲學，或是塔羅，不是很有效。

Significator/Significator card 指定牌／指示牌

指定牌就是「用來表明」或「代表」某個人、某地方，或某件事的牌。這張牌通常就是「問題所在」。指定牌可以代表你的客戶，或是，如果你喜歡的話，也可以讓它來代表你的客戶所想要詢問的那個人，或是代表他們所問的那件事的情況。你可以全權決定這張牌要代表什麼，而且它應該要能幫助你，將精神能量集中在被詢問事項的某個特定點上。

選擇指定牌的方法是：你可以先默想問題中的人、地點，或事情，然後從整副牌中選出一張你覺得最貼切於那個能量的一張牌。將那張牌擺在你所要鋪設的牌陣的正中央，牌面朝上，讓這張牌成為「桌布」的一部分。接下來就把你的牌陣鋪設在這張牌的上方。洗牌的時候，要看著這張牌，心裡面想著你所要詢問的人、地方，或事情。將你的精神能量（畫面影像、情緒、關鍵字詞等等）傳送到那張牌當中。當你覺得這張牌已經能夠與你的目標共振時，你就可以開始問問題、洗牌，感覺牌已經洗均勻了之後就可以停下來，然後切牌。舉個例子：你的客戶問到一個跟工作有關的問題，假如你想要用「錢幣王后」來代表問題當中的她（也就是你的客戶），那在擺設牌陣之前，就要先把「錢幣王后」這張牌取出來，擺在桌面中間。

另一種方式是，你可以用指定牌作為你所要擺設的牌陣的第一張牌——如果該牌陣的第一張牌是代表該問題當中的人、地點或事情的話（比如凱爾特十字牌陣）。如果你不把指定牌放在牌陣中，那下一張你擺設的牌（也就是牌陣的「第一張牌」）就會揭露出更多關於目前這個人、地點、事情的資訊——也就是說，你多了一張牌來獲得這些資訊，這將有助於你更精確了解整個問題。

Spread 牌陣

簡而言之，牌陣就是你創造出來的一張「地圖」或是紙牌的組織結構圖，目的是用來做占卜解牌。能夠為你有效服務的牌陣，就是適當的牌陣。你可以嘗試各種牌陣，但是在鋪設牌陣之前，請務必把牌洗均勻，而且要把心念集中在你要問的問題上。假如你在擺設牌陣之前，能夠事先知道牌陣中的每一個陣位分別代表什麼意思，那對你擺設牌陣會有幫助（但並不是 100％必要知道）。你對一個牌陣的了解愈多，這個牌陣就愈能為你服務，得到的占牌結果就愈準確；不過，你還是可以每次都嘗試新的牌陣，而且同樣獲得可靠的結果，只要你在占牌時能夠專注、把牌洗乾淨，而且做出正確解讀的話。

跟牌陣有關的事情：以下都是術語（你可以自己決定要不要使用，或是完全不管它，用你自己的方式就好）。要在這裡提的原因是，萬一有人撂出一些花俏的「塔羅行話」，你才不會不知所措。

將紙牌依序放在桌面上：設定牌陣、擺設牌陣、鋪設紙牌、建立牌陣。

把所有的牌拿起來，重新放回整副牌當中：打散牌陣、拆掉牌陣、拆下紙牌、清理桌面、清理版面重新開始。

Study Deck 學習牌

為了學習如何破解塔羅的視覺圖像，而使用的一組塔羅套牌。我們在書中所使用的「學習牌」這個詞彙，是專指不包含大阿爾克那牌的套牌。剛開始學習塔羅時，我們先只針對小阿爾克那牌來練習，才不用分心去處理大阿爾克那牌。等到熟練後，再把大阿爾克那牌「加進來」，成為「演練牌」（practice deck），然後把所有練習從頭再做一遍。

Suits 牌組

小阿爾克那的四個花色或家族。有各種版本，通常是棍子或權杖、錢幣或五角星、聖杯或杯子（酒杯等），以及寶劍。或者：玫瑰、鈴鐺、橡子、樹葉、紅心，以及梅花、黑桃、方塊。都是代表一個主題或總體存在的共通特徵（試想：「四張風元素牌」，它們都是風，但都朝著不同方向吹）。

Sword of Damocles 達摩克里斯之劍

有一天，達摩克里斯（一如往常）碎碎唸著：「狄奧尼修斯大王真是幸運啊，如果……」狄奧尼修斯很厭煩這個宮廷蠢蛋一天到晚抱怨，於是提議讓他「當一天國王」。想當然，達摩克里斯馬上跳起來，坐到狄奧尼修斯的王位上，享受當國王的感覺，大擺盛宴、飲酒狂歡，直到晚餐快結束的時候，他才發現，王位上方有一把僅用一根馬鬃懸掛著的利劍，劍尖朝下，指著他的頭。瞬間，達摩克里斯恢復他平常的膽小鬼本色，對「當國王」這件事完全失去興趣。這時，狄奧尼修斯開始跟這個蠢蛋解釋，這就是他平常每日的生活：在表象的權力與財富之下，永遠有一把刀等著刺進他的背，總是有一堆不滿他施政的人要來「結束他的政權」。因此，「達摩克里斯之劍」的意思就是：凡事存在著潛在危機，而且隨時會發生（當然也可以代表擁有大權者永遠都生活在危險當中）。

Tarot Journal 塔羅日誌

某些人提倡寫塔羅日誌；自我保存之用；一種非常健康的樹木浪費行動，永遠都不能給別人讀的東西。我們的做法是：你可以使用任何便簽、筆記本，或是任何精美紙本，把你對塔羅的觀點、你多年來做過的牌陣，通通記錄上去。問題是，如果你是一個夠認真做筆記的學生，那你可能會花很多時間在寫筆記，相對練習解牌的時間就少了。

Water 水元素（參見「元素」）

Witching Stick 探測棒（參見「探測術」）。

Yods 尤德

希伯來文的第十個字母。這個字母的字形在塔羅牌中經常出現，用來代表更高層次的神祕事物（真正的意義可能得詢問塔羅牌繪者或參加神祕學校才能知道）。這個字形在塔羅牌中代表的奧祕意義非常複雜，在此無法深入詳述，你可以直接將它忽略，或是參加你所在地區的神祕學校，了解更多信息，如果你喜歡的話，也可以將它們當成漂亮的葉子或小火焰。我們並不反對在塔羅符號體系中幫某些符號添加更多意義，因為有時這樣做有其必要。但是，我們強烈建議你，先仔細研究過這些符號的傳統、歷史、宗教、神祕含義之後，有需要的話再去添加其他含義，以免最後給出錯誤建議。

The Easiest Way To Learn The Tarot-Ever

First Published in English by BookSurge Publishing, North Charleston, South Carolina.

'This translation published by arrangement with Columbine Communications & Publications, Walnut Creek, California USA, www.columbinecommunications.com".

塔羅自學指南

出　　版／楓樹林出版事業有限公司
地　　址／新北市板橋區信義路163巷3號10樓
郵政劃撥／19907596 楓書坊文化出版社
網　　址／www.maplebook.com.tw
電　　話／02-2957-6096
傳　　真／02-2957-6435
作　　者／達斯堤・懷特
翻　　譯／黃春華
企劃編輯／陳依萱
校　　對／黃薇霓
港澳經銷／泛華發行代理有限公司
定　　價／480元
出版日期／2020年7月

國家圖書館出版品預行編目資料

塔羅自學指南 / 達斯堤・懷特作；黃春華譯. -- 初版. -- 新北市：楓樹林，2020.07　面；　公分

譯自：The easiest way to learn the tarot-ever!!

ISBN 978-957-9501-77-4（平裝）

1. 占卜

292.96　　109006028